beck **sche**
beck **reihe**

b **sr**

Verhohnepipeln, verhunzen, einen Türken bauen – es gibt im Deutschen zahlreiche Wörter, die man nur schwer etymologisch herleiten kann. Sie haben sich im Laufe der Geschichte semantisch verändert, so daß man ohne Kenntnisse der Kulturgeschichte nicht weiß, wovon die Rede ist. Christoph Gutknecht geht in diesem Buch den Wandlungen der Sprache nach, die zu den amüsanten, ausgefallenen, innovativen und oft schlichtweg verrückten Wortschöpfungen geführt haben. Sein Streifzug durch die Kultur- und Sprachgeschichte wird allen gefallen, denen die deutsche Sprache mehr ist als *höherer Blödsinn.*

Christoph Gutknecht, Dr. phil., lehrte bis zum Jahre 2001 als Universitäts-Professor für Englische Philologie und Linguistik in Hamburg und lebt dort seither als freischaffender Autor und Synchronsprecher. Bei C. H. Beck sind von ihm neben mehreren Übersetzungen erschienen: *Lauter Worte über Worte. Runde und spitze Gedanken über Sprache und Literatur* (Hrsg., 1999); *Lauter böhmische Dörfer. Wie die Wörter zu ihrer Bedeutung kamen* (⁷2004); *Lauter spitze Zungen. Geflügelte Worte und ihre Geschichte* (³2001), *Pustekuchen! Lauter kulinarische Wortgeschichten* (²2002) und *Ich mach's dir mexikanisch. Lauter erotische Wortgeschichten* (2004).

Christoph Gutknecht

Von Treppenwitz bis Sauregurkenzeit

Die verrücktesten Wörter
im Deutschen

Verlag C.H. Beck

Mit 21 Abbildungen

Originalausgabe

© Verlag C. H. Beck oHG, München 2008
Gesamtherstellung: Druckerei C. H. Beck, Nördlingen
Umschlagentwurf: + malsy, Willich
Umschlagabbildung: © Jussi Steudle
Printed in Germany
ISBN 978 3 406 56833 6

www.beck.de

Inhalt

Vorwort

«Der Mensch ist, was er liest.»
Ulrich Erckenbrecht (1991)

Verrückt gilt selbst als ein häßliches Wort – zumindest heute. Früher, im Mittelhochdeutschen, hat ihm der üble Sinn ganz und gar nicht innegewohnt. «Schweigt», spricht Hagen im Nibelungenliede zum Waffengenossen Volker angesichts der hunnischen Meuchelmörder,

> ê si vnser werden innen so wirt hie helmevaz[1]
> verruchet mit den swerten von vnser zweier hant.

‹Aus seiner ursprünglichen Ordnung gerückt› – das ist die erste Bedeutung des Wortes *ver-rückt*. In diesem Sinne können noch heute jederzeit Gegenstände unseres Hauses verrückt werden. Nicht erst die Protagonisten der modernen kognitiven Linguistik mußten uns mit der Erkenntnis beglücken, die Franz Söhns schon im Jahre 1911 in seinem Buch «*Wort und Sinn*» vermittelt hat:

> Wie aber kam man dazu, das Wort auf das Hirn zu übertragen? Daß man schon seit alters den menschlichen Körper gern mit einem Hause (Behausung der Seele) verglich, beweisen Redensarten wie *altes Haus, aus dem Häuschen sein, außer sich sein, in sich gehen* hinreichend.[2] Sein oberster Teil wurde naturgemäß sein Obergeschoß, in dem sich das «Oberstübchen» befindet, und wie in der Stube des Hauses, konnte natürlich nun auch in diesem Oberstübchen mancherlei aus seiner ursprünglich richtigen und vernunftgemäßen Anordnung herausgebracht, verschoben[3], *verrückt* sein, so daß es fortan nicht mehr «richtig» darin war.[4] (...) Goethes Faust will im zweiten Teil «*mit verrückten Sinnen*» Helena sich gewinnen. (...) Von hier aus bis zur völligen Übertragung auf den Geist, zum «Verrücktsein im Sinne» (Fischart) konnte (...) nur ein kleiner Schritt sein. Goethes Wort im Faust: «Mein armer Kopf ist mir *verrückt*» steht hart auf der Grenze. (Ibid, S. 65)

Wer mein Buch «*Lauter blühender Unsinn*» zur Hand nahm, sollte dazu angeregt werden, sich gelegentlich erstaunt und neugierig zu fragen: «Was reden wir uns eigentlich den ganzen Tag zusammen, wenn wir so reden, wie wir reden?»

Mit dem vorliegenden Buch über die «verrücktesten Wörter im Deutschen» schlage ich vor, gelegentlich kritisch innezuhalten, wenn die täglichen Meldungen aus den Medien auf unseren Tisch oder den Bildschirm niederprasseln, und zu überlegen: «Was hören und lesen wir eigentlich den ganzen Tag?» Anders gefragt: «Was schreiben manche Politiker und Journalisten in ihrer Hast, aber selbst Wörterbuchredakteure in ihrer unterstellten Wohlausgewogenheit gelegentlich zusammen, wenn sie so schreiben, wie sie schreiben?»

Es geht mir also weniger um besonders ausgefallene oder etymologisch nicht erklärbare Wörter, auch nicht um Worterfindungen (wie *Abecetisierung* oder *Ideesamkeit*), sondern um einen Sprachgebrauch, der sich im ursprünglichen Sinne des Wortes *verrückt* darstellt, weil er – aus welchen Gründen auch immer – der Situation unangemessen ist.[5]

Drei der auf den Folgeseiten behandelten Beispiele seien vorab kurz angesprochen:

(1) Da sagt der Berliner Konzertveranstalter Peter Schwenkow, den der CDU-Spitzenkandidat Friedbert Pflüger zur Übernahme des Wahlkreises Grunewald-Halensee überredet hatte, über Pflüger, um dessen Fleiß hervorzuheben: «Der arbeitet wie ein *Kümmeltürke*». Als Sabine Höher, Kolumnistin der «*Welt am Sonntag*» dies am 14. Mai 2006 vorsichtig «als politisch wenig korrekt» rügte, wollte Schwenkow dies nicht auf sich sitzen lassen und berief sich darauf, der Ausdruck «*Kümmeltürke*» entstamme der Studentensprache des 18. Jahrhunderts. Das ist zwar aus historischer Sicht nicht falsch – wie ich auf den Seiten 28–40 erläutere. Doch die vermeintlich entschuldigenden Ausführungen gehen am Thema völlig vorbei, denn heute ist diese Bedeutung semantisch eben zu einer inakzeptablen ethnischen Beschimpfung *verrückt*. Wiglaf Droste[6] hat also völlig Recht mit seinem Urteil:

> Das Wort «Kümmeltürke» ist tatsächlich vom Aussterben bedroht. Kein denkender Mensch will es mehr in den Mund nehmen, seit es zu einer abwertenden, beleidigenden Vokabel herabgesunken ist. Dabei ist «Kümmeltürke» ursprünglich eine

harmlos-flapsige Bezeichnung für einen Studenten aus der Umgebung von Halle an der Saale (...). Man muß sich nur vorstellen, wie ein rechtsgerichteter Hallenser Student, der vielleicht auch noch einer sogar schlagenden Verbindung angehört, sich mit der zufälligen Tatsache seines Deutschseins aufblähen möchte und deshalb Türken in schmähender Absicht als «Kümmeltürken» bezeichnet. Dieses deutsche Nationalwürstchen, das man auch als Nitritgöbelsalz bezeichnen könnte, ahnt es nicht einmal – aber wenn es ‹Kümmeltürke› sagt, spricht es ausschließlich über sich selbst. So schön ist die Sprache. Sie braucht keine Aufpasser und keinen Blockwart. Man muß sie lieben und ihr auf den Grund gehen, dann erfährt man alles.

Übrigens halte ich es für mindestens ebenso bedenklich, wenn ein ehemaliger Bundesverfassungsrichter äußert: «So wie es sich mir (...) heute darstellt, ist die Vertrauensfrage *getürkt*.» Auch darauf gehe ich auf den Seiten 41 ff. ein.

Um den Wörtern auf den Grund zu gehen, wozu Wiglaf Droste anregt, darf man natürlich – und die Einsicht fehlt offenbar manchem Konzertveranstalter und Politiker – nicht nur reden, sondern muß gelegentlich auch lesen. Günter Kunert[7] hat es in einem seiner Gedichte 1979 so treffend formuliert:

> Bücherlesen ist vonnöten,
> soll Euch nicht die Dummheit töten:
> Wer nicht gerne Bücher liest,
> ist für mich ein blödes Biest!

(2) In der angesehenen «*Berliner Zeitung*» stieß ich auf zwei Beispiele eines unbedachten Sprachgebrauchs: «So viel Selbstanklage war dann sogar der versammelten *Journaille* zu viel» und «In Bonn sei es zwischen Politikern und *Journaille* zivilisierter zugegangen». Man bedenke: Das Wort *Journaille* wurde – zumal bei Karl Kraus – für «Hetzjournalismus» gebraucht, später von der einschlägigen Presse des NS-Regimes unter anderen Vorzeichen aufs Übelste mißbraucht. Es sollte auf keinen Fall in nachlässiger, aber *verrückter* Weise als Kollektivbegriff synonym für «alle (anwesenden) Pressevertreter» benutzt werden.

(3) Dem zur «Verlagsgruppe Darmstädter Echo» gehörenden «*Echo Online*» konnte ich kürzlich folgende tagesaktuelle Information aus Südhessen entnehmen:

> Nicht nur, daß es wieder mal *höchste Eisenbahn* war für viel Sonne (42 Stunden von Samstag bis Montag) und sommerliche Wärme (bis 30,3 Grad am Montag). Klare Luft und zwei laue Abende luden auch dazu ein, einer in schweren Momenten gern gehörten Aufforderung – «Kopf hoch!» – zu folgen.

Hier ist der metaphorische Sprachgebrauch in *verrückter* Weise überstrapaziert worden, kontextuell sozusagen aus dem Gleis gesprungen. Allerdings ist die Wendung interessant genug, so daß man augenzwinkernd sagen könnte: *es ist höchste Eisenbahn*, ihrer Herkunft einmal nachzuspüren – und das geschieht auf den Seiten 81–90.

Es dürfte deutlich geworden sein, daß es mir nicht um das von Wiglaf Droste kürzlich zu Recht angeprangerte «gleichermaßen uninspirierte wie vorhersehbare Auswählen von gemeinem Allerweltsvokabular zu ‹Wörtern› bzw. ‹Unwörtern des Jahres›»[8] geht, auch nicht um die Pflege angeblich bedrohter Sprache und Sorge um aussterbende Wörter, wie sie derzeit einige Autoren mit großem publizistischen Aufwand betreiben.

Ich ziele auf das Hintergründige von Wörtern und Phrasen, darauf, daß sie in ihrem historischen Verlauf oft semantisch verrückt und in einer früheren Bedeutung nicht mehr erkennbar sind, und daß sie zuweilen – wie beim Beispiel vom «Kümmeltürken» – auch nicht mehr verwendet werden sollten.

Sprache lebt und blüht durch ihren Wandel. Ijoma Mangold hat diese Erkenntnis unter dem Titel «*Auf den Mund gefallen*» im August 2007 in einem luziden Artikel in der «*Süddeutschen Zeitung*» auf den Punkt gebracht: «Jede Lebensform bringt nicht nur bestimmte Rollenmuster hervor, sondern damit zugleich ein weites Repertoire an standardisierten Ausdrucksweisen, Redeformen und Phrasen.»[9]

Vergleichbares gilt für die Ausdrucksformen der Kunst. Matthias Heine schrieb im September 2007 in einem feinsinnigen Beitrag («*Ein Gesicht ist verstummt*») anläßlich des Todes von Marcel Marceau in der Tageszeitung «*Die Welt*»: «Vielleicht wird die Pantomime nur überleben können, wenn einer kommt, der sie vollständig neu erfindet. Jemand, der nicht mehr romantisch sein will, sondern cool. Der Breakdance ist der Pantomime ja eng verwandt.»[10]

Um Sprachwandel in seinen vielfältigen Ausprägungen zu erkennen, reicht es oft nicht, in ein gewöhnliches Wörterbuch zu blicken – gefordert sind kulturgeschichtliche Kenntnisse. Die erwirbt man unter anderem durch die von Günter Kunert eingeforderte Lesebereitschaft, zu der auch ich anregen möchte.

«Wie der Medienmensch spricht, so denkt er auch, und das gibt zu denken»,[11] folgerte Wiglaf Droste in einer Glosse des MDR. Diesem Gedanken nachhängend, habe ich in den folgenden Kapiteln einige Fragen aufgeworfen:

Wer hat das Wort *europamüde* geprägt? Sollte man den Eintrag *türken* (im Sinne von «fälschen») aus den Wörterbüchern streichen? Seit wann gibt es den Begriff *«Die oberen Zehntausend»*? Warum heißt in Österreich jemand, der bei allen gesellschaftlichen Anlässen eingeladen wird, *Adabei*? Weshalb schreibt die *«FAZ»* vom Ende des *«Bundesliga-Schlaraffenlands»*? Welcher ausländische Tourist, der nicht hundertprozentig Deutsch spricht, versteht in der Tageszeitung *«Die Welt»* den Satz *«Designer müssen bis in die Puppen arbeiten»*? Werden die vielzitierten *Jubeljahre* bei zufällig anfallenden Anlässen oder in festgelegten Zeitabständen gefeiert? Was bedeutet es, wenn Politkabarettisten Angela Merkel als «Zuckerpuppe aus der Schwarzgeldtruppe» *verhohnepiepeln*? Inwiefern hängt der *«Kladderadatsch»* mit dem *Treppenwitz* zusammen? Warum ist für die *«Berliner Zeitung»* die *«Fledermaus»* *höherer Blödsinn*? Welche abenteuerlichen Spekulationen sind über die Herkunft des Wortes *Eifersucht* angestellt worden? Warum amüsieren sich einige und entrüsten sich andere Leser, wenn sie in der *«Bild»*-Zeitung lesen: «Da sterben die Leute an Aids, weil sie zu viel *schnackseln*.» Wie kommt eine Bürgerschaftsabgeordnete zur Aussage: «Der SPD *geht der Allerwerteste auf Grundeis»*? In welchem Kontext spricht *«Die Welt»* im Jahre 2000 von einem *Hansdampf-in-allen-Sackgassen*? Werden in den Printmedien die Bezeichnungen *Geizkragen* und *Geizhals* synonym benutzt? Warum nannte *«Focus-Online»* Silvio Berlusconi 2006 in einem Artikel *«Sänger, Playboy, Möbelrücker»*? Warum erklärt Angela Merkel, sie sei *«ein Stück stolz»*, aber *«ein Stückweit fassungslos»*? Ist das Wort *hunzen* ebenso gebildet worden wie *duzen*? Warum nennt *«Spiegel Online»* den Politiker Hans Apel ein *Lästermaul*? Wieso hört man im Parlament so oft den Satz: *«Ich verbitte mir diesen Ton»*? Überrascht es uns, daß *«Die Zeit»* schreibt: *«Kohldampf* macht auch knallharte Onliner weich»*? Was bedeutet die englische Wendung *«to be the toast of the town»*? Nennt man die nachrichtenarme Zeit auch in anderen Ländern «*Sauregurkenzeit*»? Was verbirgt sich hinter der Meldung im «*Tagesspiegel*»: «*Das Ei des Columbus in der Bettenbranche*»?

Es zeigt sich: Gerade bei unspektakulären Wörtern und Wendungen lohnt es sich manchmal, ihrer Entstehung nachzugehen, z. B. beim Spruch «*Mein Name ist Hase, ich weiß von nichts*», den man gar nicht selten in Zeitungen liest:

> Aber es wäre feige gewesen, wenn ich einfach geschwiegen hätte, nach dem Motto: *Mein Name ist Hase*, ich weiß von nichts. (*Süddeutsche Zeitung 2001*)

> Schon als Verkehrssenator verfuhr er nach dem Motto «*Mein Name ist Hase*». (*taz 1997*)

«Journalisten haben den Ehrgeiz» – so schrieb Hans Weigel – «auf der Höhe ihrer Zeit zu sein. Schnappen sie eine Vokabel oder eine Redensart auf, die sie nicht kennen, genieren sie sich zunächst, dann aber fügen sie sie beflissen ihrem Vokabular ein. Der Hörer und Leser wieder neigt dazu, als Vorbild und Richtschnur zu nehmen, was er von Journalisten zu hören und zu lesen bekommt. So kommt das junge Wort zu aller Welt.»[12]

Das zitierte Diktum vom Hasen ist freilich nicht jung, sondern älteren Datums, gleichwohl auch bei jüngeren Schreibern sehr beliebt. So wählte *Spiegel Online* am 9. Januar 2008 für seine Gerichtsreportage zur Zeugenvernehmung des VW-Patriarchen im sogenannten «Lustreisen-Prozeß» die Überschrift: «Mein Name ist Piëch, ich weiß von nichts!» Doch auch hier reicht es nicht, sich bei der Frage nach der Wortherkunft des Schlagergeträllers von Chris Roberts aus dem Jahre 1971 zu erinnern:

> Unter blühenden Bäumen, im schönen weichen Moos
> lagen wir zwei in der Sonne, dein Kopf auf meinem Schoß.
> Wir waren verliebt bis unter die Haut,
> da raschelt es laut,
> und vor uns zwei
> steht staunend ein Hase und sagt: O verzeih!
> Mein Name ist Hase,
> ich weiß von nichts!

Ist hier was geschehen?
Ich hab nichts gesehen!
Nur Gras und Klee
und im Winter viel Schnee.
Mein Name ist Hase,
ich weiß nicht Bescheid.
Jeden Tag, wenn du frei warst, dann fuhren wir hinaus,
ein Stückchen von der Wiese, das war dann unser Haus.
Wir träumten und schliefen zusammen dann ein,
wir waren allein, nur in dem Baum
sang leise der Wind: Ihr könnt auf mich bau'n!
Mein Name ist Hase …
Wo wir beide uns liebten, liegt heute nur noch Stroh.
Ich geh den Weg alleine, wo bist du, sag mir wo?
Ich klage die Welt an und schrei durch die Nacht,
was habt ihr gemacht?
Wo ist mein Glück?
Aber es kommt nur ein Echo zurück:

Mein Name ist Hase…

Diese geläufige Redewendung hat einen äußerst kuriosen Ursprung:

Im Jahre 1854 war dem Jurastudenten Karl Victor von Hase, wie dessen Bruder Karl Alfred von Hase 1898 in «*Unsere Hauschronik*»[13] berichtet, folgendes widerfahren:

> Ende des vorigen Semesters hatte er einem fremden Studenten einen Dienst erwiesen, der ihn selbst in eine mißliche Lage bringen konnte. Dieser hatte das Unglück gehabt, im Duell einen andern zu erschießen, war auf der Flucht nach Heidelberg gekommen, von wo er in Straßburg über die französische Grenze und dann bei der Fremdenlegion sich anwerben lassen wollte. Dazu aber brauchte er einen Paß oder sonst ein Legitimationspapier. Dieser Student wandte sich an Victor um Zuflucht und Hilfe. Nun war jeder Mißbrauch der Studenten-Legitimationskarte streng verboten; aber das ließ sich nicht verbieten, die Karte zu verlieren. Victor verlor sie, jener fand sie, kam glücklich über die Grenze und ließ dann die Karte wieder fallen. Sie wurde gefunden und als verdächtig dem Universitätsgericht übersandt. Zur Untersuchung gezogen äußerte sich der junge Jurist sofort: «Mein Name ist Hase, ich verneine die Generalfragen, ich weiß von nichts.» Aus dieser Aussage, die damals in Heidelberg rasch bekannt wurde, und bald die Runde durch deutsche Universitäten machte, ist mit Weglassung des juristischen Charakters die bekannte unverständliche Redensart geworden: «Mein Name ist Hase, ich weiß von nichts.» Die Sache hatte für ihn keine üble Folge. Er schreibt darüber, nachdem er inzwischen die Osterferien in Jena zugebracht hatte und nach Heidelberg zurückgekehrt war: «Meine Legitimationskarte habe ich ohne alle Fährlichkeit wieder bekommen, nicht einmal, daß ein Protokoll aufgenommen worden wäre. Ich wurde dem Universitätsrichter gleich als ‹der Herr aus der französischen Fremdenlegion› vorgestellt.» Dem Freund Wedekind meldete er am 8. Mai: «Pseudo-Hase ist glücklich in der Fremdenlegion – und ich bin hier.»

Man schmunzelt über Hans Weigels Vermerk, jede Epoche behaupte, daß «derzeit» die Sprache so gefährdet und von Zersetzung bedroht sei wie nie zuvor. Er nannte verschiedene mögliche Ursachen, darunter auch diese: «Der Journalismus ist schuld, der geschriebene Journalismus und der gesprochene des Radios und des Fernsehens.» In seinem Resümee hat er diese Begründung verworfen – mit einer Argumentation, der ich mich anschließen kann:

«Nein, der Journalismus ist nicht schuld. Er ist nicht Ursache, nur Anlaß. Die Journalisten der Presse und der drahtlosen Anstalten sind nicht die Erreger, nur die Bezillenträger.»[14]

Dabei gilt in jedem Fall auch das ältere Wort der bayerischen Autorin Mechtilde Lichnowsky (1879–1958), der «verehrten Fürstin», mit der Karl Kraus korrespondierte: «Bösen Dingen begegnet man besser nicht mit dem freundlichen Hausiererlächeln des professionellen Heilbringers, auch nicht mit dem konventionellen Handgriff des Pflegepersonals, der darin besteht, daß dem Sprach-Kranken, der auf eingebildeten Lorbeeren ruht, Polster oder Plumeau ab und zu blöd-euphorisch aufgeplustert werden.»[15]

Mögen die nachfolgenden Seiten die sprachlichen Abwehrkräfte der Leserinnen und Leser stärken, denn: *Die ganze welt schteht ojf der schpiz zung*[16] – jiddische Spruchweisheit.

Hamburg, im Januar 2008   Christoph Gutknecht

Kapitel 1

Politik und Presse

Der Sumpf der Kameraderie und Verfilzungen

Hugo Ball (1886–1927), Autor und Mitbegründer der Zürcher Dada-Bewegung, Freund und Biograph des Schriftstellers Hermann Hesse, charakterisierte sein im Jahre 1919 veröffentlichtes Werk «*Zur Kritik der deutschen Intelligenz*» mit folgenden Zeilen:

> Dies Buch handelt von der deutschen Intelligenz, nicht von der deutschen Schildbürgerei. Es kann mir nicht daran gelegen sein, alle Entgleisungen, Überhebungen und Lächerlichkeiten meiner Landsleute aufzuzählen. Gewiß, deren Charakterologie wäre ein dankbares Thema. Auch die All- und Eintäglichkeit hat ihren geistigen Kontrapunkt. Karl Kraus, der apokalyptische Feind der «*Journaille*» hat ihn bewältigt. Man lese, ist man Österreicher oder Deutscher, seine Werke, lache, weine oder schäme sich. Ich fühle in meinem Thema keinerlei Anlaß, mich lustig zu machen. Die Ironie der Ereignisse erfordert dringlichere und produktivere Methoden als das Pamphlet. Uns ist die Aufgabe gestellt, zu untersuchen, ob der deutsche Geist auf Befreiung oder aufs Gegenteil drang. Die Methoden zu zeigen, die er befolgte, und die Resultate, die zu verzeichnen sind.

Balls Anspielung auf das Wort *Journaille* gilt dem erwähnten Karl Kraus (1874–1936), einem der bedeutendsten österreichischen Schriftsteller des beginnenden 20. Jahrhunderts. Kraus ist als Satiriker, Lyriker, Aphoristiker, Dramatiker, Förderer junger Autoren, Sprach- und Kulturwächter bekannt geworden. Hans Weigel (1972:128) kennzeichnete Kraus' Wirken so:

> Der Kampf des Karl Kraus galt (...) noch intensiver als dem In
> halt den Formen des Journalismus. Er sah im Sprachlichen die
> große tödliche Gefahr für die Welt. Er suchte die Reinheit und
> Wahrheit – leidenschaftlicher noch als im Künstlerischen, im
> Wirtschaftlichen, im Politischen – im sprachlichen Ausdruck.
> Und er gab sich der Illusion hin, daß es gelingen könnte, die
> Sprache zu reinigen, um die Welt zu retten.

Kraus ist – wie Stefan Straub in einer jüngeren Studie (2004) zu
Recht betont – «der nach Umfang des Werkes, nach inhaltlichen
und nach sprachlichen Kriterien unbestritten bedeutsamste Polemiker deutscher Sprache.» Kraus' Sprachsatire war Zeitsatire: Seine
Attacken waren primär gegen den Berliner Kritiker Alfred Kerr,
den Wiener Polizeipräsidenten und österreichischen Ministerpräsidenten Johann Schober und den einflußreichen Zeitungsherausgeber Emmerich Bekessy gerichtet, den er schließlich zur Flucht aus
Wien zwang. Kraus war ein tadelsüchtiger Kritiker der Presse, vor
allem des Hetzjournalismus oder, wie er selbst es eben auszudrükken pflegte: der *Journaille*.

In seinem Feldzug gegen Journalisten sprach er von *Tintenstrolchen*, *Fanghunden der öffentlichen Meinung*, von *Presskötern und
Presshyänen*, von der *Presshorde*, von der *Saupresse* und – man beachte die Schreibung mit *ff* – der *Pressmaffia*. Kraus war Herausgeber der satirischen Zeitschrift «*Die Fackel*», in der uns der Ausdruck
Journaille – eine provozierende Kontamination aus «jour(nalistische
Ca)naille» – an elf Stellen begegnet. Die prononcierteste ist zweifellos die nachfolgend ausgewählte, die Ende März 1902 erschienen ist:

DIE JOURNAILLE *)

Darf eine Zeitung beschimpft werden? Darf der einfache Mann
aus dem Volke, dem jene Erkenntnis über das Zeitungswesen
mangelt, aus der seit nunmehr drei Jahren der Herausgeber
der ‹Fackel› aufreizende, zwingende Argumente für Hass und
Verachtung gegen die parasitären Zerstörer des Geisteslebens
schöpft – darf einer, der ihr Wirken nicht durchschaut, dem aber
endlich ein Ahnen die Augen geöffnet, dem dumpfen Gefühl
von Abscheu und Ekel in einem Schimpfwort den erlösenden
Ausdruck geben? Oder macht der Caféhausgast, dem aus dem
‹Extrablatt›, das ihm ein allzu dienstfertiger Kellner hinreicht,
Verbrecherphysiognomien entgegengrinsen, sich einer Übertretung, die auf Verlangen der Julius Bauer und Löwy mit ein-

fachem Arrest von drei Tagen bis zu einem Monat zu bestrafen ist, schuldig, wenn er das Sudelblatt mit den Worten «Weg mit dem Sudelblatt!» von sich stößt? Unklug wäre es vom Gesetzgeber, der Volksempörung die Ventile zu verstopfen, und beklagenswert, wenn die Interpreten des Gesetzes nicht dessen Willen, sondern dem Wink der Zeitungsmacht, die sich ungestraft leider so oft über das Gesetz gestellt hat, gehorchten.

(F 99,1 (1902))

*) Sprich: *Journallje*. Ein geistvoller Mann hat mir neulich, da wir über die Verwüstung des Staates durch die Pressmaffia klagten, diese für meine Zwecke wertvolle Bezeichnung empfohlen, die ich hiermit dankbar dem Sprachgebrauch überliefere.

Der in der Fußnote erwähnte «geistvolle Mann» war – wie Kraus später enthüllte – der Wiener Schriftsteller und Dramaturg Alfred Freiherr von Berger; die Wortprägung selbst bezeichnete Kraus im Jahre 1925 (F 686,33) als «eine Nachbildung nach Rochefort», womit er sie auf den französischen Pamphletisten Victor Henri de Rochefort-Luçay (1831–1913) zurückführte, der mit seiner antibonapartistischen Ein-Mann-Zeitschrift «*La Lanterne*» (1868/70) einen Vorläufer für die «*Fackel*» geschaffen und wahrscheinlich auch deren Titel-Wahl beeinflußt hat.

Kraus zielte verbal in unterschiedlichste Richtungen, so kritisierte er den «Rechtsverständigen» im «*Fremdenblatt*» ebenso wie ganz allgemein die Toleranz der Gerichte gegenüber einer *Journaille*, deren Vertreter er des Nepotismus und der Bestechlichkeit zieh:

Wie aber hat gar der Rechtsverständige, der am 29. März im ‹Fremdenblatt› zu Worte kam, den Beweis geführt, daß ein Zeitungsunternehmen wegen Beschimpfungen klagen könne? Im Begriff des verantwortlichen Redacteurs liege es, daß «der Schimpf, der der Zeitung zugefügt wird, unmittelbar auch diesen treffen muß». Wird also die Zeitung beleidigt, so hätte sich künftig der verantwortliche Redacteur beleidigt zu fühlen; während er es doch bekanntlich bisher immer nur als seine Aufgabe betrachtet hat, wenn die Zeitung jemanden beleidigt hatte, dem Beleidiger das Einstehen für seine Tat zu ersparen und selbst die Beleidigung nicht gelesen, die «pflichtgemäße Obsorge vernachlässigt» zu haben. Nein, der Hinweis des ‹Fremdenblatt›-Juristen auf den «verantwortlichen Redacteur» ist wohl eine der frechsten Provocationen der Öffentlichkeit, die sich die *Journaille* in diesen Tagen erlaubt hat.   (F 99,6 (1902))

Die Toleranz unserer Gerichte der *Journaille* gegenüber ist eine wahrhaft bewundernswerte. Die Veröffentlichung von selbst wahren Tatsachen des Privat- und Familienlebens ist strafbar, aber leider ein Antragsdelict, und welchem Ehemanne kann man es zumuten, daß er die Publicität seiner Alkovengeheimnisse durch eine Ehrenbeleidigungsklage gegen die Publicistik vergrößere? Hier wäre es Pflicht der Gerichtskanzleien, die Reportage durch Geheimhaltung der Termine von für die Öffentlichkeit irrelevanten Verhandlungen tunlichst zu erschweren.

(F 99,25 (1902))

*

Noch interessanter wird die Sache, wenn man bedenkt, daß Herr Sternberg niemand geringerer als der Bruder des durch seinen Humor allgemein beliebten St—g ist. Aber auch er scheint eine satirische Ader zu besitzen. Für den Humor freilich, der darin liegt, daß man seine Meinung der des Obersten Gerichtshofes gegenübergestellt hat, ist er nicht verantwortlich. Aber ungemein belustigend wirkt seine Berufung auf den Strafrechtsprofessor Lammasch, der vermöge eines Mißverstehens seiner Untersuchung über den Beleidigungsparagraphen, für das er als Prüfer Herrn Sternberg vielleicht durchfallen ließe, zum Eideshelfer für die ‹Neue Freie Presse› avanciert. Und auch an sich entbehrt die Situation nicht der amerikanischen Komik, in der ein Lammasch, den die *Journaille* nicht erst seit den Tagen der Abstimmung über den Zeitungsstempel als «Reaktionär» kennen und fürchten muß, der konsequenteste und vornehmste Schützer des Staates gegen die Übergriffe frecher Presstyrannis, für die «Ehre der Zeitung» Zeugenschaft leisten muß. Aber der Einfall des führenden Blattes deutsch-österreichischer Intelligenz, den kleinen Bruder eines der größten Sonntagsschmöcke als juristische Capacität vorzuführen, hat im Grunde nichts Überraschendes. Was in der ‹Neuen Freien Presse› nicht bezahlt ist, war seit jeher nichts anderes als die ehrliche Meinung eines Bruders über den andern, eines Onkels über den Neffen und eines Schwagers über die Schwägerin. Tief wurzelt in diesem Blatte die Familie. (F 100,10 (1902))

*

Der Spender gab «unter der Hand», ließ aus Furcht vor der das Theater umschleichenden liberalen *Journaille* die Schenkung nicht einmal auf den Zettel setzen, und nur der allzu beflissenen Art, in der der Beschenkte seinen Dank bekundete, ist es zuzuschreiben, daß die Sache herauskam. (F 100,18 (1902))

Es ist auffällig, daß der Begriff *Journaille* noch heute – und zwar in der Presse selbst! – gern verwendet wird, ganz gleich, ob in Kommentaren oder berichtenden Zitaten.

So konnte man in einem Interview, das *Die Welt Online* im Jahre 2007 mit dem Ex-Moderator Dieter Thomas Heck führte, lesen:

> WELT ONLINE: Als sich Rex Gildo 1999 das Leben nahm, höhnten Kritiker, der Schlager sei zum Klofenster heraus gesprungen. Tatsächlich erreichen Sendungen wie das von Ihnen moderierte ZDF-Sommerhitfestival gute Quoten. Wie erklären Sie sich das?
>
> Heck: Also, erstmal war es kein Klofenster, durch das Rex Gildo gesprungen ist. Das hat sich die *Journaille* ausgedacht. Ich bin ziemlich sicher, daß es ein Unfall war. Der Rex hatte vielleicht etwas zu viel Alkohol getrunken, und irgendwas hat ihn gerade tierisch genervt. Er stand vor einem Fenster und dachte nur: Ich muß hier raus. Er hat sich bestimmt nicht wegen Hossa das Leben genommen (...)

Anläßlich der Fußballweltmeisterschaft im Jahre 2006 schrieb *Der Focus* in einer Reportage über den französischen Fußballhelden Zinedine Zidane: «Die *Journaille* stimmte zu einem wohlwollenden ‹Au revoir Zizou› an.» Ähnliche Verwendungsbeispiele finden sich in den unterschiedlichsten Tageszeitungen:

> Nun ist es seit den Tagen von Karl Kraus kein Geheimnis, wie tief in der *Journaille* der Sumpf der Kameraderie und Verfilzungen ist, aber die Inkompatibilitäten, die Kraus noch so heftig beklagte, sind offenkundig alltäglich geworden.
>
> (*Süddeutsche Zeitung 2001*)

> So geistesfeindlich ist die *Journaille* denn doch nicht.
>
> (*tagesspiegel.de 2005*)

> Eine neue Adresse für die notorischen «Hintergrundkreise», das mehr oder minder lauschige Tête-à-tête von Politik und *Journaille*, hat sich in der Nähe der Bundespressekonferenz etabliert: die «Weinbotschaft».
>
> (*Berliner Zeitung 2001*)

> In Deutschland säße die halbe *Journaille* im Knast, würde «Geheimnisverrat» ähnlich rigoros verfolgt.
>
> (*tagesspiegel.de 2005*)

Sonst gelten sie in der schrillen Kommentarlage der *Journaille* und der Nachrichtenmagazine des Fernsehens als chaotisch, zerstritten, nicht regierungsfähig. *(Spiegel Online 2006)*

Dann würde er der *Journaille* vor Ort selbstverständlich Rede und Antwort stehen. *(fr-aktuell.de 2005)*

Wiesnwirte und *Journaille* trafen sich heute im Hackerzelt, um dem neuen Wiesnkrug zu huldigen. *(sueddeutsche.de 2005)*

Der Lexikoneintrag des «*Duden – Deutsches Universalwörterbuch*» ([6]2006:908) bewertet *Journaille* stilistisch als «veraltend, abwertend» und weist dem Wort semantisch zwei Bereiche zu: «a) ‹verantwortungslose, verleumderische Tagespresse› und b) ‹Journalisten, die Hetze betreiben, nur auf die Verbreitung verleumderischer u. ä. Meldungen aus sind›». Bezüglich der Begriffsentstehung wird lediglich vermutet, er sei: «wohl unter Einfluß von französischem *canaille* zu *Journal*» gebildet worden.

Auf die Entstehungsgeschichte wird indirekt in einem politischen Kommentar angespielt, der 2007 unter der Überschrift «Partei ergreifen» im «*Tagesspiegel*» zu lesen war:

Und sie wollen nicht verstehen, sie wollen es wohl wieder vor allem parteipolitisch sehen. Die Rede ist von Siegfried Kauder, CDU, und von Dieter Wiefelspütz, SPD. Diese beiden, in ihren Bundestagsfraktionen mit Rechtsfragen befaßt, lehnen eine Änderung des Strafgesetzbuchs ab, die zum Ziel hätte, den Tatbestand der Beihilfe zum Geheimnisverrat für Journalisten abzuschaffen. Dabei handelt es sich um einen Paragraphen von 1936, aus der Nazi-Zeit! Ausgerechnet Kauder, von dem die Ermittlungen der Staatsanwaltschaften gegen 17 Journalisten in der BND-Affäre ausgegangen sind. Er ist völlig uneinsichtig. Oder er überblickt nicht, was er da gerade tut, was er der Pressefreiheit mit solch starrer Haltung antut. Und Wiefelspütz – von dem hätte man wahrlich anderes erwartet. Daß er einen Gesetzentwurf der Liberalen zum stärkeren Schutz von Journalisten als «für die Galerie» verächtlich machen will, erinnert daran, daß sich jeder qualifiziert, so gut er kann. Auf diese Weise zeigen die Abgeordneten, was sie wirklich von der Presse halten: *Journaille gleich Kanaille*. Der gehört halt ab und zu mal eins übergebraten, nicht wahr. Aber, tröstlich, es sind nicht alle so. Wichtig ist es außerdem. Die Pressefreiheit braucht schließlich nicht nur Journalisten, die für sie Partei ergreifen.

Völlig zu Recht zählt Cornelia Berning (1964 und [als Cornelia Schmitz-Berning] 1998) – ebenso wie Karl-Heinz Brackmann und Renate Birkenhauer (1988:102) – das Wort *Journaille* (nicht zuletzt auch in den Komposita *Erfüllungsjournaille, Dolchstoßjournaille, Judenjournaille*) zu den «selbstverständlichen» Begriffen und Schlagwörtern aus der Zeit des Nationalsozialismus. Insoweit ist das Wort *Journaille* erheblich belastet, weil sich die NS-Propagandisten seiner in vielen Pamphleten bemächtigten. (Ich habe an anderer Stelle auf die zynische verbale und visuelle Agitation in der NS-Zeit hingewiesen: vgl. Gutknecht 2005.)

Um nicht mißverstanden zu werden: Negativ konnotierte Wörter lassen sich selbstverständlich nicht verbieten. Auch darf, ja *muß* Hetzjournalismus als solcher entlarvt und gebrandmarkt werden, man darf entsprechende Presseorgane durchaus *Journaille* nennen und muß nicht euphemistisch von unseriösen Repräsentanten der *Yellow Press* sprechen: «Meist sind es Vertreter der Yellow Press und der privaten Fernsehkanäle, die sich am Set herumdrücken» (*Die Zeit* v. 3.11.2005). Doch die von einigen Autoren der vorgenannten Zitate geübte Praxis, (seriöse) *Presse-Vertreter* und *Journaille* als Kollektivbegriffe undifferenziert gleichzusetzen, sie also *synonym* zu verwenden, ist nicht nur eine läßliche stilistische Sünde. Es zeugt von Gedankenlosigkeit, ist inhaltlich falsch, ungerecht und daher nicht akzeptabel.

Wie sagte Carl von Ossietzky (1889–1938) in «*Professoren, Zeitungsschreiber und verkrachte Existenzen*»? «Der Journalist beginnt ohne die betrügerischen Vorschußlorbeeren des Examens. Er muß sich bewähren oder (…)»

Des abendländischen Wesens überdrüssig

Theodor Heuss hat es in seiner Antrittsrede als erster Bundespräsident am 12. September 1949 ausgesprochen: «Deutschland braucht Europa – aber Europa braucht auch Deutschland.»

Sieben von zehn Deutschen (72 %) sind der Auffassung, daß «*wir in Zukunft ein stärkeres europäisches Bewußtsein*» entwickeln müssen. Dieses Ergebnis einer im Jahre 2006 im Auftrag des Bankenverbandes durchgeführten Meinungsumfrage zeigte, daß die Deutschen keineswegs *europamüde* sind, wie vielfach behauptet wird. Die Idee der europäischen Einigung stellt vielmehr für die meisten Befragten weiterhin ein erstrebenswertes Ziel dar.

Das war schon einmal anders – nicht nur bei uns, sondern auch in weiteren Ländern. Eine Woche vor der Europawahl lud im Jahre 2004 der «*Arbeitskreis PR der JOE-Plattform Berlin e. V.*» zu einem Pressestammtisch ein – unter der Fragestellung: «Sind die Tschechen *europamüde*?»

Und auch diese Rückschau auf diverse Presseausschnitte spricht eine deutliche Sprache:

> Da schrieb etwa wenige Tage vor der Zeremonie in Rom das *europamüde* Lager in einen Gipfel-Beschluß, der Verfassungsvertrag «schließt den Integrationsprozeß ab», doch die Europa-Enthusiasten des anderen Lagers fügten sofort hinzu: «Der Vertrag wird für viele Jahre der Union als Grundlage dienen» und schlossen damit künftige Integrationsschritte überhaupt nicht aus. (*Sueddeutsche.de 2006*)

> Die EU-Verfassung ist gescheitert. Die Bürger sind *europamüde*. Angela Merkel fordert jetzt eine «Neubegründung» des Projekts Europa. Doch vor konkreten Festlegungen hütet sie sich.
> (*Focus Online 2006*)

> Noch nie waren die Deutschen so *europamüde* wie heute.
> (*Bild 2000*)

> An Daniel Cohn-Bendit, dem deutschen Spitzenkandidaten der französischen Grünen, kann es nicht gelegen haben, daß sich die Franzosen so *europamüde* verhalten. (*Die Welt 1999*)

> Briten *europamüde* (*Bild 1996*)

> Die Österreicher sind *europamüde* (*taz 1996*)

> Schweden *europamüde* (*Berliner Zeitung 1995*)

> Akademiepräsident: Intellektuelle *europamüde*
> (*Süddeutsche Zeitung 1995*)

> Ohne einen Erfolg von Maastricht II, das ist das Horrorszenario Brüsseler Politik, wird auch weiterhin jede *europamüde* Regierung per Veto allen anderen Mitgliedern eine engere Zusammenarbeit verbieten können. (*Die Zeit 1996*)

Interessant ist freilich, daß das Wort *europamüde* keineswegs eine aktuelle Prägung ist. So veröffentlichte z. B. Karl Leberecht Immermann (1796–1840), den man einen Dichter zwischen Poesie und sozialer Wirklichkeit nennen kann, in den Jahren 1838–1839 den Roman «*Münchhausen: Eine Geschichte in Arabesken*»: Darin ist im zwölften Kapitel mehrfach von der *Europamüdigkeit* die Rede.

> «Sie waren auch auf dem smaragdgrünen Plateau?» fragte das Fräulein einigermaßen befremdet.
> «Liebe Seele, wo wäre ich nicht gewesen!» antwortete lächelnd der Freiherr. «Ich war vor einigen Jahren *europamüde*, warum weiß ich selbst nicht, denn es hatte mir niemand etwas zuleide getan, aber ich war *europamüde*, wie man gegen elf Uhr abends schlafmüde wird. Beschloß also, zu reisen, so weit weg, wie möglich.»
>
> *
>
> «Ich meine, das Nilpferd nähre sich nur von Vegetabilien, nicht von Fleisch», wandte das Fräulein bescheiden ein.
> «Es ist vermutlich kurzsichtig gewesen, und hat mich für eine Pflanze angesehen», antwortete der Freiherr. «Ich weiß, was ich weiß; ich habe im Rachen drin gesteckt. Wahrheit muß Wahrheit bleiben, und ehrlich währt am längsten. Wo blieb ich stehen? Ja, in Afrika. Warum soll ich Sie aber mit solchen Kleinigkeiten aufhalten? Ich war bald *afrikamüde*, wie ich *europamüde* gewesen war, beschloß daher nach Amerika zu reisen, vorher aber einen Abstecher nach Deutschland und England zu machen, wohin mich verschiedne Gründe zuvor riefen.»

Auch beim Erzähler Max Dauthendey (1867–1918) finden sich folgende Stellen in seinem Roman «*Raubmenschen*» (1911):

> Wir lachten beide herzlich. Und nun war Freundschaft geschlossen, besonders, als sich mir die mystischen Artisten noch im Laufe dieses Abends beim Zusammensitzen unter dem Sternenhimmel als zwei *europamüde* studierte junge Leute vorstellten. Er war ein junger Astronom. Sie war eine junge Holländerin, hatte in Paris Musik studiert und den jungen Deutschen, der zu Besuch bei Flammarion in Paris weilte, im Hause dieses Astronomen kennengelernt.
>
> *
>
> Sie war mit ihrem Manne nicht etwa bloß, um für ein paar Monate einen Ausflug nach Mexiko zu machen, von Europa gekommen, sie hatten beide alle Brücken hinter sich abgebrochen und waren auf gut Glück und *europamüde* über den Atlantik gezogen. Nicht nur hatte der Astronom, der ein großer Schwärmer vor dem Herrn war, in Mexiko seiner Sternwarte leben

wollen, von der er träumte – er hatte außerdem die seltsamsten Einfälle, er wollte das Beste, was Europa und Asien an Büchern, an Götzen, an Kunst und Musik hervorgebracht hatten, wenigstens in Erinnerungen mit hinüber in das Land der Sonne mitnehmen, um dort nicht ohne Tradition zu sein.

*

«Oh, spotten Sie nicht», seufzte die junge Frau, «Sie wissen nicht, wie ernst diese Auswanderung meinem armen Manne war, und – er hat ja nun auch seine unerreichbaren Träume mit seinem Leben bezahlen müssen. Er war so überzeugt, daß er für mich und sich das Beste wollte, als er, gleich nach der Hochzeit in England, die Auswanderung in das Sonnenland Mexiko, wie er sagte, vorschlug und ausführte; er war *europamüde*.»

*

«Mutter Europa hat uns erst fortlaufen lassen, damit wir wissen, daß wir eine Mutter Europa haben. Vielleicht hätten wir uns in Europa nie entdeckt.»
«Ich war so *europamüde*,» sagte sie, «aber nun will ich es nicht mehr sein – solange du es nicht bist –», setzte sie lächelnd und mit schöner weiblicher Vorsicht hinzu.

Immermanns «*Münchhausen*» (1839) und Dauthendeys «*Raubmenschen*» (1911) waren jedoch nicht die ersten Literaturzeugnisse, in denen das Wort *europamüde* auftauchte. Der schöpferische Wortpräger war Heinrich Heine (1797–1856). In seinem 1828 entstandenen Werk «*Englische Fragmente*» erwähnt er explizit seine gefühlte *Europamüdigkeit*:

Des dumpfen abendländischen Wesens so ziemlich überdrüssig, so recht *europamüde* wie ich mich damals manchmal fühlte, war mir dieses Stück Morgenland, das sich jetzt heiter und bunt vor meinen Augen bewegte, eine erquickliche Labung, mein Herz erfrischten wenigstens einige Tropfen jenes Trankes, wonach es in trübhannövrischen oder königlich preußischen Winternächten so oft geschmachtet hatte, und die fremden Leute mochten es mir wohl ansehen, wie angenehm mir ihre Erscheinung war, und wie gern ich ihnen ein Liebeswörtchen gesagt hätte. Daß auch ich ihnen recht wohl gefiel, war den innigen Augen anzusehen, und sie hätten mir ebenfalls gern etwas Liebes gesagt, und es war eine Trübsal, daß keiner des andern Sprache verstand. Da endlich fand ich ein Mittel, ihnen meine freundschaftliche Gesinnung auch mit einem Worte kundzu-

geben, und ehrfurchtsvoll und die Hand ausstreckend, wie zum
Liebesgruß, rief ich den Namen: «Mahomet!»
(Englische Fragmente X, Wellington)

Zehn Jahre später wurde der Begriff endgültig populär durch den
bekanntesten Roman des Erzählers und Zeitungsredakteurs Ernst
Willkomm (1810–1886): das Werk trug den Titel «*Die Europa-
müden: Modernes Lebensbild*» (1838). Als Randnotiz sei bemerkt,
daß rund zwei Jahrzehnte später eine Abhandlung erschien, die den
Titel trug «*Der Amerika-Müde. Amerikanisches Kulturbild*» (1855).
Die darin enthaltene Amerikakritik brachte seinem Verfasser, Ferdinand Kürnberger (1821–1879), immerhin zwei philosophische
Verweise ein: Ludwig Wittgenstein (1889–1951) stellte seinem
«*Tractatus logico-philosophicus*» (1921) als Motto ein Kürnberger-
Zitat voran («*... und alles, was man weiß, nicht bloß rauschen und
brausen gehört hat, läßt sich in drei Worten sagen*»). Und bevor der
Leser mit dem ersten Aphorismus der «*Minima Moralia. Reflexio-
nen aus dem beschädigten Leben*» (1951) von Theodor W. Adorno
(1903–1969) beginnt, stößt er auch dort auf ein vorangestelltes Wort
Ferdinand Kürnbergers: «*Das Leben lebt nicht.*»

Karl Kraus zählte Kürnberger, der als Chronist der österreichischen, insonderheit der «Wiener Seele» galt, neben Daniel Spitzer
und Ludwig Speidel zu den sprachmächtigsten Feuilletonisten und
gedankenreichsten Schriftstellern, mithin zu seinen Vorbildern im
historischen Wiener Feuilleton der liberalen Tagespresse.

An vielen Stellen ist Kraus in der «*Fackel*» voll des Lobes für
Kürnberger und zitiert ihn häufig – zuweilen mit sehr amüsanten
Ausführungen:

Kürnberger hat einmal gesagt: «Wenn in Österreich ein Mann
die Gesetze befolgen würde, so entstünde daraus unfehlbar
eine Revolution.» Wie man weiß, ist seit jenem Ausspruch
keine Revolution erfolgt. Würde jemand, der einen «Verein
zur Befolgung der Gesetze» gründen wollte, die Bewilligung
der Statuten erhalten? Gott sei Dank, wir haben das nicht
nötig! Jedermann weiß doch, «wie man das macht». Man «richtet sich» eben die Sachen. Man kann alles bekommen, vorausgesetzt, daß man es nicht als Recht verlangt. Es gibt keine komi-
schere Figur als einen Michael Kohlhaas in Österreich (...)

(F 29,8 [1900])

Fritz Keller nimmt den «Schriftsteller und Welthasser» Ferdinand Kürnberger im *Extra-Lexikon* der *Wiener Zeitung* (vom 8. August 2003) kritisch unter die Lupe:

Wer sich über Ferdinand Kürnberger in einem Literaturlexikon informiert, wird unweigerlich auf «*Der Amerika-Müde*» (1855) verwiesen, ein «Kulturbild», das auch nach dem Tod des Autors mehrfach neu aufgelegt wurde. Jedoch: Kürnberger folgt in diesem Schlüsselroman über Nikolaus Lenaus mißglückte Flucht aus den restaurativen Verhältnissen der Monarchie in die neue Welt nicht nur völlig unkritisch dem Gesinnungswandel seines Helden (von Amerika als «die Werkstätte des Ideals» hin zu «Amerika ist ein Vorurteil»). Er garniert die Biographie darüber hinaus mit schwer verdaulichen deutschnationalen Tiraden («Es gibt nichts Herrlicheres auf Erden als Deutsche» (…) «ganz Nordamerika wird deutsch werden, denn unsere Einwanderung stützt sich auf ein mächtiges Mutterland»), die sich am Ende des Romans zum Furioso eines deutschfeindlichen Pogroms steigern. Opfer sind leutselige Arbeiter, Handwerker, Lehrer, erfüllt von den humanistischen Idealen Goethes, Schillers und Kants. Der klischeehaften Geschichte ist überdies besonders im zweiten und dritten Teil des 563-seitigen Wälzers stilistisch anzumerken, daß es sich um eine Auftragsarbeit handelt, die Kürnberger nur unter dem Zwang bereits kassierter Vorschüsse des Verlages zu Ende brachte.

Amerikamüde? *Europamüde*? Läßt sich die produktive Wortbildung fortsetzen? 144.815 Deutsche haben im Jahr 2005 ihr Land verlassen – so viele wie selten zuvor in der Geschichte der Bundesrepublik. Sie gingen der Liebe wegen, um einen Job anzutreten oder aus reiner Abenteuerlust. Man weiß noch recht wenig über ihre Motive und Schicksale. Darüber berichtet Josefine Janert in einem Aufsatz in «*Psychologie heute*» (Heft 8/2007); sie hat ihm den Titel gegeben: *Deutschlandmüde*.

Optimistische Töne hat dagegen vor einiger Zeit Tilman Krause (in: *Die Welt Online* vom 7. April 2001) angeschlagen: «Frankreich *deutschlandmüde*? Keine Spur! Für die Beziehungen beider Länder ein Glücksfall: Das Deutsche Forum für Kunstgeschichte in Paris.»

Am 7. September 1905 erschien sie zum ersten Mal: «*Die Schau-bühne*», eine reine Theaterzeitschrift – von Siegfried Jacobsohn in Berlin gegründet. Seit 1913 hat sie ihre Ausrichtung erweitert und auch wirtschaftliche und politische Themen behandelt. Folgerichtig wurde sie am 4. September 1918 in «*Die Weltbühne*» umbenannt. Nach Jacobsohns Tod im Dezember 1926 hat Kurt Tucholsky (1890–1936) die Leitung des Blattes übernommen und gab sie seinerseits im Mai 1927 an Carl von Ossietzky weiter. Nach dem Reichstagsbrand (in der Nacht vom 27. auf den 28. Februar) 1933 wurde die Zeitschrift von den Nationalsozialisten verboten, am 7. März 1933 konnte sie zum letzten Mal erscheinen.

Am 12. Juni 1924 veröffentlichte die «*Weltbühne*» (Nr. 24, S. 828) den nachfolgenden Beitrag:

Der Türke

Ich habe in Paris einen Türken kennengelernt, der war französischer Untertan, sprach englisch und konnte Deutsch. (Mitunter ist es gar nicht so einfach im menschlichen Leben.) Im Kriege hatte dieser Polyglott Kuntze bei der türkischen Armee Dolmetscherdienste getan, und da hat er wohl vieles gelernt, vieles aufgeschnappt (...). Er übersetzte sehr gewandt; als wir mit einem Engländer nicht recht zu Rande kamen, vermittelte er wortgetreu, ohne Verdrehungen und Abkürzungen – sehr gut. Dann sprach er mit mir, Deutsch.

Er sprach und sprach, und je länger er sprach, desto weniger paßte ich auf das auf, was er sagte – und zum Schluß fielen mir fast die Augen aus dem Kopf. Wo hatte ich diesen Jargon schon einmal gehört? Was war denn das, was dieser Mensch sprach?

Ich fragte ihn nach einem gemeinschaftlichen Bekannten. «Donnerwetter!» sagte der Türke, «das war vielleicht ein Kerl!» Ich sah ihn an, in seinen Augen war kein Arg; er war fest überzeugt, reines Deutsch gesprochen zu haben. Ja – ich nickte beifällig. Und dann sprachen wir von der Verpflegung in der Kriegstürkei. «Da haben wir eine Nummer jesoffen!» sagte der Türke, «einfach verheerend –!»

Ah –! Jetzt wußte ich, wo der sein Deutsch gelernt hatte. Und durch sein Deutsch erschienen wie durch einen Schleier die Lehrmeister dieser erfreulichen Grammatik: mit hohem Kragen, mit Monokel, mit leicht geröteten Gesichtern, mit den nötigen «Harems»-Adressen in der Brusttasche, beklunkert mit deutschen, österreichischen und türkischen Orden, mit dem ganzen Bahnhofsspinat. «Der Kümmeltürke soll ma reinkomm, übersetzen!» Er näselte wie sie. Er schleppte die Worte wie sie, ließ die Endsilben fallen, hatte genau den Timbre fauler Verachtung, der es nicht verlohnt, das Maul aufzumachen. Er hatte es alles abgeguckt.

«Kenne die Brüder da unten janz jenau!» sagte der Türke. Und im Geiste segnete ich die deutsche Kultur, die so schöne Früchte trägt und an der die Welt im allgemeinen und dieser Türke im besonderen so herrlich genesen war.

Erschienen ist diese spitzzüngige und scharfsinnige Glosse unter dem Verfassernamen *Ignaz Wrobel*. Hinter diesem Pseudonym verbarg sich kein Geringerer als der Herausgeber Kurt Tucholsky selbst, der hier mit gewohnt analytischer Sicht Vorurteile und deutsche Überheblichkeit karikierte.

Wenn uns die Wörter *Kümmeltürke* und *kümmeltürkisch* heute im Deutschen begegnen, so sind sie zweifelsfrei als pejorativ anzusehen und gehören zu den übelsten ethnischen Schimpfwörtern (vgl. hierzu auch Thomas Dürr 1992, Margret Spohn 1993, Karin Büchle 1994 und 1995, sowie Zuzana Široká 2005). Das sieht auch Herbert Pfeiffer so, der in seinem «Schimpfwörterbuch» (1996:235) s. v. *Kümmeltürke* erläutert:

1. ein allgemeines Schimpfwort; 2. abfällig für einen Türken, türkischen Gastarbeiter; 3. seltener für einen Säufer, Kümmelschnapstrinker.

In Sten Nadolnys Roman «*Selim oder die Gabe der Rede*» ([4]1996:168) stößt man auf diese Szene:

Ein und derselbe Satz konnte ganz Verschiedenes heißen. Was zum Beispiel ‹der tut nichts› bedeutete, hing davon ab, ob von einem Schlosserlehrling oder von einem Schäferhund die Rede war. (...) Vorher war er nackt gewesen, jetzt trug er Socken und Unterhosen. Und wenn einer ihn ‹Kümmeltürke› nannte, entgegnete er ‹Sauschwab›, damit war die Sache erledigt.

Andreas Winkler (1994:321 f.) hält als grundlegendes Charakteristikum für ethnische Schimpfwörter (die früher auch mit den heute altertümlich klingenden Ausdrücken «*Nationenschelte*» oder «*Völ-

kerschimpf» bezeichnet wurden) fest, daß «alles, was andere Völker bzw. ethnische Gruppen von der eigenen Gruppe (...) und ihren unterstellten Normen unterscheidet, (...) auch zur Bildung von herabsetzenden Bezeichnungen und Stereotypen verwendet werden kann.»

Adolf Josef Storfer (1888–1944) hat 1939 in zwei Aufsätzen in der deutschsprachigen Shanghaier Exilzeitschrift «*Gelbe Post*», die man heute mit Beklemmung liest, dargelegt, daß die übertragenen Verwendungsweisen des Wortes «Jud» in deutschen Redensarten mit der Vorstellung zusammenhängen: «Der Jude ist das Fremde, Nichtdazugehörende, sein Vorhandensein stört die Regel, die Ordnung.» Er gibt neben vielen anderen auch diese Belege: «In Wien heißt z. B. eine falsche Falte, die beim Bügeln in ein Kleid geraten ist, ‹ein *Jud*›» (Storfer 1939:113); «in gewissen deutschen Studentenkreisen bekam früher den Namen *Jud* einer, der keiner Verbindung angehörte» (op. cit., S. 140). Storfer schreibt auch: «*Hast an Judn g'segn* wurde etwa in dem Sinne gebraucht: da kannst du lange versuchen, mich auszuholen»; er korreliert diese Wendung bezeichnenderweise zu einer Wiener Redensart: «*Haben's kaan Türkn gsegn* (man verwendet sie, wenn man um irgend etwas angegangen wird, aber nicht geneigt ist, dem Ansuchen Folge zu leisten) ist, wie ich vermute, eine Variante der oben angeführten Frage: *hast an Judn g'segn?»*

Daß die Bezeichnungen *Kümmeltürke* und *kümmeltürkisch* ursprünglich einen – den meisten heutigen Sprachbenutzern nicht mehr bekannten – eher harmlosen kulturgeschichtlichen Hintergrund haben, darauf verweist neben Herbert Pfeiffer u. a. auch Martin Müller (1999:106), der aus einer Notiz August v. Goethes (an C. v. Goethe vom 30. 3. 1810) zitiert: «Wenn ich es recht übersehe und bedenke, so ist mir sein Heidelbergischer Aufenthalt lieber als sein Jenaischer. Es kommt schon etwas *Kümmeltürkisches* in ihn (FA II, 6, 541).» Müller erläutert, «*Kümmeltürke*» sei damals die Bezeichnung für einen Studenten aus einer kümmelanbauenden Gegend gewesen – z. B. der Umgebung von Halle, die scherzhaft «*Kümmeltürkei*» genannt wurde («*Türkei*», weil Gewürze sonst meist aus dem Orient kamen; vgl. die ähnliche Darlegung im «*Duden: Deutsches Universalwörterbuch*» (⁶2006:1029) – und sei im Sinne von ‹spießbürgerlich› verwendet worden (wohl vorwiegend, weil der Student sich nicht über seine engere Heimat hinausbewegt hat, sondern seinem provinziellen Umfeld verhaftet geblieben ist). Das «*Deutsche Wörterbuch*» von Jacob und Wilhelm Grimm (1854–1960) ordnet «Kümmeltürke» einerseits ohne weitere Erläuterung als studentensprachliche Bezeichnung für einen *Philister* ein und verweist auf J. Vollmanns «*Burschicoses Wörterbuch*» (1846:274); zum anderen sagt es, es sei «bekannt als Schimpfwort, z. B. im Rheinland.»

Auch Wahrig (1991:801) weist im Eintrag s. v. *Kümmeltürke* auf die veraltete Bedeutung ‹*Prahlhans*› und die ursprünglich übliche Bedeutung ‹*Spießbürger*› hin. Die deutsche Literatur bietet für die letztgenannte Variante eine Reihe von aufschlußreichen Belegen.

Bei E. T. A. Hoffmann (1776–1822) heißt es in dessen Novelle «*Der goldene Topf*» (1814) über den Studenten Anselmus, der fürchtet, nicht aus seiner nächsten Heimat herauszukommen, an einer Stelle:

> Daß ich niemals Bohnenkönig geworden, daß ich im Paar oder Unpaar immer falsch geraten, daß mein Butterbrot immer auf die fette Seite gefallen, von allem diesen Jammer will ich gar nicht reden; aber ist es nicht ein schreckliches Verhängnis, daß ich, als ich denn doch nun dem Satan zum Trotz Student geworden war, ein *Kümmeltürke* sein und bleiben mußte?
>
> (1. Vigilie)

Beim Kulturhistoriker und Schriftsteller Johannes Scherr (1817–1886) entwickelt sich in seinem historischen Roman «*Michel, Geschichte eines Deutschen unserer Zeit*» (1858) folgender Dialog:

> Nachdem dies eine Weile gedauert, fragte er ihn:
> «Wer sind Sie denn eigentlich, mein Junge?»
> Fabian, obgleich eine sanfte und schüchterne Natur, entgegnete doch in etwas gereiztem Ton:
> «Das dürfte Sie wenig interessieren, mein Herr.»
> «Doch, doch», versetzte jener. «Sie scheinen mir zur Gattung *Kümmeltürke*, Spezies Theologe zu gehören, und da ich gerade mit dem Studium dieser Gattung und dieser Spezies beschäftigt bin, so werden Sie mir gütigst nähere Auskunft über dero werte Person geben.»
> «Mein Herr», sagte Fabian, indem ihm das Blut ins Gesicht schoß, «wenn Sie sehen, daß ich ein Theologe bin, so sollten Sie auch wissen, daß ich nicht im Falle sei, für eine so rohe Beleidigung Genugtuung zu fordern.»

«*Tant pis pour vous,*» erwiderte der Mensch mit höhnischem Lachen, «oder, da Sie wahrscheinlich nicht Französisch verstehen – ein unzivilisiertes Pack, diese Schwarzkittel – ja, um so schlimmer für Sie –.» (2. Buch, 6. Kapitel)

Auch bei Clemens Brentano (1778–1842) findet sich in seinem Märchen «*Baron Hüpfenstich*» der Ausdruck «*Kümmeltürke*». Achim von Arnim (1781–1831), der so manche ergötzliche Szene aus dem halleschen Burschen- und Volksleben beschrieben hat, bezog «*Kümmeltürke*» (z. B. in seinem Städtedrama «*Halle und Jerusalem*» (1811)) speziell auf Halle.

Bei Christian Friedrich Bernhard Augustin (1771–1856) heißt es in seinem «*Idiotikon der Burschensprache*» (1795):

Kümmeltürke ist ein Student, der aus der Nachbarschaft von Halle gebürtig ist. Diese [Studenten] bekommen alle Viktualien, selbst die geringsten Kleinigkeiten, z. B. Pfeffer und Kümmel, von ihren Eltern geschickt, daher wahrscheinlich der Name. Es werden überhaupt alle mit dem Namen belegt, welche mit Bequemlichkeit an einem Tage zu Fuße nach ihrem Geburtsorte gehen können; die von den nächsten Dörfern um Halle herum gebürtig sind, werden aber nicht darunter begriffen, so wenig als die, welche in Halle selbst wohnhafte Eltern haben.

In einer Fußnote ergänzt Augustin – mit Hinweis auf Achim von Arnim –, der Ausdruck sei «nicht mehr studentisch. Arnim läßt in seinem Studentenspiel «*Halle und Jerusalem*» unter den Studenten einen Kümmeltürken auftreten». Dabei bezieht er sich auch auf Sanders' (1886) Verweis «auf die in der Umgegend von Halle, namentlich früher, besonders gehegte Cultur des Kümmels. Auf den Franckeschen Stiftungen bedeutet Kümmel noch jetzt Lebensmittel, die von Hause geschickt werden; so entstehen: *Kümmelkiste*, *Kümmelpost*. Vulgär ist *Kümmeltürke* = Schnapsbruder.»

Die vorgenannte Erläuterung liest man ähnlich in modernen deutschen Lexika, sowohl in allgemeinen als auch in etymologischen Wörterbüchern (vgl. Herman (1998:159) – wie auch Wahrig (2002:359); «*dtv-Lexikon*» (1978, Bd. 11:47); «*Duden: Deutsches Universalwörterbuch*» ([6]2006:1029); «*Etymologisches Wörterbuch des Deutschen*» (Pfeifer, [2]1993, Bd. 2: 944)).

Heinz Küpper führt in seinem «*Wörterbuch der deutschen Umgangssprache*» (⁴1990:470 f.) s. v. *Kümmeltürke* aus:

> (1.) langweiliger Mann; Schimpfwort. Bezeichnete seit 1790 den Studenten, der im Bannkreis der Universität Halle gebürtig war, wo früher Kümmel angebaut wurde. Auch malte man einen Türken oder Mohren auf das Aushängeschild eines Kaufladens, in dem Gewürzwaren («Kolonialwaren») gehandelt wurden, und auf den Gewürzmärkten trugen die Händler die türkische Tracht. Seit dem ausgehenden 18. Jahrhundert.
> (2.) Gemüsehändler. 1900 ff, Berlin.
> (3) *ackern wie ein* ~ angestrengt arbeiten. Vgl. auch *kümmeln* (2).
> (4) *saufen wie ein* ~ = wacker zechen. Geht auf den Alkoholverzehr der Studenten zurück. Seit dem 19. Jahrhundert.

Interessant an Küppers' semantischer Zuordnung ist die im Unterabschnitt (3) gewählte positive Bewertung des «angestrengten Arbeitens», die durch den Verweis auf die Erläuterung im 2. Unterabschnitt des Eintrags zum Verb *kümmeln* (= «Kümmelschnaps, später allgemein: Alkohol [in kleinen Schlucken] trinken») noch gestützt wird: «*intransitiv* = eifrig lernen. Zusammenhängend mit dem als *Kümmeltürke* beschimpften strebsamen Studenten. Seit dem 19. Jahrhundert; schüler- und studentensprachlich.»

Alle diese Erklärungen deuten auf den vom Mittelalter bis ins späte 18. Jahrhundert zumeist mündlich tradierten Burschenbrauch – seit etwa 1770 französisch «Comment» genannt (*Savoir comment vivre!*) –, der zunächst nur studentische Gewohnheiten bei Hospiz (Trink- und Eßgelagen) und Duellen, später darüber hinaus das gesamte äußere Erscheinungsbild, das Benehmen und teilweise sogar das zu verwendende Liedgut der Studenten regelte.

Dieser Comment wurde im Jahre 1778 schriftlich fixiert in Form einer zwanzigseitigen, keineswegs nur parodistisch gemeinten, lateinisch abgefaßten Schrift, die (in Form einer juristischen Dissertation) unter dem Titel «*Dissertatio De Norma Actionum Studiosorum Seu Von Dem Burschen-Comment/Edita Ab Renommista Rerum Bursicosarum Experientissimo Eodemque Intrepidi Horribilique Martiali Schluck Raufenfelsensi*» erschienen ist. Hinter dem Pseudonym Martialis Schluck Raufenfelsensis verbarg sich ein gewisser Christian Friedrich Gleiß (1752–1784), Kandidat der Rechte und Mitglied des Amicistenordens, eines 1771 in Jena von elsässischen und badischen Mitgliedern der Mosellaner Landsmannschaft gegründeten Studentenordens, der bis 1811 in mehreren Universitätsstädten (z. B. in Erfurt, Erlangen, Gießen, Göttingen, Halle, Leipzig, Mainz, Marburg, Tübingen und Würzburg) nachweisbar ist.

Die Erstauflage von 1778 gilt als verschollen. Hans Peter Hümmer kommt das große Verdienst zu, «die älteste erreichbare lateinische Fassung von 1780 und die erste Übersetzung von 1798 gesucht und beide schließlich unter die Rarissima im Institut für Hochschulkunde in Würzburg gefunden zu haben» (Hümmer 2007:16). Hümmer hat in seiner vorbildlichen editorischen Arbeit dem lateinischen Text (1780) die 1798 in Jena erschienene Übersetzung durch Nikolaus Balger gegenübergestellt. In § 12 der Schrift werden die Injurien behandelt:

> Eine Injurie ist jede Handlung, die unternommen wird, um einen anderen zu beschimpfen. Es gibt 1) Verbal- und 2) Realinjurien. Eine Verbalinjurie ist: Eine Äußerung, wodurch die Ehre eines andern beleidigt wird.

Zu den aufgeführten Verbalinjurien gehören neben den Wörtern *Schisser, Fuchs, Mucker, Stubensitzer, Pflastertreter* und *dummer Jung* auch – und soweit mir bekannt: erstmalig – der Ausdruck «*Kümmeltürke*» und wird wie folgt kommentiert:

> V. KÜMMEL-TURK, deriv[atur]. a «cuminum et turca». Hoc nomine venlunt Thrasones, seu iactatores rerum gestarum suarum, qui quidem primo impedu magno clamore et baritu in adversarios irruunt, sicut turcis mos est; sed minimo imminente periculo, resiliunt sicut cuminum, si fuerit adipi servidae intermissum. ‹Kümmeltürk› – von Kümmel und Türk. So heßen die Aufschneider und Großsprecher, welche zwar, nach Art der Türken, mit großem Geschrey auf den Feind losgehn, bey der geringsten Gefahr aber zurückspringen, wie Kümmel aus der heißen Butter.

Auf eben diesen Kommentar bezieht sich auch eine Stelle im 1781 in Halle erschienenen «*Studenten-Lexicon. Aus den hinterlassenen Papieren eines unglücklichen Philosophen, Florido genannt, ans Tageslicht gestellt von Christian Wilhelm Kindleben.*» Sein Verfasser, der als «Magister Kindleben» berühmte und durch seine Liedersammlung bekannte Christian Wilhelm Kindleben (1748–1785), schrieb:

Kümmeltürken heißen diejenigen Studenten, welche aus der umliegenden Gegend bey Halle gebürtig sind. Der Verfasser der lateinischen Abhandlung vom Burschenkomment (…) scheint den rechten Begriff dieses Worts, wie er wenigstens in der hiesigen Gegend gebräuchlich ist, nicht gewußt zu haben. (…) Er versteht darunter überhaupt Prahlhänse und Großsprecher, und diese hier angeführte Erklärung ist ein wenig weit hergeholt.

(Kindleben 1781:129)

Ausgehend von der Arbeit Augustins, bewertet der Germanist Konrad Burdach (1859–1936) die genannten Studentenlexika wie folgt:

(…) an den gleichzeitigen Leistungen auf diesem Gebiete gemessen, verdient die Arbeit nicht lächelnden Spott, sondern Anerkennung. Treue Beobachtung, das kritische Bestreben, fremdartiges Material auszuscheiden, darf man ihr nachrühmen, und das daran geknüpfte Raisonnement sowohl als die versuchten Deutungen erheben sich beträchtlich über das Niveau des Kindlebenschen Studentenlexikons.»

(Burdach 1894:x–xi)

Wie Hermann Paul (⁹1992:494) erläutert, war das Wort *Kümmeltürke* negativ wertend; er fügt erklärend hinzu, das Wort habe für einen Schüler oder Studenten gestanden, «der aus der Heimat mit Vorräten versehen worden sei, die man als *Kümmel* bezeichnete». Auch Paul weist darauf hin, daß das Wort ursprünglich auf Studenten aus der Umgebung von Halle a. S. deutete, «wo viel Kümmel angebaut wurde», und daß es später verallgemeinert wurde: Letzteres konnte man neben den genannten Quellen auch schon bei Karl Müller-Fraureuth (1911, Bd. 2:121a) lesen, aber auch bei Friedrich Ludwig Karl Weigand (⁵1909, Bd. 1:1169), der s. v. *Kümmeltürke* sogar einen sehr präzisen lokalen Herkunftsbereich angibt: «Student aus der Nähe der Universitätsstadt, besonders bis etwa zwei Meilen von dieser. In der Studentensprache, ursprünglich in Halle a. S., aus der Umgegend, dem Saalkreise (wo starker Kümmelanbau betrieben wird), gebürtiger Student.»

Auch Karl Friedrich Wilhelm Wander bietet in seinem «*Sprich-wörter-Lexikon*» (1867–1880, Bd. 2:1705) den Eintrag *Kümmel-türke* (wobei er auch auf Brauns «*Sechstausend deutsche Sprichwör-ter und Redensarten*» (1840) verweist), lenkt uns s. v. *Kümmeltürkei* allerdings geographisch in eine andere Richtung: «So heißt in der Studentensprache die Umgegend von Heidelberg.»

Samuel Hetzel (1896:321) führt nur einen Vergleich auf: *fluchen wie ein Türke, wie ein Kummeltürke*; Oskar Weise ([4]1915:99 f.) zählt *Kümmeltürke* neben *Hottentotte*, *Slowake* (Taugenichts), *Postschwede* usw. zu den Volksnamen, die als Schimpfwörter ge-braucht werden.

Nachdem das Wort *Kümmeltürke* erörtert wurde, ist es Zeit, sich dem Verb *türken* und der Wendung *einen Türken bauen/stellen* zuzuwenden.

Der Duden (*Das große Buch der Zitate und Redewendungen*. 2002: 691) nennt explizit die Wendung *einen Türken bauen*, kenn-zeichnet sie als umgangssprachlich – mit der Bedeutung: ‹in der Ab-sicht, jemanden zu täuschen, etwas als wirklich, echt hinstellen› – und gibt als Verwendungsbeispiel: «Vielleicht haben deine Freunde *einen Türken gebaut*, als sie dir von den guten Verdienstmöglich-keiten in Australien vorschwärmten?»

Im *Duden* (Band 7: *Das Herkunftswörterbuch* ([2]1989: 764)) fin-det sich – ebenso wie im überarbeiteten Nachdruck ([2]1997, dort-selbst S. 765) – s. v. *Türke* noch dieser Eintrag:

> Die Herkunft der mit der Bezeichnung für den Einwohner der Türkei gebildeten umgangssprachlichen Wendung «*einen Tür-ken bauen* (älter: *stellen*)», «in der Absicht, jemanden zu täu-schen, etwas als wirklich, echt hinstellen» ist trotz aller Deu-tungsversuche ungeklärt. Beachte dazu auch das Wort *türken* «fingieren, fälschen» (20. Jahrhundert; häufig als adjektivisches 2. Partizip *getürkt*).

Erst in der 3. Auflage (2001) wurde das Lemma *türken*, das ja nicht minder pejorativ ist als *Kümmeltürke*, getilgt. Auch manche Redaktionen zweisprachiger (z. B. deutsch-französischer und deutsch-englischer) Wörterbücher scheinen sich über die angespro-chene Problematik wenig Gedanken zu machen.

Die Frage, ob man ethnische Schimpfwörter in ein Wörter-buch integrieren oder sie tilgen soll, ist selbstverständlich berechtigt. Auch ethnische Schimpfwörter sollte man, so meine ich, aufnehmen, solange man sie – und dies gilt ganz besonders für zweisprachige Lexika – eindeutig als solche kennzeichnet. Es geht, so betont auch Thomas Dürr (1992:121) zu Recht, «um eine zensurfreie Aufnahme von Wörtern in Wörterbücher und gegen eine Einteilung in ‹schöne› und ‹häßliche› Wörter, womit gesellschaftlich-kulturell sanktionierte Wörter gemeint sind. Es geht nicht um die Dinge an sich, sondern um deren Verankerung in einem Diskurs.»

Schon Caspar von Stieler gab 1691 in der Vorrede zu seinem Wörterbuch zu bedenken, daß man auch die natürlichen Dinge und die, welche die Ehrbarkeit sonst verschweigt, mit ihrem eigenen Namen nennen müsse, ebenso einen Fluch, ein häßliches Wort und unhöfliche Redensarten. «Es müßten ja auch die Ausländer wißen und verstehen/», so schreibt er weiter, «wenn man ihnen vorfluchet/ein unbehobelter teutscher Bauer sie ausschilt und schmähet/oder eine unverschämte Dirne/sich gegen Sie zur Maulhuren machet/auch müßten Sie selbsten sich hüten, heßliche Worten in ihrer teutschen Rede zu gebrauchen/zumal in diesem Wörterbuche allezeit beygesetzet worden/welches Wort und welche Redart unhöflich/unzüchtig und gotteslästerlich sey.»

Im «*PONS* (Erich Weis/Heinrich Mattutat) *Großwörterbuch* Französisch–Deutsch/Deutsch–Französisch 1988:579» findet sich s. v. *türken* der Eintrag: (*fälschen*) simuler; (*Zahlen, Statistik*) falsifier. In der umgekehrten Sprachrichtung wird allerdings weder unter *simuler* (S. 510) noch unter *falsifier* (S. 231) auf das Verb *türken* verwiesen.

Das «*Duden Oxford Großwörterbuch Englisch*» (1990:1529) präsentiert den Eintrag:

> *türken*: tr[ansitives] V[erb] (umgangssprachlich) fake (*scene, letter, document*, etc.); make up (*story, report*).

Auch hier wird in der (für unsere Betrachtung bedeutsameren) *englisch-deutschen* Sprachrichtung) s. v. *fake* (ibid., S. 261) angegeben:

> (feign, contrive) nachahmen (Akzent); fälschen (Unterschrift); vortäuschen (Krankheit, Einbruch, Unfall).

«*Langenscheidts Großes Schulwörterbuch Deutsch-Englisch*» (2001: 1122) und «*Langenscheidts Handwörterbuch Englisch*» (1988:1354) verzeichnen jeweils gleichlautend den Eintrag:

> türken: F[amiliär] (*Papiere etc.*) fake; (*Zahlen etc.*) *fiddle*.

«*Langenscheidts Handwörterbuch Englisch*» (1988:238) lenkt jedoch, und das ist äußerst bedenklich, *auch* in der englisch-deutschen Sprachrichtung explizit auf das Wort *türken* – in dem Eintrag:

> fake: [feik] (...) nachmachen, fälschen: *Presse etc.*; *Foto etc.* ‹türken›.

Ein englischsprachiger Lexikonbenutzer, der wissen will, was er im Deutschen sagen soll, wenn es ums Fälschen von Papieren, Fotos, Unterlagen, etc. geht, wird somit belehrt, es sei das Verb *türken* zu benutzen.

Herman Schrader (1912:407 ff.) hat schon vor rund einem Jahrhundert einen im Vergleich zu den obigen Ausführungen weiter ausholenden, in seiner rigiden Diktion heute mehrfach befremdlich anmutenden kulturhistorischen «Erklärungsversuch» für zahlreiche auf die Türkei und deren Bewohner fokussierte ethnische Beschimpfungen unternommen:

> Wie die Türkei zu ehrenrührigem Nebenbegriff gekommen ist, geht aus dem Zustande des Landes und seiner Bewohner hervor. Da können wir nun sagen: die Natur hat in diesem Lande ihre herrlichsten Schätze verschwendet; aber die Menschen benutzen sie nicht. Anbau und Gewerbefleiß erstirbt unter dem eisernen Joche des Despotismus. Wer sich durch fleißigen Landbau bereichert, reizt nur die Habsucht der Mächtigen. In den fruchtbarsten Gegenden verarmen und darben die unglücklichen Bewohner, und das Land verödet immer mehr und mehr. Zum Bergbau ist der Türke zu unwissend und zu träge. Zu seinen Bauten zertrümmert er lieber die großen Kunstwerke des Altertums, als daß er aus Steinbrüchen den herrlichsten Marmor herbeischafft. Der Sultan ist der unumschränkte Gebieter über Leben und Tod seiner Untertanen, der eigentliche Besitzer alles Grundeigentums (mit Ausnahme des der frommen Stiftungen). Berichtet uns nun außerdem die Geschichte von den Jahrhun-

derte andauernden Raubzügen der Türken, von ihrem Sengen und Brennen, Morden und Sklavenmachen, so kann es uns nicht Wunder nehmen, daß der Name *Türke* in früheren Zeiten Entsetzen einflößte, in späteren allmählich Verachtung, Geringschätzung, Hohn und Spott. So sagt noch Luther im Liede: *Erhalt uns Herr bei deinem Wort und steur des Papsts und Türken Mord.* – Auf dem Spaziergange vor dem Tor im Faust sagt der eine Bürger:

> Nichts Bessres weiß ich mir an Sonn- und Feiertagen
> Als ein Gespräch von Krieg und Kriegsgeschrei,
> Wenn hinten, weit, in der Türkei
> Die Völker aufeinander schlagen.

Die Türkei ist also teils das schreckenerregende, teils das verachtete und elende, teils das unbekannte, geheimnisvolle Land. Hieraus ergibt sich leicht, daß man bei uns – an das Zweite anknüpfend – eine elende, ärmliche und erbärmliche Gegend eine *Hundetürkei* nennt, wie z. B. die Lausitz von den in fruchtbareren Gegenden Umwohnenden genannt wird, auch wohl etliche Gegenden der «Streusandbüchse des heiligen römischen Reiches». – Um den verschärfenden Zusatz *Hund* zu verstehen, braucht man nicht anzunehmen, daß in diesen Gegenden nicht mit Pferden und Ochsen, sondern nur mit Hunden gefuhrwerkt werde. Wir haben (…) an vielen Beispielen gezeigt, daß Wörter-Zusammensetzungen mit *Hund* nur immer das in hohem Grade Schlechte und Verächtliche bezeichnen.

Wenn nun die Bezeichnung *Hundetürkei* auf jedes Land solcher Eigenschaften paßt, so ist dagegen der Name *Kümmeltürkei* zunächst auf eine bestimmte Gegend beschränkt. Es mag wohl Wunder nehmen, daß hiermit die fruchtbare und an Naturschönheiten reiche Umgegend von Halle an der Saale gemeint ist. Wie diese Gegend sich jetzt durch den Bau der Zuckerrübe auszeichnet, so früher durch den Anbau von Kümmel, so sehr, daß man ihr von diesem den Namen mit dem spöttischen Zusatz der Türkei gab. So erklärt schon die Redaktion des *Kladderadatsch* (1878, Nr. 5 im Briefkasten) und fügt weiter bei: «Einen Kümmeltürken nannte daher der ältere hallische Studenten-Jargon einen aus Halle oder der nächsten Umgebung von Halle stammenden Studenten, damit zugleich andeutend, daß derselbe ‹nicht weit her› sei.» Dann heißt überhaupt jeder, der nicht aus der nächsten Heimat weg geht, ein Kümmeltürke. Es ist also das engherzige, kurzsichtige Philistertum gemeint, wie es die zu haben pflegen, welche sich nicht in der weiten Welt ein wenig umgesehen und getummelt haben. – Jene Deutung bestätigt auch H. Laube (bei Dr. Hildebrand) im *Jagdbrevier,* wenn er sagt:

> Der Hase ist ein *Kümmeltürke:*
> Wenn man ihn nicht alltäglich hetzt,
> So bleibt er gern, wo er gesetzt.

An die früheren Raubzüge der Türken mahnt das Wort *Malztürke* für Krähen, Dohlen etc., weil diese verheerend, wie die Türken in das Land, so in das Malz einfallen. So heißt es bei Dr. Heyne: Aus dem Reichstag der Malztürken datiert Luther einen scherzhaften Brief von der Dohlen und Krähen Reichstage, in dem er beschreibt, wie diese Vögel einen gewaltigen Zug vorhaben wider Weizen, Gerste, Hafer, Malz und allerlei Korn und Getreide. – Nur eine spöttische Weiterbildung ist's, wenn man einen Käse-, Herings-, Semmelverkäufer einen *Käse-, Herings-, Semmeltürken* nennt.– Die Kinder nennen die Maikäfer mit rotem Halsschilde *Rottürken.*

Um an die vorgenannten Bemerkungen zum Getreide anzuknüpfen: Auch Franz Harder (1925:25) wußte eine abstrus klingende, landwirtschaftlich begründete Aussage zu diesem Thema beizusteuern: «Aus der jetzt ausgestorbenen Sprache der Insel Haiti kommt die Bezeichnung des Mais, *mahis*; die Bezeichnung *türkischer Weizen* ist verkehrt, da die Pflanze aus Amerika stammt, erklärt sich aber daraus daß sie für die Deutschen aus Ungarn kam.»

Es gilt festzuhalten: Neben der Verwendung abwertender Ausdrücke für fremde Völker und ethnische Gruppen gibt es den übertragenen Gebrauch von Ethnika (vgl. Büchle 1994:24 f.). Das Verb *türken* und die Wendung *einen Türken bauen* gehören im Deutschen zu diesen metaphorisch gebrauchten Ethnika. Auffällig in allen Sprachen ist, daß besonders in Phraseologismen der Gegensatz «eigen–fremd» sehr häufig negative Stereotypen bzw. Vorurteile als tertium comparationis transportiert. Karin Büchle (1995:67) verdeutlicht das in ihrer kontrastlinguistischen Analyse des metaphorischen Gebrauchs von Ethnika in den Bereichen «Verhaltensweisen bzw. Charakteristika» an ausgewählten Beispielen im Spanischen und Deutschen (die hier leicht modifiziert wiedergegeben werden):

Spanisch:
- engañar a alguien como a un chino (= jmdn. gemein betrügen)
- no tirarle un gollejo a un chino (= sehr feige sein)
- ser un gabacho (pejorativ für ‹Franzose›) (= feige sein)
- no hay moros (pejorativ für ‹Araber›) en la costa (= die Luft ist rein)
- hay moros en la costa (= Gefahr im Verzug)
- cabeza de turco (= Sündenbock, Prügelknabe)
- chistes alemanes (= zweifelhafte/flache Witze)
- trabajar para el inglés (= sich für jmdn. ein Bein ausreißen und doch nur Undank ernten)
- despedirse/irse alla francesa/tocar el pito ingles (= Zechprellerei)

(Vgl. dazu auch: Winkler 1994:332–335.)

Deutsch:
- polnische Wirtschaft (= ineffizient, chaotisch)
- Das ist getürkt/ein getürkter Vertrag (= gefälscht)
- polnischen Urlaub nehmen (= nicht arbeiten gehen)
- ein Zigeunerleben führen (= unstet, chaotisch)
- sich auf polnisch/englisch/französisch verabschieden (= sich grußlos verabschieden/nicht zahlen: die Zeche prellen)

Mehrere Nationen, das wird an den Beispielen deutlich, haben in den beiden verglichenen Sprachen «*ihr Fett abbekommen*» – im Spanischen sind z. B. die Türken die Sündenböcke bzw. Prügelknaben. Im Deutschen wird «*getürkt*» oder – wie eben auch gesagt wird – «*ein Türke gebaut*». Die «*Brockhaus-Enzyklopädie*» (Bd. 27, [20]1999:691) spricht diesbezüglich von «einer heute kaum noch gebräuchlichen Redewendung». Das ist natürlich blühender Unsinn, denn sowohl das Verb *türken* als auch die phraseologische Wendung *einen Türken bauen* hört und liest man auch heute noch recht häufig – z. B. in Wochen- und Tageszeitungen:

> Der ehemalige Bundesverfassungsrichter Hans Hugo Klein hat sich skeptisch über die Verfassungsmäßigkeit der Vertrauensfrage geäußert. «Der Kanzler muß schon klar machen, daß er im Bundestag keine verläßliche Mehrheit hat», sagte Klein der «Berliner Zeitung». Nur wenn dies dem Kanzler mit seiner Erklärung gelinge, spreche manches für den von ihm gewählten Weg. «So wie es sich mir aber heute darstellt, ist die Vertrauensfrage *getürkt*.» (*Focus Online 2005*)

Nachdem Georgien Anfang August 2007 erklärte, Rußland habe eine Rakete auf georgisches Territorium abgeworfen, wurde dies von russischer Seite heftig bestritten, u. a. mit dem Hinweis darauf, es seien Raketenteile mit englischen Schriftzeichen gefunden worden. Auf der Internet-Seite der «*Süddeutschen Zeitung*» vom 22. 8. 2007 konnte man dazu in einer Zwischen-Überschrift lesen: «Rußland: Georgien hat Angriff *getürkt*.»

Die Tageszeitung «*Die Welt*» zitierte am 16. März 2001 einen der Firmeninhaber des österreichischen Studios für Bildbearbeitung «*Vienna Paint*» mit dessen Äußerung, daß er heute «keiner Bildinformation mehr traue, weil alles *getürkt* sein kann».

Und Martin Stankowski (1998:82) führt in seinem Buch «*Einen Türken bauen*» aus:

> *Türken* – vor diesem Wort warnte der Chefredakteur in einer Rundfunkanstalt per Rundbrief seine Kollegen. Sie sollten es vermeiden, weil damit eine diskriminierende Nebenbedeutung verbunden sei. Und dabei ist es so üblich, das Wort *türken*. Immer dann, wenn es um die Vorspiegelung falscher Tatsachen geht; wenn wir einen Ersatzmann an die Stelle der richtigen Person setzen, dann wird *ein Türke gebaut*, und wenn wir etwas vormachen, dann wird *getürkt*. Gerade in den Medien, in denen ja Dichtung und Wahrheit öfter nicht auseinanderzuhalten sind, ist die Redensart üblich. Nun mag man darüber streiten, ob man – ganz pc – besser das Wort meidet.

Eines ist allerdings sicher: Die Herkunft der Bezeichnung ist nicht mit Sicherheit bestimmbar; deshalb ranken sich um sie auch die wildesten und amüsantesten Spekulationen:

Version 1 stammt von Kurt Krüger-Lorenzen (1904–1971), der sein Leben dem Rundfunk und der deutschen Sprache widmete. Der Jurist und Etymologe gab mit seinem üblichen Selbstbewußtsein folgende Erklärung:

> Die Wendung stammt aus der Kaiserlichen Marine. Als 1895 Kaiser Wilhelm II. den nach ihm benannten Kaiser-Wilhelm-Kanal (heute Nordostseekanal), eine der wichtigsten Weltseeverkehrsstraßen einweihte, trafen sich im Kieler Hafen Kriegsschiffe aller seefahrenden Nationen. Der Kaiser hatte aus diesem Anlaß zu einem Galadiner auf dem Flottenflaggschiff SMS ‹Deutschland› eingeladen. Jedes Boot, das den Vertreter

eines Staates an Bord der ‹Deutschland› brachte, führte die entsprechende Nationalflagge. Sobald ein hoher Würdenträger seinen Fuß auf das oberste Fallreeppodest setzte, präsentierte die Sicherheitswache, und die Marinekapelle spielte die Nationalhymne des betreffenden Landes. Als plötzlich ein Boot mit der roten türkischen Halbmondflagge anrauschte, stellte der Kapellmeister bestürzt fest, daß weder die Noten der türkischen Nationalhymne vorhanden waren noch einer seiner Musiker diese kannte. Als dann die türkischen Seeoffiziere mit Fez und Halsorden das Fallreep heraufstiegen, intonierte die Marinekapelle kurz entschlossen: «Guter Mond, du gehst so stille durch die Abendwolken hin.» So wurde der erste Türke gebaut.

(1960:270 f.)

Version 2: Der Ursprung des Wortes *türken* bzw. *einen Türken bauen* ist in der Rokoko-Zeit zu suchen, und zwar im Automatenbau. Der aus Preßburg stammende Baron Wolfgang von Kempelen (de Pázmánd) alias Kempelen Farkas (1734–1804), Hofkammerrat unter Maria Theresia, präsentierte 1769 erstmals einen Automaten, den er auf Wunsch der Kaiserin konstruiert hatte. Diese Maschine, die zu einer berühmten Attraktion des 18. Jahrhunderts wurde, sollte die bisher bekannten Androiden von Jacques de Vaucanson, wie die körnerpickende Ente oder den Trompetenspieler, als Spielzeug in den Schatten stellen. Während jene die ihnen einprogrammierten Handlungsabläufe lediglich stereotyp wiederholten, konnte Kempelens Automat vermeintlich denken. Vor dem Automaten saß nämlich an einem Schachtisch eine lebensgroße, in orientalische Gewänder gehüllte Puppe, allgemein *der Türke* genannt. Vor einer Schachpartie zeigte der Hersteller im Inneren des Automaten ein undurchschaubares Räderwerk. Die Leistung des Automaten war hervorragend, denn er spielte zügig und gewann fast immer, vor allem gegen die Prominenten von damals, u. a. im Jahre 1783 gegen Benjamin Franklin.

Wilsmann führt dazu in seiner «*Kulturgeschichte der Zauberkunst*» (1938:62) aus:

Nach dem Tode Kempelens verkauft sein Sohn den Automaten an einen deutschen Mechaniker namens Maelzel. Auf seinen Schaureisen kommt dieser im Jahre 1809 auch nach Schloß Schönbrunn, wo sich gerade Napoleon aufhält, ein leidenschaftlicher Schachspieler. Der große Korse, so heißt es in einem zeitgenössischen Bericht, ist darauf erpicht, den geheimnisvollen Türken zu besiegen. Er läßt sich in eine Partie ein, aber es ergeht ihm nicht besser als den anderen: Napoleon verliert. «Die Adern des Kaisers», so steht in einem Zeitungsartikel zu lesen, «schwollen an. Wie von Sinnen sprang er auf und schlug so lange auf das herrliche Kunstwerk ein, bis es in tausend Trümmer ging. So endete der berühmteste lebende Automat, den die Welt bisher gekannt hat.»

Wilsmann ist jedoch skeptisch und fügt hinzu:

> Bei diesem Artikel handelt es sich offenbar um eine fette Zeitungsente. Denn tatsächlich fuhr der deutsche Mechaniker mit dem Automaten in der ganzen Welt herum, bis zu seinem Tode. Dann ging der Apparat in den Besitz des Professors Dr. John Mitchell über, der ihn dem Raritätenkabinett des Sammlers Wilson Peale in Philadelphia vermachte. Dort stand er vierzehn Jahre lang vergessen in einer Ecke, bis er einem nächtlichen Großfeuer zum Opfer fiel. (Op. cit., S. 62)

Hatte der «*Türke*» nun wirklich das schwierigste aller Spiele, das Schachspiel, erlernt und somit augenscheinlich von der Ratio Besitz ergriffen? Wilsmann schildert die Wirkung:

> In den Zeitungen stehen ausführliche Berichte. Von allen Seiten regnet es wissenschaftliche Abhandlungen und tiefsinnige Betrachtungen. Niemand kann sich das Rätsel der wunderbaren Kommode erklären! Hat die Puppe ein menschliches Gehirn? Wieso ist sie imstande, ohne Zeitverlust die schwierigsten Züge zu machen, über die selbst der gewiefteste und ausgekochteste Schachspieler lange nachdenken muß?

Der Schachautomat wäre die größte «Errungenschaft der Menschheit», wie Edgar Allan Poe festhielt, wenn er denn korrekt funktioniert hätte. Er wurde jedoch als Schwindel entlarvt. Wilsmann klärt uns auf:

> In Wirklichkeit handelte es sich nicht um einen Automaten, sondern um einen ‹Illusionsapparat›. Das auf der Kommode liegende Schachbrett war unterhalb der Felder mit Magnetnadeln versehen, die durch kleine Magnetstäbchen in den Füßen der Figuren bewegt wurden. Im Kasten war ein Spieler verborgen,

44

der durch einen Blick nach oben stets ablesen konnte, welche Figur der Gegenspieler bewegt oder geschlagen hatte. Diejenigen Bewegungen, die der Spieler im Kasten auszuführen hatte, wurden mit einer storchschnabelartigen Hebelvorrichtung auf den linken Arm der Puppe übertragen. Da in der Kommode berühmte Meister verborgen waren, war es selbstverständlich, daß der *Türke* die meisten Partien gewann. (Op. cit., S. 62 f.)

Wie sagte Arthur Schnitzler (1862–1931): «Was wir Illusion nennen, ist entweder Wahn, Irrsinn oder Selbstbetrug – wenn sie nicht eine höhere Wirklichkeit bedeutet, die als solche anzuerkennen wir zu bescheiden, zu skeptisch oder zu zaghaft sind.» Auf jeden Fall geblieben ist – angeblich seit Aufdeckung des Automaten-Schwindels – die (heute kaum mehr allgemeinverständliche) Wendung *einen Türken bauen*: vgl. auch Küppers «*Illustriertes Lexikon*» (1982–1984).[17]

Version 3: Neben anderen Werken hält auch der «*Duden*» (Bd. 11, 1992:742) die Herkunft dieser Wendung trotz aller Deutungsversuche für nicht geklärt, fügt aber gleichwohl diese Variante an: «Vielleicht stammt sie aus der Soldatensprache, in der früher mit *Türke* eine ‹eingedrillte Gefechtsübung gegen einen angenommenen Feind› bezeichnet wurde.»

In Walter Transfeldts «*Wort und Brauch in Heer und Flotte*» ([9]1986:336) finden sich s. v. «*Türke*» (Nr. 403) vielfältige Herleitungsversuche:

Unter der Regierung König Friedrich Wilhelms IV., von 1840 bis 1861, war ein auffälliges und eilfertiges Bemühen festzustellen, zu jeder Truppenbesichtigung eine ungewöhnliche Gefechtslage vorzuführen. Solche «frei erfundenen» Lagebilder interessierten den König und wurden von ihm gern gesehen. Da wollte nun jeder Major, ja jeder Hauptmann etwas Besonderes erfinden und dadurch die Aufmerksamkeit auf sich lenken. Der Leutnantswitz bezeichnete solche Gefechtsvorführungen bald als «Türkenmanöver», zuletzt kurz «Türken». – Der erste Gebrauch der humorig gemeinten Redensart wird dem späteren Generalleutnant z. D. v. Kotze (gestorben 1893) nachgesagt. Er war in den Jahren 1856–61 Bataillonskommandeur im Alexander-Garde-Grenadierregiment. Möglicherweise ist das «Türkenmanöver» in dieser Zeit entstanden: In der Tempelhofer Feldmark – in der mit Vorliebe die Besichtigungsvorübungen der Berliner Garnison abgehalten wurden – befand sich bis 1866

eine türkische Grabstätte. Das Türkengrab soll bei den Übungs-
abläufen oft eine wichtige Rolle gespielt haben. Und so mag
die Redewendung in den militärischen Sprachgebrauch eingegangen sein.

In einer abweichenden Erklärung schreibt der «Soldaten-
Freund» 1896: Die Redensart ist «wahrscheinlich mit Bezug auf
den wilden, ungeregelten Angriff der einstigen türkischen Janit-
scharen entstanden.» Eine andere Deutung sagt, sie sei nach
nicht enden wollenden Vorübungen anläßlich eines bevorste-
henden Truppenbesuches hoher türkischer Offiziere aufgekommen und dann auf alle gleichartigen Übungsvorhaben übertragen worden. Nachweislich aber ist der Ausdruck «türken»
bereits um 1600 für Reiterübungen gegen unbewegliche Ziele
bekannt gewesen.

Noch heute sind die Redewendungen «einen Türken bauen»,
«türken» und «getürkt» in der Bundeswehr zu hören. Sie
bezeichnen dienstliche Vorgänge, die in allen Einzelheiten
vorgeübt und deren Beteiligte auf ihre «Rolle» eingespielt
worden sind. Für die Ausbildung der Truppe sind solche Vor-
führungen selten hilfreich, gehen sie doch zu Lasten anderer Ausbildungsvorhaben. Schon das Exerzier-Reglement der
Infanterie von 1906 untersagte die «Türkenmanöver»: «Der
Neigung, durch unkriegsmäßige Hilfen einen glatten Übungs-
verlauf herbeizuführen, ist überall entgegenzutreten. Je mehr
Reibungen entstehen, desto mehr wird gelernt, desto mehr
wird der Wert selbsttätigen Handelns erkannt und geschätzt
werden. Die Einübung bestimmter Gefechtsbilder ist verboten.»

Das schweizerische Wort *Türgg* für «Manöver, Wehrübung» könnte
die Herkunft des Ausdrucks aus dem militärischen Bereich stützen.
Auch Martin Stankowski (1998:82) trägt seine Herleitung selbstbe-
wußt vor:

Tatsächlich ist die Redensart schon ziemlich alt. Sie stammt aus
der militärischen Sprache und kam auf mit den Ritterspielen des
Mittelalters. Für ihre Turniere mußten die Ritter üben. Es kam
bei der kunstvoll-blutigen Technik des Duells darauf an, den
Gegner mit der langen Lanze genau zu treffen und möglichst
gleich beim ersten Mal aus dem Sattel zu heben. Schnellen An-
tritt und genauen Stoß übten sie mit Puppen, die fest montiert
waren, sich aber um ihre eigene Achse drehten. Eine ähnliche
Übung mit dem Degen hieß später beim Adel das *Türkenkopf-
Stechen.*

Hierzu paßt die im «*Etymologischen Wörterbuch*» von Kluge ([20]2002:935 f.) spekulativ vorgestellte Möglichkeit, die Wendung könne an den französischen Ausdruck *tête de turc* mit der Bedeutung ‹Zielscheibe (des Spotts), Prügelknabe› (wörtlich: ‹Kopf des Türken›) angelehnt sein (das spanische *cabeza de turco* [= ‹Sündenbock, Prügelknabe›] wurde oben schon erwähnt): «vgl. auch frz. *dindonner* ‹zum Narren halten› zu frz. *dindon* ‹Truthahn› (da sich die Truthähne leicht hereinlegen lassen). Eine alte Bezeichnung des Truthahns ist aber *türkischer Hahn*.» (Op. cit., S. 936)

Version 4: Auch Klaus Müller (1994:625) erwähnt die Bezeichnung *Türke* für das ‹parademäßige Vorexerzieren›, verweist darüber hinaus aber noch auf eine weitere mögliche Quelle für die Bedeutung ‹Täuschung›: er glaubt, sie

> (…) liege «in den vielfachen Steuern, die zwischen dem 15. und dem 17. Jahrhundert unter Ausnutzung der verbreiteten Türkenfurcht für einen angeblichen Heereszug gegen die Türken ausgeschrieben und später dann für ganz andere Zwecke ausgegeben wurden».

Es gibt, wie oben angedeutet, neben dem Verb *türken* noch eine Vielzahl unterschiedlichster Ethno-Lexeme und -Phraseologismen in der älteren und jüngeren deutschen Sprache: Man denke nur an Bildungen wie die *holländische Sauce*, das *Russischbrot*, die *englische Krankheit*, die *spanische Wand*, die *schwedischen Gardinen*, die *böhmischen Dörfer*, aber auch an Wendungen wie *die feine englische Art* oder *willst du es französisch*? Wolfgang Näser vom «*Forschungs-Institut für deutsche* Sprache» («Deutscher Sprachatlas») der Philipps-Universität Marburg hat zu diesem Thema eine beeindruckende Liste ins Internet gestellt (vgl. http://www.staff.uni-marburg.de/~naeser/national.htm).

Um diese Ausführungen zu einem versöhnlichen Ende führen zu können, bedarf es der selbstironischen Stärke eines in deutscher Sprache publizierenden Autors türkischer Herkunft. Der seit 1973 in Deutschland lebende Satiriker Osman Engin, der kleinbürgerliche Dumpfheit und borniere Klischees mancher deutscher Mitbürger ebenso wie die Doppelmoral mancher türkischer Landsleute aufs Korn nimmt, persifliert die Wendung «*einen Türken bauen*» in der Kurzgeschichte «*Alles getürkt*» (in seiner so auch betitelten Anthologie aus dem Jahre 1992):

«Es sieht ziemlich ernst aus», sagte der Arzt, als ich letzte Woche bei ihm war. «Wenn Sie nicht Ihre eigene Beerdigung feiern wollen, dann dürfen Sie sich nicht mehr aufregen. Ihr Herz ist stark angegriffen.»

«Ist das der Grund für die Schmerzen in meinem linken Arm?»

«Genau, so ist es. Sie dürfen sich ab sofort nicht mehr aufregen. Wenn Probleme auftauchen, dann *bauen Sie einfach einen Türken* gegen sich selbst und täuschen so Ihre eigenen Gedanken. Jede Art von Ärger ist lebensgefährlich für Sie!»

«Kein Problem, Herr Doktor. Ich als Türke kann bestimmt den besten *Türken bauen*, den Sie je gesehen haben. Aber wie soll man es denn heutzutage schaffen, sich nicht ununterbrochen zu ärgern?! Darf ich wenigstens Comics lesen oder mir Helmut Kohl anhören?»

«Nein, sind Sie wahnsinnig! Ich habe doch gesagt, Sie dürfen sich überhaupt nicht aufregen. Selbst wenn Ihre eigene Frau Sie in Zukunft betrügt, machen Sie sich lustig darüber. Lachen Sie sich schief. Denken Sie einfach, wie oft Sie Ihre Frau schon betrogen haben. Und jetzt bücken Sie sich mal nach vorne. Ich muß Ihnen diese Spritze geben.»

«Waaas? Dieses Monster ist doch einen halben Meter lang, Herr Doktor, haben Sie doch Erbarmen mit mir.»

«Nehmen Sie es nicht so tragisch, Herr Engin. Das sind nur rein äußerliche Schmerzen. Lachen Sie einfach, dann ist es halb so schlimm.»

«Hihaho, hahha, kicher, kicher! Diese niedliche Spielzeugspritze ist doch höchstens 49 cm lang. Hihaho, hahha, kicher, kicher. Auuaaaa. Hihaho, hahha, kicher, kicher. Auuuaaaa!!!»

(Ibid., S. 46 f.)

Doch welch großartige Bescherung hat uns Engin erst mit seiner Kurzgeschichten-Sammlung «*Getürkte Weihnacht*» ([2]2007) bereitet! Dort weist er in einer Episode, in der der Protagonist, Vorzeige-Einwanderer Osman – gemeinsam mit dessen Frau Eminanim und vielen Freunden –, wie die «Eingeborenen» Weihnachten feiern möchte, den Weg zu einer semantischen Umdeutung des Wortes «*getürkt*»: Es bedeutet ab sofort nicht mehr ‹gefälscht›, sondern: «auf türkische Art».

Es ist wohl illusionär, zu erwarten, daß sich dieser Gebrauch im Deutschen schnell durchsetzt, denn sprachliche Veränderungen lassen sich gemeinhin nicht bewußt lenken, werden eher verstanden als Ergebnis des Wirkens einer unsichtbaren Hand. Hoffen wir dennoch auf den *deukisch* gestützten Sprachwandel (um den von den bilingualen Berlinerinnen Aylin Selcuk und Lamia Özal ge-prägten Terminus zu verwenden) und lassen ihn in einen dyna-mischen Prozeß einmünden – folgen wir als bewußte Sprecher des Deutschen der Anregung Osman Engins!

Kapitel 2

Die Gesellschaft – oben und unten

Promenadentour für das Stabilisariat

Das «*Lexikon des internationalen Films*» nennt den unterhaltsamen Genre-Klassiker mit Bing Crosby, Grace Kelly, Frank Sinatra und Louis Armstrong «ein perfekt inszeniertes Musical mit parodistischen Zügen, dank witziger Dialoge und schwungvoller Musik»; die Musik stammt übrigens von Cole Porter. Ich spreche von dem bekannten Film «*High Society*» aus dem Jahre 1956, der im Folgejahr auch in Deutschland gezeigt wurde – unter dem Titel «*Die oberen Zehntausend*».

Die Kinokomödie persifliert die *oberen Zehntausend* im Grunde als komische Kaste bemitleidenswerter Sonderlinge: «Bitte schicken Sie mir vier Pagen mit einem großen Aschenbecher», witzelt Sinatra. Die ungewollte Pointe des Films liegt eigentlich darin, daß die Starschauspieler, die die verschrobene alte «High Society» karikieren, selbst zu den beneideten Repräsentanten der neuen amerikanischen «High Society» gehören, die Stil und Moderichtungen vorgeben, für Skandale und Schlagzeilen sorgen, aber gleichwohl vom Publikum verehrt und angehimmelt werden.

Es gab und gibt eine Reihe von Zeitschriften in den USA, die speziell auf die Bedürfnisse der gehobenen Schichten abzielen. Darauf hat die Zeitung «*Der Tagesspiegel*» 2006 in einer Rückschau hingewiesen:

> Die «Vogue» erschien erstmals 1892 in New York, von Arthur Turnure als Wochenjournal für die *oberen Zehntausend* herausgegeben. Nach dessen Tod wurde das Magazin 1909 von dem Verleger Condé Montrose Nast aufgekauft und erschien zum Preis von 15 Cent alle zwei Wochen. Mit aufwendig gestalteten Covern und festen Rubriken setzte er auf ein exklusives Blattkonzept.

Auch bei uns erschien 2007 ein ambitioniertes Hochglanz-Blatt: es trug – wie es sich für ein glamouröses deutsches Lifestyle-Magazin gehört – den englischen Titel: «*Rich*», war jedoch schnell insolvent und erhielt vom «*Spiegel*» am 31.12.2007 den «*Pleitegeier in Plastik*».

Um die Wende zum 20. Jahrhundert betonte eine von Rudolf Fuchs in der bayrischen Stadt Spalt herausgegebene und redaktionell betreute Halbmonatsschrift eine andere Perspektive. Das Blatt trug den Titel «*Bruder Straubinger, das Leben auf der Landstrasse und das obere Zehntausend*» und hatte Unterhaltung, Humor und Satire für Jedermann auf ihre Fahnen geschrieben. In Zeitungsanzeigen pries es sich selbst an: «‹Bruder Straubinger› (früher: ‹Der arme Teufel›) veranschaulicht das Leben auf der Landstraße; er bringt das Beste von der deutschen Kundenpoesie; er liefert Landfahrergeschichten wie sie Maxim Gorki, Hans Ostwald und F. A. Esche geschrieben haben und noch schreiben.»

Hans Dilley beschreibt in seinem Aufsatz «*Bruder Straubinger. Das Leben auf der Landstraße. Nichts für Mucker, nicht für Pedanten!*» den «Bruder Straubinger» in seiner Ausrichtung so: «Als Unterhaltungsblatt brach er vielem die Spitze, was ungeschminkt dem lehnstuhlgeschützten Leser zu weh getan hätte, streute trotz aller Staats- und Sozialkritik eine Handvoll der gängigsten Vorur-

Erscheint monatlich 2mal.   Preis pro Heft 10 Pfg.

Bruder

Straubinger,

das

Leben auf der

Landstrasse

und das obere Zehntausend!

Unterhaltung, Humor und Satire für Jedermann.

Herausgeber und Redakteur: Rudolf Fuchs in Spalt.

teile über seine Seiten, die in Gedichten und Witzen wiederholten, was man sich so unter Eigennutz und Eigenschuld des tippelnden Landstraßenritters vorstellen wollte.» (1982:56)

Der Zeitschriften-Titel bedarf der Erläuterung: Der «*Bruder Straubinger*» ist eine literarische Figur, die um 1817/1820 in einem Trinklied des Landshuter Medizinstudenten Carl Theodor Müller vorkommt, der zum damaligen Zeitpunkt in der Straubinger Löwenapotheke tätig war und im Freundeskreis den Namen «Saumüller» führte. Der derbe und häufig zynische Humor seiner Dichtungen liefert den Beweis, daß ihm dieser *nom de guerre* mit Recht zukam (vgl. Hayn/Gotendorf, 1913, Bd. 5:189).

Die Figur des «*Bruder Straubinger*» wurde im deutschen Sprachraum zum Sinnbild des fleißigen, wandernden Handwerksgesellen. Gegen Ende des 19. Jahrhunderts entwickelte sich noch eine zweite Bedeutung: der «ewig Wandernde», der leichtlebige Vagant, Landstreicher, Strolch und Bettler. Besonders populär wurde er durch

«Bruder Straubinger» – Denkmal
auf dem Steinthor-Platz, geschaffen
von Karl Tyroller (1962)

die gleichnamige Operette von Edmund Eysler (1874–1949), die
1903 in Wien uraufgeführt wurde.

In Deutschland wurden die oberen Zehntausend in der Zeitschrift «*Simplicissimus*» in vielen Karikaturen aufs Korn genommen. Im Jahre 1905 erschien eine höchst amüsante Sammlung, die
unter dem Titel «*Die oberen Zehntausend: Kulturbilder aus dem
Simplicissimus*», eine repräsentative Auswahl bot, u. a. die Karikatur von Eduard Thöny (1866–1950) auf S. 54.

Nicht zuletzt den Bildlegenden in der von Albert Langen und
Thomas Theodor Heine 1896 gegründeten Zeitschrift kann man
den Spott entnehmen, der auf die bürgerliche Moral, die Kirche, die
wilhelminische Politik, die Beamtenschaft, das Militär und verschiedene politische Gruppierungen der Zeit gerichtet war:

«Mein Großvater war zwar ein gemeiner Schweinehund, aber
als Ahne zählt er doch.»

«Johann, Ihre Gehaltserhöhung besteht darin, daß Sie nicht entlassen werden.»

«Es muß mal wieder ein frischer, fröhlicher Krieg kommen, gnädige Frau.» – «Ach ja, Sie meinen, weil Sie schon so viele Orden auf Vorschuß haben.»

«Herr Baron, meine Frau hat gestern einen Sohn bekommen.» – «So, wen haben Sie denn im Verdacht?»

«Wenn man nich ‹von› is, is es doch eigentlich ganz egal, wie man heißt.»

«Nicht wahr, Leipzig hat eine halbe Million Einwohner?» – «Nee, fünfzigtausend, das andere sind Arbeiter.»

Begriffe wie «*Machtelite*», «*Club der Milliardäre*», «*Obere Zehntausend*», oder «*happy few*» deuten darauf hin, daß das Wort *Minderheit* nicht notwendigerweise mit dem Adjektiv *benachteiligt* kollokiert. Auf jeden Fall wird der Ausdruck *die oberen Zehntausend* auch in unserer demokratisierten Gesellschaft noch häufig verwendet. So schrieb «*Der Spiegel*» am 18. Oktober 1999 in einem Artikel über «*Pop in Musik und Mode*»:

> In der ersten Hälfte des Jahrhunderts war der Jazz nie weit über die Grenzen amerikanischer Großstädte hinausgekommen, und die Mode war, wenngleich von Coco Chanel revolutioniert, nie mehr gewesen als eine Sache für die *oberen Zehntausend*.

Und auch in deutschsprachigen Tageszeitungen und Online-Verlautbarungen konnte man in den letzten Jahren bezüglich des Ausdrucks immer wieder fündig werden:

> Außerirdisches Eisen im Grab des Pharaos – das Metall für die *oberen Zehntausend* war wertvoller als Gold und Silber. Moses verhieß es den Israeliten, als er sie durch die Wüste führte.
> (*Spiegel Online 2007*)

> Ganzjahresbad für «obere Zehntausend»?
> (*Rhein-Zeitung Online 2006*)

> Elite gleich *obere Zehntausend* und ihre Vormundschaft? Nicht doch. Machen wir zur Verständigung ein Experiment: Niemand will eine Elite. Aber was will man auch nicht? Daß die Gesellschaft, in der man lebt, in ihre Teile auseinanderfällt? Nein, sie soll Leute haben, die in ihr kursieren und so Fäden des Zusammenhangs ziehen. Daß sie lahm, fade, unproduktiv ist? Nein, sie soll so schöpferisch wie möglich sein.   (S*ueddeutsche.de 2005*)

> Im Timna-Park nördlich von Eilat besteht derzeit die Möglichkeit, eine Höhle für die Durchführung spezieller Veranstaltungen oder Ereignisse zu mieten, die mit atemberaubenden Felsformationen ein exklusives Ambiente bietet. Die Mietkosten der Höhle, die maximal 70 Personen Platz bietet, betragen 4000 Dollar (17 000 NIS) und beinhalten auch ein kulinarisches Festessen. Zu den Kunden gehören israelische High-Tech Firmen, die dort schon Abende für ihre Angestellten abhielten, aber auch Bar/Bat-Mitzwa-Feiern und Hochzeiten feiert man dort gern. Bei einem Ereignis für Israels «*Obere Zehntausend*» wurde vor kurzem ein kulinarischer Gaumenschmaus organisiert, der sieben Gänge enthielt, den der bekannte Chef Rami Amir unter Rücksicht auf den persönlichen Geschmack der Gäste herrichtete.   (*Israel heute, 2005*)

> Gibt es ihn noch, jenen Zirkel der Reichen, Mächtigen und Prominenten, der mit gemeinsamen Interessen und Werten an der

Spitze unserer Gesellschaft steht? Eine Bestandsaufnahme der «*oberen Zehntausend*» in Deutschland – oder was von ihnen übrig ist.

Neulich, in einem kleinen Fernsehbericht. Da steht Vural Öger, ein in Hamburg lebender Türke, der ein starkes Reiseunternehmen aufgebaut hat. Zudem hat Öger eine Gesellschaft mitbegründet, die Deutsche und Türken einander näher bringen will. Und er spendet ein gut Teil des Geldes, das diese Gesellschaft aufwendet, um im türkischen Erdbebengebiet ein Dorf für Waisenkinder zu errichten.

Dieser Vural Öger also steht bei irgendeinem Empfang da, und eine Frau stellt ihn Boris Becker vor. Sie erläutert, was der Türke tut, Becker murmelt irgend etwas wie «interessant», drückt dem Gegenüber die Hand und zieht mit leerem Blick weiter. Öger und Becker – zwei Stützen jener Gesellschaftsschicht, die früher mal als die «*oberen Zehntausend*» gegolten haben. Bekkers Verdienst besteht darin, daß er das Tennisracket besonders gut zu schwingen gewußt hat. Damit allein hätte er früher nicht einen gesellschaftlichen Rang erreicht, der es ihm heute erlaubt, einen Mann wie Öger stehen zu lassen, als wäre der ein Schuljunge. Heute ist das möglich, und der Begriff «*obere Zehntausend*» ist so gut wie verschwunden. Beides zeigt an, daß sich an der Spitze der Gesellschaft etwas massiv verändert hat.

(*Deutsches Allgemeines Sonntagsblatt 2000*)

Die «*Oberen Zehntausend*» oder auch nur die «Schickeria» wohnte anderswo, in London, Paris, München oder Wien.

(*Berliner Zeitung 2000*)

Das macht, glaube ich, den Erfolg des Stücks aus: Daß die Leute sehen, daß es auch *die oberen Zehntausend* trifft, wenn's um Arbeitslosigkeit und sozialen Absturz geht.   (*Die Welt 2000*)

Aber nicht nur *die oberen Zehntausend* sind in Amerika spendabel. 73 Prozent der Bevölkerung geben regelmäßig Geld für gemeinnützige Zwecke, jeder Zweite engagiert sich durchschnittlich vier Stunden pro Woche für einen guten Zweck.

(*Die Welt 2001*)

Denn von den Mühen der Mittelmäßigen mit dem Geld werden *die oberen Zehntausend* im Allgemeinen verschont.

(*Die Welt 2002*)

«Das Matthiae-Mahl soll nicht nur ein Fest für *die oberen Zehntausend* sein, sondern auch für verdiente Leistungsträger aus dem Volk», sagt FDP-Fraktionschef Burkhardt Müller-Sönksen.

(*Die Welt 2002*)

In einem Interview mit der *Frankfurter Rundschau* hatte der FDP-Politiker Otto Graf Lambsdorff schon vor einer Woche auf die «nicht geringe» Zahl der «reichlich Reichen» in Deutschland verwiesen, «manche nennen sie die neue Oberschicht». Sein Parteivorsitzender, Guido Westerwelle, wies den Begriff «Oberschicht» umgehend zurück. «Es gibt keine Schichten in Deutschland. Es gibt Menschen, die es leichter haben, die sorgenfrei sind. Das ist nicht neu. Das hat es schon immer gegeben. Aber ich wehre mich gegen die Einteilung der Gesellschaft.» Viel treffender sei ohnehin die Bezeichnung «*Obere Zehntausend*» für Gutsituierte, die sich darüber hinaus ihr Geld mit «harter Arbeit, neozialer Einstellung und liberalem Handeln» ehrlich verdient hätten.

Der Düsseldorfer Sozialwissenschaftler Friedrich Jürgens warf der FDP und Teilen der Union in der *Mecklenburger Allgemeinen* am Dienstag Flucht vor der Wirklichkeit vor, weil sie sich weigerten, die Existenz einer Oberschicht in Deutschland anzuerkennen und den Begriff zu benutzen. Dagegen warnte Sigurd Summsel vom Bonner Institut für soziologische Landesfragen vor einer «vereinfachten Darstellung unseres komplexen Gesellschaftssystems». In der Soziologie spreche man schon seit längerem nicht mehr von einer Oberschicht, sondern dem «Stabilisariat»: «Das Stabilisariat sorgt gerade in unsicheren Zeiten für Orientierung», sagte er dem *Mannheimer Morgen*. Besonders für Jugendliche sei es wichtig zu wissen, «daß man auch ohne Hauptschulabschluß, dafür aber mit viel Geld etwas im Leben erreichen kann». *(taz.de 2006)*

Man mag sich über den im letzten Artikel auftauchenden Begriff *Stabilisariat* wundern, ergänzend sei darauf verwiesen, daß sich auch auf dem anderen Ende der sozialen Leiter terminologisch etwas getan hat. In den vergangenen Jahren ist der vom Adjektiv *prekär* (schwierig, mißlich, bedenklich) hergeleitete und in Anlehnung an das Wort *Proletariat* gebildete Neologismus «*Prekariat*», der «ungeschützte Arbeitende und Arbeitslose» als eine neue soziale Gruppierung definiert, in der post-industriellen Soziologie populär geworden. Im Jahre 2006 wurde der Begriff von der «*Gesellschaft für deutsche Sprache*» sogar auf Platz 5 der «*Wörter des Jahres*» gewählt.

Doch zurück zu den «*Oberen Zehntausend*»: Selbst der privatärztliche Bundesverband (PBV) wirbt gegenwärtig im Internet mit dem Slogan:

Wir sind nicht die Ärzte für die ‹*Oberen Zehntausend*›. Unser medizinisches Angebot richtet sich an alle mündigen, selbstbewußten und eigenverantwortlichen Patienten, die den Wert ihrer Gesundheit zu schätzen wissen.

Früher nahm man auf die *Oberen einer Gemeinschaft* etwas anders Bezug, so z. B. im Reisebericht «*Yankeedoodle-Fahrt*» (1909) von Otto Julius Bierbaum (1865–1910):

> «Denn: was hätte ich davon? Also glaube ich einstweilen bloß, daß ich Monist bin. Dazu bin ich doch einigermaßen berechtigt als Mitglied, nicht wahr?» «Gewiß» antwortete ich, «und dann werden Sie ja auch schließlich mal dahin kommen, das Wissen ruhig den *Oberen Ihrer Gemeinschaft* zu überlassen und an sie zu glauben. Sind Sie aber da angelangt, so können Sie ruhig von sich behaupten, daß Sie Religion haben. Sie glauben dann an das alleinseligmachende Gehirn, und das ist eine große Sache mit vielen Windungen.» Der Herr meinte, ich verhöhnte ihn, aber das lag mir ganz ferne. Ich selber gäbe wer weiß was drum, wenn ich wenigstens an einen Professor glauben könnte, da mich die Propheten enttäuscht haben.
>
> (15. Kapitel)

Doch woher kommt eigentlich der Ausdruck von den «*oberen Zehntausend*», der die ‹wohlhabende Oberschicht› oder ‹die gesellschaftliche Oberklasse› bezeichnen soll und der in Deutschland angesichts der Zahl der Millionäre und des «*Zuwachses im Club der deutschen Milliardäre*» (*Welt Online* v. 9. 10. 2007) heute wohl eher als untertrieben gelten darf?

Es gibt den Erklärungsversuch, ihn auf die Bibel im Zusammenhang mit der Wegführung Israels ins Babylonische Exil durch Nebukadnezar II. zurückzuführen: «Und er führte weg das ganze Jerusalem, alle *Obersten*, alle Kriegsleute, *zehntausend* Gefangene und alle Zimmerleute und alle Schmiede und ließ nichts übrig als geringes Volk des Landes» (2. Kön 24,14, Luther-Bibel). Dies erscheint mir im wahrsten Sinne des Wortes als zu weit hergeholt.

Die näher liegende Antwort auf die Frage nach der Herkunft der sprachlichen Wendung führt in die erste Hälfte des neunzehnten Jahrhunderts in den Vereinigten Staaten von Amerika. Dort war zwischen 1820 und 1860 die Kohleförderung um das Dreihundert-

rauchen nur MANOLI

Zeitungsannonce der Berliner *Cigarettenfabrik Manoli** aus dem Jahre 1909

fache gestiegen, der Wert der produzierten Industrie- und Manufakturwaren übertraf 1850 zum erstenmal den der Landwirtschaft. Diese Entwicklung rief den Journalisten, Dichter und Schriftsteller Nathaniel Parker Willis (1806–1867) auf den Plan, der im Blick auf die sich im Norden des Landes herausbildende Geldaristokratie im Leitartikel der New Yorker Zeitung «*Evening Mirror*» unter dem Titel «*Necessity for a Promenade Drive*» am 11.11.1844 ausführlich erörterte, ob die Stadt ihrer Oberschicht für deren Spazierfahrten mit der Kutsche nicht einen speziellen Promenadenweg einrichten sollte, und in diesem Zusammenhang schrieb: «At present there is no distinction between *the upper ten thousand* of the city.» («Gegenwärtig gibt es keinen Rangunterschied unter *den oberen Zehntausend* der Stadt.») Die englische Wendung *the upper ten thousand* (häufig gekürzt verwendet als *the upper ten*) wurde in ihrer deut-

Alte Reklamemarke

schen Übersetzung insbesondere nach dem oben skizzierten Film populär.

Adressatenspezifisch richtete auch die exquisite Berliner Tabakfabrik Manoli in den zwanziger Jahren des letzten Jahrhunderts ihre Werbung auf die «*oberen Zehntausend*» aus. Das war nur natürlich, denn mit dem aufkommenden Lebenshunger der 20er Jahre war neben einer Ausweitung des Warenangebotes eine zunehmende Konkurrenz um die Aufmerksamkeit der Käufer verbunden.

Für besonderes Aufsehen sorgte die Werbung für die Zigarettenmarke «*Manoli*», die nach der Ehefrau des Zigarettenfabrikanten Mandelbaum – ILONA M. (rückwärts gelesen und gesprochen) – benannt worden war.

Das für damalige Verhältnisse spektakuläre «Manoli»-Rad vom Alexanderplatz war seit 1898 auf dem Dach des rechten Gebäudes installiert. Kurz hintereinander geschaltete Glühbirnen erzeugten den Eindruck einer Kreisbewegung, bevor in der Mitte einer dunklen Kugel die Worte «*Raucht Manoli*» den Sinn des Ganzen erhellten und selbst in der Ferne noch vom «verdrehten» Zuschauer wahrgenommen werden konnten.

Manoli-Lichtwerbung am Alexanderplatz, 1907

Als ein «Beispiel für ein frühes ganzheitliches ‹Corporate Identity Design›» bezeichnet Petra Schütz (2002:108) «die damals sehr bekannte deutsche Familienmarke *Manoli* – gekennzeichnet durch ein großes M im Kreis –, die mehrere Zigarettenmarken für gehobene Ansprüche erfolgreich führte.» Schon W. F. Schubert (1927:137) hat zur Geschichte der Marke *Manoli* bemerkt:

> Dieses Unternehmen ging mit außerordentlicher Energie an die Propagierung seines Namens heran. Sein in Berlin an einer der günstigsten Stellen im Zuge der Friedrichstraße angebrachtes Lichtzeichen – der um ein M kreisende Lichtring – wurde Gegenstand von Kabarettliedern und ging schließlich sogar in den Berliner Sprachschatz über. Auf seinem M baute dann [der Künstler] Lucian Bernhard das ganze Werbematerial der Firma auf. Irgendwo erschien es auf jedem seiner Anzeigenentwürfe. Der Beifall, den dieses Vorantragen des Firmenzeichens in den Kreisen der Reklameinteressenten auslöste, zeigte sich sehr bald in einer regen Nacheiferung.

Der angesprochene Lucian Bernhard (1883–1972; eigentl. Emil Kahn) gilt als Schöpfer des sogenannten Sachplakats und ist aus der Geschichte der Plakatkunst nicht mehr wegzudenken. Das Wort «*Manoli*» war durch die Werbung in aller Munde und wurde (und wird gelegentlich noch heute) umgangssprachlich durch eine typisch berlinische Bedeutungsübertragung als Synonym für «*verrückt*» benutzt: «Du bist ja total manoli!». Die Werbung hat auch ihre musikalischen und poetischen Früchte getragen: Der Komponist Rudolf Nelson (1878–1960) schuf die legendäre Revue «*Total Manoli*» mit der Tänzerin Lucie Berber; Kurt Tucholsky schrieb unter dem gleichen Titel folgendes Gedicht:

> Mensch, sieh dich um!
> Sag mal, warum ringen sich die Hände?
> Weil diese Zeit fiebert und schreit, wackeln alle Wände.
> Ein Taler ist kein Taler mehr, ein Konkubist kein Maler mehr.
> Es fehlt dem Welttheater die Reinhardt-Regie.
> Total Manoli! Total Manoli!
> Die meisten Menschen haben heut ein kleines Rad.
> Total Manoli! Total Manoli!
> Such dir mal wen in ganz Berlin, der das nicht hat.
> Tanz des Geschlechts um Manoli rechts rum,
> die ganze Erde tanzt von früh bis abends spät
> stets um das Dings rum, Manoli links rum!
> Ihr seid doch alle, alle, alle etwas durchgedreht.
>
> Mensch, bist du reich,
> laß dich nur gleich mit Musik begraben:
> Neunzig Prozent will doch am End das Finanzamt haben.
> Das Beste und das Teuerste versteuerste, versteuerste,
> und nur die Kinderkriegerei ist steuerfrei.
> Total Manoli! Total Manoli!
> Die meisten Menschen haben heut ein kleines Rad.
> Total Manoli! Total Manoli!
> Such dir mal wen in ganz Berlin, der das nicht hat.
> Tanz des Geschlechts um Manoli rechts rum,
> die ganze Erde tanzt von früh bis abends spät
> stets um das Dings rum, Manoli links rum!
> Ihr seid doch alle, alle, alle etwas durchgedreht.[18]

Zurück zu den «*oberen Zehntausend*»: In den USA gibt es einige vergleichbare Ausdrücke für die prominenten Mitglieder der Oberschicht oder solche, die sich dafür halten. Der schwerreiche Samuel

Ward McAllister (1827–1895), bestens vertraut mit Repräsentanten der begütertsten Klassen Europas, war ab ca. 1860 rund drei Jahrzehnte lang der selbsternannte Wächter über die gesellschaftliche Elite New Yorks, für die er den Ausdruck «The Four Hundred» prägte. Die Zahl soll sich darauf bezogen haben, daß der Ballsaal von Mrs. William Backhouse Astor Jr. genau vierhundert handverlesene Gäste aufnehmen konnte. Als Reaktion darauf soll der Schriftsteller O. Henry (1862–1910) seiner 1906 erschienenen Erzählungssammlung den Titel «The Four Million» gegeben haben, um damit auszudrücken, daß jeder der vier Millionen in New York lebenden Menschen Aufmerksamkeit verdiene und für die Literatur von Interesse sei.

Der kanadische Schriftsteller Thomas Chandler Haliburton (1796–1865) fand mit seinen im Stil Mark Twains geschriebenen Büchern große Anerkennung. 1843 veröffentlichte er in London sein (1835 bereits in einer Wochenzeitung in Nova Scotia erschienenes) zweibändiges Werk «The Attaché, or Sam Slick in England»; im zweiten Band findet sich dort für die «Oberschicht» zum ersten Male mehrfach der Ausdruck «upper crust (nobility)», so z. B. im 9. Kapitel: «Oh! we must go there again. I want you to see Peel, Stanley, Graham, Shiel, Russell, Macauley, Old Joe, and so on. These men are all upper crust here.»

Auch der amerikanische Schriftsteller James Fenimore Cooper (1789–1851), der Begründer des historischen Romans in der amerikanischen Literatur, bevorzugte in seinem letzten Werk, «The Ways of the Hour» (1850; Kap. 6), den Ausdruck upper-crust gegenüber upper ten thousand: «Those families, you know, are upper-crust, not upper ten thousand.»

Das englische Wort establishment ist – so vermerkt korrekt das «Anglizismen-Wörterbuch» (2001:440 f.) – vor allem dem religiösen Bereich zuzuordnen, da es im Gefolge der Kirchenreform Heinrichs VIII. neben established church zur Charakterisierung der anglikanischen Staatskirche in Abgrenzung zu den «freien Kirchen» verwendet wurde. Erst in den 50er und 60er Jahren des 20. Jahrhunderts entwickelte sich establishment dann in England und den USA im gesellschaftlich-politischen Kontext zu einem populären Begriff, wobei er im britischen Englisch zunächst bestehende gesellschaftsprägende Körperschaften umfaßte. Der aus dem Englischen ins Deutsche übernommene Begriff

Establishment hat in vielen Kontexten abwertende Konnotationen, denn er wird gemeinhin definiert als «gesellschaftliche Oberschicht, die Politik, Wirtschaft, Kultur und andere Bereiche des öffentlichen Lebens beherrscht und dabei auf die Erhaltung der gegenwärtigen Ordnung mit ihren Macht- und Einflußstrukturen bedacht ist».

In einem Kommentar zur deutschen Einheit schrieb Robert Ide unter dem Titel «Wir teilen eine Welt zusammen» am 30. September 2007 in der Zeitung «*Der Tagesspiegel*»:

> Die Vereinzelung der neuen Welt verstört. Angela Merkel hat sich bis an die Spitze der Bundesrepublik hochgearbeitet. Im Osten wird sie dennoch nicht bewundert wie etwa Regine Hildebrandt. Viele Ältere entdecken an Merkel Züge einer kalten Verräterin – nur am Aufstieg, nicht am Osten interessiert. Dennoch wünschen sie ihr insgeheim Glück gegen das westdeutsche *Establishment*. Vielleicht denken sie ähnlich von ihren Kindern.

Es verwundert nicht, daß Hans Weigel in seinem «*Antiwörterbuch*» schon 1976 Anstoß an diesem Wort genommen hat:

> Das Establishment hat viel Grausiges an sich, rein als Wort, zum Beispiel seine Einzahl; denn sie täuscht eine Einheit, eine Gemeinsamkeit, eine Verbundenheit, einen Block aller Einfluß-, Macht-, Geld-, Positions-Inhaber vor. Wie und was sie immer sein mögen, sie sind kein Block, sie sind nicht *das* Establishment. Ich würde sie *die Mächtigen* nennen. *Establishment* kann ich bestenfalls im Scherz verwenden. Oder um es, das Wort, zu bekämpfen. Ich kämpfe gegen das Establishment und gegen *das Establishment*. Wenn ich *den Staat*, *die Kirche* verantwortlich mache, bleibe ich, sachlich oder nicht, im Bereich der Realität. Bezichtige ich *das Establishment*, ist es ähnlich demagogisch und unsinnig wie: in einer konkreten Situation *die Juden* verantwortlich zu machen. *Das Establishment* verfügt über alle Macht und über alle Apparate, so höre ich. Und dann höre ich im Radio und im Fernsehen böse Worte gegen *das Establishment*, dann erscheinen in mächtigen Verlagen Bücher gegen *das Establishment*. Und in den Sprachrohren *des Establishments* kritisieren Nutznießer und Kreaturen *des Establishments* das Vorgehen *des Establishments* gegen die Gegner *des Establishments*. Ich wäre gern für ganz kurze Zeit *das Establishment*, nur um dieses Wort abzuschaffen. Aber dabei würde es sich vermutlich herausstellen, daß *das Establishment* gar nicht so mächtig

ist, wie seine Gegner so lange behaupten, bis es ihnen gelungen ist, sich im Schoß *des Establishments* zu *etablieren*.

(Weigel 1976:40 f.)

Ob sie «*Upper Crust*», «*The Four Hundred*» oder «*The Upper Ten Thousand*» genannt werden, ob man sie als «*die Schönen und die Reichen*», «*die Oberschicht*», «*das Stabilisariat*», «*die oberen Zehntausend*», «*den Geldadel*», «*das Establishment*» oder schlicht als «*Prominenz*» bezeichnet – alle müssen sich messen lassen an dem Diktum Friedrich Schlegels (1772–1829), nachzulesen in dessen «*Kritischen Schriften*»: «Was *gute Gesellschaft* genannt wird, ist meistens nur ein Mosaik von geschliffenen Karikaturen.» Das gilt auch für die sogenannte Schickeria, doch auf die soll im nächsten Abschnitt eingegangen werden.

Schickeristen, Schicksen und Böcksen

In Hamburg, München, Berlin oder Bayreuth, auf Sylt oder rund um den Boxring – an ausgewählten Örtlichkeiten kann man sie antreffen: die Repräsentanten der sogenannten *Schickeria*. Das «*Deutsche Universalwörterbuch – Duden*» ([6]2006:1457) definiert den Personenkreis als «*in der Mode und im gesellschaftlichen Leben tonangebende Schicht*»; das «*Herkunftswörterbuch*» (*Duden*, Bd. 7, [3]2001:713) ergänzt zutreffend, daß die Bezeichnung seit der zweiten Hälfte des 20. Jahrhunderts gängig und geläufig ist.

Amüsant ist die österreichische, speziell in Wien geläufige Bezeichnung *Adabei* (hochdeutsch: «auch dabei») für Mitglieder der Schickeria. So schrieb «*Die Presse*» am 27. 8. 2007 über die Salzburger Festspiele: «Die Schäfer statt der Netrebko also – nur schwerhörige Industriekapitäne oder lüsterne *Adabeis* beklagen einen Qualitätsverlust.» Die Bezeichnung geht auf das von Vincenz Chiavacci (1847–1916) geschriebene Werk «*Seltsame Reisen des Herrn Adabei und Anderes*» aus dem Jahre 1908 zurück.

Es versteht sich von selbst, daß die *Schickeria* es schätzt, wenn in den Gazetten ausführlich und regelmäßig über sie berichtet wird. Das Thema *Schickeria* nimmt daher einen breiten Raum in der Tagespresse ein – in mehr oder minder abwägend-distanzierter Präsentation, wie es die nachfolgenden Beispiele bezeugen:

Wenn auch *Schickeria* die Festspiele umnetzt und sich hinterher in der Oper langweilt – «O dear, hat Traviata kein happy end?» –, sind doch die Festspiele ein musikalisches Weltereignis der Handelsklasse A obere Grenze, und die wirklichen Musikfreunde und Kenner sind dann auch in den kleineren, feineren Konzerten im Mozarteum zu finden, in den Mozartmatineen oder in den geistlichen Konzerten im uralten Stift St. Peter.

(*Spiegel Online 2007*)

Kann sich «Jürgens liebe Frau» (O-Ton Hoeneß) auch so in der *Schickeria*-Metropole München verstecken?　　　(*Bild.de 2008*)

Wie berichtet, hat Ein-Sterne-Koch Schuhbeck zum Jahresende sein «Kurhausstüberl» in Waging aufgegeben, wo er Gästen aus Show-Business, Sport-*Schickeria* und Politik mit exotischen Zutaten aufgemöbelte Regionalgerichte kredenzte.

(*Süddeutsche Zeitung 2002*)

Die Münchner *Schickeria* liebte Babs – u. a. soll sie mit Moderator Fritz Egner («Die witzigsten Werbespots der Welt») und SAT.1-Programmchef Fred Kogel verbandelt gewesen sein.

(*Bild 2000*)

Der gelernte Hotelier erweiterte das Angebot um große, gebratene Fleischstücke, um Wein, Champagner und Kaviar – und hatte bald eine neue Klientel: Hamburgs *Schickeria*.

(*Die Welt 1999*)

München hat seine *Schickeria*, Köln seinen Klüngel, Hamburg seine – zwar nicht biologisch, wohl aber sozial – nachwachsenden patrizischen Kaufleute, in Stuttgart wohnt der Schaffer-Adel im Degerloch – und in Berlin?　　(*Berliner Zeitung 1996*)

Die Herleitung von *Schickeria* hat nichts Aufregendes zu bieten: Das deutsche Wort ist eine vom Adjektiv *schick* beeinflußte Bildung zum italienischen Substantiv *sciccheria* («Schick, Eleganz»), einer Ableitung vom italienischen Adjektiv *sciccé* («elegant, modisch») – letzteres ist seinerseits entlehnt aus dem gleichbedeutenden französischen *chic*.

Wo der Etymologe sein Recht verloren hat, da schießt häufig die Phantasie des Literaten ins Kraut. Darum nimmt es nicht wunder, daß Klaus Mampell (1916–2000) in seinem «*Dictionnaire satirique*» (1993:118) eine verwegene sprachhistorische Theorie aufstellt:

Wenn wir die Frage, warum die Schickeria *Schickeria* heißt, hier auch nicht mit letzter Gewißheit beantworten können, so bieten wir doch eine einleuchtende Erklärung an. Bei diesem Wort, mit welchem man eine schicke Gesellschaft bezeichnet, sticht ja ins Auge, daß es eine Mischung aus dem deutschen «Schick» und der fremdsprachlichen Endung «eria» darstellt. Das ist also ähnlich, wie wenn man eine Fußballgesellschaft als *Kickeria* bezeichnete, doch wogegen es letzteres Wort nicht im Wörterbuch gibt, findet man da Schickeria als neudeutsches Wort für etwas, das man vormals eher Halbwelt nannte, und eine Dame, die in dieser Halbwelt verkehrte, bezeichnete man als Halbweltdame. Das ist wichtig, weil es zwischen einer solchen Halbweltdame und der Schickeria eine bestimmte Verbindung gibt, auf die wir noch eingehen müssen.

Doch zunächst zu der fremdsprachlichen Endung von Schickeria, also «eria» statt der deutschen Endung «erei» wie in *Prasserei, Protzerei, Prahlerei, Völlerei, Wichtigtuerei, Angeberei, Schweinerei* und so weiter. Das alles entspricht der *Schickeria* in bezug auf die Endung «erei» statt «eria», nur beinhaltet die deutsche Endung im Gegensatz zur fremdsprachlichen etwas Verächtliches. Das wird klar, wenn man zum Beispiel bei einer Gesellschaft fragt: «Worum handelt es sich da?», und man bekommt die Antwort: «Das ist eine *Bumserei.*» Aus dieser Antwort geht etwas Abschätziges hervor. Freilich fragt es sich, ob es weniger abschätzig klänge, wenn die Antwort lautete: «Das ist eine *Bumseria.*»

So oder so gehen solche Erwägungen an der eigentlichen Entstehungsgeschichte der *Schickeria* vorbei. Das Wort ist nämlich einer stadtbekannten Halbweltdame zu verdanken, die immer sehr schick gekleidet war und die sich in den teuersten Lokalen in Gesellschaft von Herren sehen ließ, die sehr vermögend waren, und das mußten sie sein, weil diese Halbweltdame namens Ria Strümpfelbächler außergewöhnlich teuer war. Darum konnte sie sich auch immer so schick kleiden, und deshalb erhielt die Ria Strümpfelbächler auch ihren Spitznamen, nämlich: die schicke Ria, und wenn man sie in Begleitung der vermögenden Herrengesellschaft sah, dann hieß es: da ist die «schicke Ria», und aus einem Mißverständnis heraus wurde dann ihr Spitzname auf die Gesellschaft übertragen, in der sie sich befand.

Diese Entstehungsgeschichte der *Schickeria* kann zwar nicht mit letzter Sicherheit als die authentische in die Kulturgeschichte unserer Epoche eingehen, aber sie ist insofern plausibel, als da-

rin die *schicke Ria* zur *Schickeria* Anlaß gab, und das ist jedenfalls wahrscheinlicher als umgekehrt.

Der Zufall fügte es, daß auch Ottokar Domma (d. i. Otto Häuser
(1924–2007)) im selben Jahr in seinem Buch «*Ottokar, die Spottdrossel*» etymologische Verrenkungen machte, ehe er in seinem Beitrag «*Über das Benehmen von Ziegen und Zicken*» auf die *Schickeria* zu sprechen kam:

> Im lateinischen Wörterbuch heißt Ziege *capra*, eine Insel am
> Golf von Neapel *Capri*, weil es dort wahrscheinlich viele Ziegen
> gibt. Wenn auf Capri die rote Sonne im Meer versinkt, (...) dann
> muß dort irgend etwas Zickiges vor sich gehen. Vielleicht Bock-
> sprünge und andere Lustbarkeiten. Vielleicht auch Tragödien,
> weil der Ziegenbock auf griechisch *tragos* heißt. Man kann sich
> viel zusammenreimen.
> Auch das: Ziegen und Böcke genießen auf Capri und an ande-
> ren Sonnenstränden ein süßes Leben.
> Aber man muß nicht erst ins Ausland fahren, um zickiges Trei-
> ben zu beobachten. Bei der Eröffnung einer Gemäldegalerie
> kann man das auch. Wer trifft sich dort? Die Feinsten der Fei-
> nen, die sogenannte *Schickeria*. Ich habe die Erklärung dieses
> Begriffs in keinem Wörterbuch gefunden. Aber es muß sie doch
> geben, sonst würde man nicht von ihr reden. Untersuchen wir
> also: *Schickeria* kommt wahrscheinlich von *schick*. *Schick* be-
> deutet modern, *superschick* übermodern. Schick sein ist alles.
> Deshalb brauchen die modernen Damen und Herren, auch
> *Schicksen* und *Böcksen* genannt, gar nichts – wie Schweine-Sigis
> Ziege – von Kunst zu verstehen. Sie bekommen dort die fein-
> sten Häppchen und nebst Sekt auch scharfe Sachen verabreicht,
> flanieren zwischen den Bildern, die sie gar nicht interessieren,
> umher, bilden Grüppchen und plaudern miteinander. Man kann
> es auch Klatsch und Tratsch nennen. Hauptaufgabe der Schicke-
> risten ist, sich zu zeigen. Der Galerist, den kaum einer beachtet,
> läßt sich in einer Ecke vollaufen.
>
> (Domma 1993:154 f.)

Es führt offenbar kein Weg an der luziden Erkenntnis vorbei, die
Marie von Ebner-Eschenbach (1830–1916) in ihren «*Aphorismen*»
formuliert hat: «Wir sind so eitel, daß uns sogar an der Meinung
von Leuten, an denen uns nichts liegt, etwas gelegen ist.»

Im Land der Faulenzer und Schwelger

Man kann nur amüsiert, aber auch verwundert zur Kenntnis nehmen, welche teils absurden Vergleiche mit dem *Schlaraffenland* selbst in namhaften Tages- und Wochenzeitungen präsentiert werden.

> Die gläubigen Moslems können der Hölle entrinnen und ins Paradies eingehen. Das Paradies ist ein sinnenfrohes *Schlaraffenland*, in dem in «Gärten der Wonne» Bäche mit Milch, Honig und köstlichem Wein fließen. (*Focus Online 2007*)

> «Wir werden Hamburg nicht länger zum *Schlaraffenland* für Drogendealer machen (…)» (*Die Welt 2002*)

> Stadt- und Kulturphilosophen, Planer und Soziologen entrollen ein Panorama aller denkbaren Vergnügungsmedien der Städte, von der «Schreckensmaschine» Achterbahn bis zum «*Schlaraffenland* Weltausstellung», von der simulierten Natur bis zum Disneyland. (*Die Welt 2001*)

> Die Kombination aus Beamtenrecht und Freiheit der Wissenschaft ist eine Art *Schlaraffenland*, in dem es sich bequem leben läßt. (*Die Zeit 1999*)

> Die größte Minderheit in unserem *Schlaraffenland* sind die Singles. (*Die Zeit 1999*)

> In den Werbespots, die an diese Phase appellieren, ist die Tankstelle eine Mischung aus *Schlaraffenland* und Schatzhöhle. (*Die Zeit 2000*)

> Wenn das kein hochschulpolitisches *Schlaraffenland* ist! (*Die Zeit 2000*)

> Sie wolle «dem Dialog zwischen Wissenschaft und Gesellschaft neue Impulse geben» und das «*Schlaraffenland* des Wissens» für alle nutzen, sagt Edelgard Bulmahn. (*Die Zeit 2000*)

> Und weil Herr Fuchs ein Fuchs ist, schnüffelt er in der Bibliothek herum, die sich als wahres *Schlaraffenland* entpuppt. (*Die Zeit 2001*)

> In der Endphase des Staates sei die DDR für Künstler geradezu ein *Schlaraffenland* gewesen, berichtet er. Leerstand und damit Platz für Ateliers gab es massenhaft. (*Junge Welt 2008*)

Nicht Stock Options als solche sind falsch, wohl aber Stock Options, die Vorständen wie im *Schlaraffenland* Bezüge verschaffen.
(*Die Welt Online 2002*)

Daß Marion Vorbeck überhaupt zu einer Expertin des Preisdrükkens wurde, hat mit einem Aufenthalt in New York zu tun: «Ich hatte mir mehrere Paar Schuhe gekauft und bekam noch welche geschenkt, ich dachte ich sei im *Schlaraffenland*!»
(*Die Welt Online 2002*)

Um die *Schlaraffenland*-Vergleiche ein wenig zu erhellen, werfen wir einen Blick auf die literarischen Verwendungsweisen.

Heinrich Mann (1871–1950) publizierte im Jahre 1900 in München sein zum Teil während eines Rom-Aufenthalts entstandenes Werk «*Im Schlaraffenland. Ein Roman unter freien Leuten*», in dem er voller Satire den Berliner Kulturbetrieb und die dekadente Schickeria der 1890er Jahre beschrieb und die Konventionen der Gesellschaft entwertete. Das war der Auftakt für eine Reihe von Romanen, die – wie auch «*Professor Unrat*» und «*Der Untertan*» – den Wilhelminismus aufs Korn nahmen.

In der Zeitschrift «*Die Fackel*» konnte man 1916 über das Buch lesen:

Dieser blitzhaft über Berlin W. W. hinleuchtende Gesellschaftsroman spiegelt die Welt der oberen Zehntausend der Reichshauptstadt in unvergleichlicher Satire wider. Fäulnis und Trubel der Metropole, die genußgierige Welt der Geldleute, Schieber, literarischen Streber und Hochstapler zieht im Zerrspiegel schlemmend an uns vorbei: *Schlaraffenland, Schlaraffenland* der feinen Leute! (F 431,52 (1916))

Der Begriff *Schlaraffenland* taucht auch in jüngeren Veröffentlichungen immer wieder auf: Maja Hasenbeck befaßt sich in ihrem 1999 publizierten Buch «*Wege ins Schlaraffenland*» mit Kochversuchen in Kindergruppen der Altersgruppe von 8 bis 13 Jahren; Klaus Westermeier beschreibt in seiner im Jahre 2000 erschienenen Analyse unter dem Titel «*Erfolg im Schlaraffenland*» den Werdegang Michael Käfers – von den Anfängen über den drohenden Konkurs bis zur heutigen Größenordnung eines deutschlandweiten Gastronomiekonzerns; Albrecht Koch nannte seinen Bericht über zwanzig Jahre deutschsprachige Popmusik «*Angriff aufs Schlaraffenland*» (1987), und auch Mathias Horx

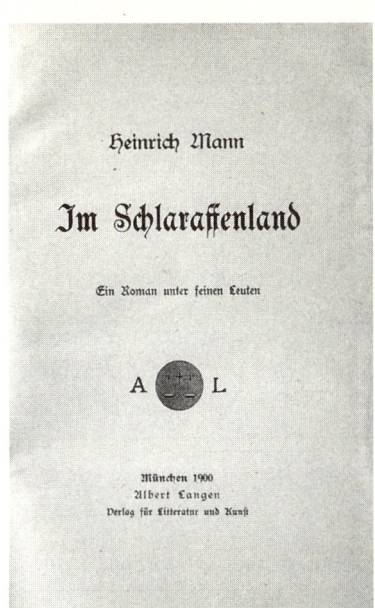

Titelblatt der Erstausgabe

gab sich ein wenig revolutionär, als er in seinem Buch «*Aufstand im Schlaraffenland*» (1989) die «*Selbsterkenntnisse einer rebellischen Generation*» vorstellte. Der langjährige Stuttgarter Oberbürgermeister Manfred Rommel gab seinen 1981 veröffentlichten «*Gedanken über Politik und Kultur*», mit denen er das unwiderrufliche Ende des Wirtschaftswunders beschrieb, den Obertitel «*Abschied vom Schlaraffenland*». In seinem 2006 erschienenen Buch «*Vom Schlaraffenland ins Jammertal?*» fragt er (im Untertitel): «*Machen wir uns schlechter, als wir sind?*» Er hält offenbar die Klagelieder, die so viele Deutsche anstimmen, für übertrieben, da sie, wie er meint, häufig auf einer falschen Wahrnehmung beruhen.

Im Kern gehen alle genannten Bücher von der Erkenntnis aus: Wer *wie im Schlaraffenland lebt*, ist ein Müßiggänger, der im größten Überfluß lebt und ein Schlemmerleben führt. Im modernen Sprachgebrauch deuten *Schlaraffenland* und davon abgeleitete Formen ein fiktives Land des Überflusses an, bei dem man zumeist an Kulinarisches denkt. Im Englischen spricht man von *fool's paradise*, *lubberland*, *Cockaigne* oder *Cockayne*, im Französischen vom *pays de Cocagne*.

Johann Wolfgang von Goethe hat (in: «*Sprichwörtlich*», *Sophienausgabe*, Bd. II, S. 228 und 250) seine Meinung über ein faulenzerisches Genußleben ein wenig überspitzt formuliert:

Drei stichhaltige Einwände gegen das Schlaraffenland

Das wär' dir ein schönes Gartengelände,
Wo man den Weinstock mit Würsten bände.

Wer aber recht bequem ist und faul,
Flög dem eine gebratne Taube ins Maul,
Er würde höchlich sich's verbitten,
Wär sie nicht auch geschickt zerschnitten.
Die Welt ist nicht aus Brei und Mus geschaffen,
deswegen haltet euch nicht wie Schlaraffen;
Harte Bissen gibt es zu kauen:
Wir müssen erwürgen oder sie verdauen.

Die Redensart vom *Leben im Schlaraffenland* bezieht sich auf das in Europa nicht zuletzt durch die «*Kinder- und Hausmärchen*» der Brüder Grimm bekannte Märchen vom Lande der Faulenzer, dem auch die Wendungen entnommen sind: *ein Schlaraffenleben führen*; *sich die gebratenen Tauben in den Mund fliegen lassen* usw.

Der Sprachforscher Johann Christoph Adelung (1732–1806) offeriert uns 1780 in seinem «*Versuch eines vollständigen grammatischkritischen Wörterbuches der hochdeutschen Mundarten*» (Teil 4, Spalte 119) folgende Definition: «In weiterer Bedeutung versteht man unter einem *Schlaraffen* eine Person, welche in einem hohe Grade das Gegentheil von demjenigen ist und thut, was andere vernünftige Menschen sind und thun (…).»

Auch im 15., 16. und 17. Jahrhundert begegnen uns ständig die *Schlaraffen*. Aus dem mittelhochdeutschen *slûr* (‹fauler Mensch›) entwickelte sich im 14. Jahrhundert, kombiniert mit *Affe*, das Schimpfwort *slûr-affe* für den ‹üppig und gedankenlos lebenden Müßiggänger›. Dieses Schimpfwort war gebräuchlich, bevor die Vorstellung von dem idealen Land der Faulenzer und Schwelger verbreitet war, seine (phonetische) Akzentverschiebung folgt übrigens dem Muster, das sich auch in den Wörtern *Holunder* und *lebendig* findet.

Noch 1494 erwähnt der Straßburger Stadtschreiber und Kaiserliche Rat Sebastian Brant (1458–1521) in seinem Reim-Epos «*Das Narrenschiff*» (Kap. 108) das *Schluraffenland*. Seine Schilderung kann als eine Parodie auf zurückliegende Paradiesvorstellungen und zugleich als Kritik am feudalen und katholischen «Schlendrian» gelten. Das aufkommende Bürgertum begann, sich durch zielgerichtete Arbeit zu emanzipieren, wobei der Protestantismus die Hinwendung zum Fleiß unterstützte: Dadurch wurde der Spielraum für wundersame Phantastereien eingeengt.

Das genannte Motiv ist dann im Jahre 1530 vom Spruchdichter, Meistersinger und Dramatiker Hans Sachs (1494–1576) aufgegriffen worden, der in seinem Gedicht vom *Schlaweraffen Landt* und *Schlauraffenlandt* spricht («*Fabeln*» Nr. 6). In normalisierter Orthographie liest sich sein Gedicht so:

Das Schlaraffenland

Eine Gegend heißt Schlaraffenland,
den faulen Leuten wohlbekannt;
die liegt drei Meilen hinter Weihnachten.
Ein Mensch, der dahinein will trachten,
muß sich des großen Dings vermessen
und durch einen Berg von Hirsebrei essen;
der ist wohl dreier Meilen dick;
alsdann ist er im Augenblick
im selbigen Schlaraffenland.
Da hat er Speis und Trank zur Hand;
da sind die Häuser gedeckt mit Fladen,
mit Lebkuchen Tür und Fensterladen.
Um jedes Haus geht rings ein Zaun,
geflochten aus Bratwürsten braun;
vom besten Weine sind die Bronnen,
kommen einem selbst ins Maul geronnen.
An den Tannen hängen süße Krapfen
wie hierzulande die Tannenzapfen;
auf Weidenbäumen Semmeln stehn,
unten Bäche von Milch hergehn;
in diese fallen sie hinab,
daß jedermann zu essen hab.
Auch schwimmen Fische in den Lachen,
gesotten, gebraten, gesalzen, gebacken;
die gehen bei dem Gestad so nahe,
daß man sie mit den Händen fahe.

Auch fliegen um, das mögt ihr glauben,
gebratene Hühner, Gäns' und Tauben;
wer sie nicht fängt und ist so faul,
dem fliegen sie selbst in das Maul.
Die Schweine, fett und wohlgeraten,
laufen im Lande umher gebraten.
Jedes hat ein Messer im Rück';
damit schneid't man sich ab ein Stück
und steckt das Messer wieder hinein.
Käse liegen umher wie die Stein.
Ganz bequem haben's die Bauern;
sie wachsen auf Bäumen, an den Mauern;
sind sie zeitig, so fallen sie ab,
jeder in ein Paar Stiefel herab.
Auch ist ein Jungbrunn in dem Land;
mit dem ist es also bewandt:
wer da häßlich ist oder alt,
der badet sich jung und wohlgestalt't
Bei den Leuten sind allein gelitten
mühelose, bequeme Sitten.
So zum Ziel schießen die Gäst',
wer am meisten fehlt, gewinnt das Best;
im Laufe gewinnt der Letzte allein;
das Schlafrocktragen ist allgemein,
Auch ist im Lande gut Geld gewinnen:
wer Tag und Nacht schläft darinnen,
dem gibt man für die Stund' einen Gulden;
wer wacker und fleißig ist, macht Schulden.
Dem, welcher da sein Geld verspielt,
man alles zwiefach gleich vergilt,
und wer seine Schuld nicht gern bezahlt,
auch wenn sie wär eines Jahres alt,
dem muß der andere doppelt geben.
Der, welcher liebt ein lustig Leben,
kriegt für den Trunk einen Batzen Lohn;
für eine große Lüge gibt man eine Kron'.
Verstand darf man nicht lassen sehn,
aller Vernunft muß man müßig gehn;
wer Sinn und Witz gebrauchen wollt,
dem wär kein Mensch im Lande hold.
Wer Zucht und Ehrbarkeit hätt lieb,
denselben man des Lands vertrieb,
und wer arbeitet mit der Hand,
dem verböt man das Schlaraffenland.

Pieter Bruegel d. Ä. (1525/30–1569)

Wer unnütz ist, sich nichts läßt lehren,
der kommt im Land zu großen Ehren,
und wer der Faulste wird erkannt,
derselbige ist König im Land.
Wer wüst, wild und unsinnig ist,
grob, unverständig zu aller Frist,
aus dem macht man im Land einen Fürsten.
Wer gern ficht mit Leberwürsten,
aus dem ein Ritter wird gemacht,
und wer auf gar nichts weiter acht't
als auf Essen, Trinken und Schlafen,
aus dem macht man im Land einen Grafen.
Wer also lebt wie obgenannt,
der ist gut im Schlaraffenland,
in einem andern aber nicht.
Drum ist ein Spiegel dies Gedicht,
darin du sehest dein Angesicht.

Lebkuchenhäuser, gebratene Spanferkel – und nach ihrer ausgiebigen Völlerei bewegungsunfähig und apathisch am Boden liegende Männer: so sieht offenbar für viele Menschen das paradiesische Schlaraffenland aus. Bruegels berühmtes Bild ist als scharfe Satire auf die Dummheit und Unmäßigkeit der Menschen zu deuten. Sein «Schlaraffenland» geht vermutlich auf das gleichnamige Gedicht von Hans Sachs zurück.

Ein weiterer Dichter hat dieses utopische Land geschildert: Hans Jakob Christoffel von Grimmelshausen (1622–1676) – im «Simplicissimus» (1668; I, 262): «Und alsdann wirds in Teutschland hergehen wie im *Schlauraffen-Land*, da es lauter Muscateller regnet und die Creutzer-Pastetlein über Nacht wie die Pfifferlinge wachsen! Da werde ich mit beyden Backen fressen müssen wie ein Drescher und Malvasier sauffen, daß mir die Augen übergehen.»

Auch der Dichter und Revolutionär Hoffmann von Fallersleben (1798–1874), Volksliedforscher und Verfasser von Kinderliedern, hat sich der Thematik angenommen und dazu ein Gedicht verfaßt:

Vom Schlaraffenland

Kommt, wir wollen uns begeben
Jetzo ins Schlaraffenland!
Seht, da ist ein lustig Leben,
Und das Trauern unbekannt.
Seht, da läßt sich billig zechen
Und umsonst recht lustig sein:
Milch und Honig fließt in Bächen,
Aus den Felsen quillt der Wein.
Alle Speisen gut geraten,
Und das Finden fällt nicht schwer.
Gans' und Enten gehn gebraten
Überall im Land umher.
Mit dem Messer auf dem Rücken
Läuft gebraten jedes Schwein.
O wie ist es zum Entzücken!
Ei, wer möchte dort nicht sein!
Und von Kuchen, Butterwecken
Sind die Zweige voll und schwer;
Feigen wachsen in den Hecken,
Ananas im Busch umher.
Keiner darf sich mühn und bücken,
Alles stellt von selbst sich ein.
O wie ist es zum Entzücken!
Ei, wer möchte dort nicht sein!
Und die Straßen allerorten,
Jeder Weg und jede Bahn
Sind gebaut aus Zuckertorten

Und Bonbons und Marzipan.
Und von Brezeln sind die Brücken
Aufgeführt gar hübsch und fein.
O wie ist es zum Entzücken!
Ei, wer möchte dort nicht sein!
Ja, das mag ein schönes Leben
Und ein herrlich Ländchen sein!
Mancher hat sich hinbegeben,
Aber keiner kam hinein.
Ja, und habt ihr keine Flügel,
Nie gelangt ihr bis ans Tor,
Denn es liegt ein breiter Hügel
Ganz von Pflaumenmus davor.

Es steht außer Zweifel: Das Märchen vom Schlaraffenland gehört zu den populärsten Werken europäischer Volksdichtung. Wolf Lotter (2006:70 f.) resümiert die Wirkungsgeschichte des bis heute hochattraktiven Topos:

Jeder kennt (…) die alte Geschichte vom Land, in dem einem gebratene Tauben in den Mund fliegen und Milch und Honig fließen. Schon vor zweieinhalbtausend Jahren haben griechische Autoren davon geträumt, im deutschen Spätmittelalter bekam der alte Mythos einen Namen: Schlaraffenland – das Land der faulen Affen. Das Schlaraffenland ist bis heute die beste Vorlage für einen All-Inclusive-Sozialstaat. Erstens: Man kann im Schlaraffenland essen und trinken, was man will und so viel man will, jederzeit. Zweitens: Jeder hat das Recht auf Schönheit und Jugend, Gesundheit und Wohlbefinden – Wellness pur, sozusagen. Dafür sorgt der Jungbrunnen im Schlaraffenland, einmal reinsteigen, und schon ist man wieder schön, jung und topfit – bereit zum Shoppen. Und dann, drittens, gibt es totale Convenience. Die Bürger des Schlaraffenlandes haben nicht mal mehr die Qual der Wahl, die heute noch so manch wunderbares Einkaufserlebnis trüben kann. Die Spezereien fliegen durch die Luft, mundgerecht, nach Bedarf – on demand – konsumierbar. Das Einzige, was noch zu tun bleibt, ist: alles runterschlucken. Und klar: All das kostet nichts.
Doch auch im Schlaraffenland lohnt es sich, auf die kleinen Unterschiede zu achten. Die Märchenvariante des Mythos vom Schlaraffenland, die besonders populär wurde, ist die des Biedermeier-Dichters Ludwig Bechstein. Für seine unzufriedenen Kollegen, die Brüder Grimm, die sich ebenfalls des Stoffes annahmen, war das Schlaraffenland aber alles andere als erstre-

benswert. In ihrer Version ist es ein Gleichnis für die größtmögliche Lüge, die man Menschen auftischen kann, der Inbegriff einer verkehrten Welt. Nach volksdemokratischen Prinzipien regieren dort die Faulen, Gierigen, Dummen und Fantasielosen.

Der im Zitat genannte Ludwig Bechstein (1801–1860) zählte zu den beliebtesten und eifrigsten Märchenherausgebern des 19. Jahrhunderts. Im Gegensatz zu den Brüdern Grimm hat er viele seiner Märchenstoffe bereits gedruckten Quellen entnommen und sie dann in seinem spätromantischen Ton neu erzählt. Auf jeden Fall gehen unsere heutigen Vorstellungen vom Schlaraffenland als eines Ortes des Überflusses und des exzessiven Konsums weitgehend auf die nachstehende Fassung Bechsteins aus dem Jahre 1845 zurück:

Ich weiß ein Land, dahin mancher gern ziehen möchte, wenn er wüßte, wo es liegt. Dieses schöne Land heißt Schlaraffenland. Da sind Häuser gedeckt mit Eierkuchen, die Türen sind von Lebzelten und die Wände von Schweinebraten. Um jedes Haus steht ein Zaun, der ist aus Bratwürsten geflochten. Aus allen Brunnen fließt süßer Wein und süßer Saft. Wer den gern trinkt, braucht nur den Mund unter das Brunnenrohr zu halten, und der süße Saft rinnt ihm nur so hinein.
Auf den Birken und Weiden, da wachsen frischgebackene Semmeln, und unter den Bäumen, da fließen Milchbäche. Die Semmeln fallen in sie hinein und weichen sich selbst ein. Das ist etwas für die Kinder, die sich gern einbrocken!
Hallo, Gretel, hallo, Hänsel! Wollt ihr nicht in dieses Land ziehen? Macht euch auf zum Semmelbach, vergeßt aber nicht, einen großen Milchlöffel mitzunehmen!
Die Fische schwimmen im Schlaraffenland oben auf dem Wasser. Sie sind auch schon gebacken oder gesotten und schwimmen ganz nahe am Ufer. Wenn aber einer gar zu faul ist und ein echter Schlaraff, der darf nur *bst! bst!* rufen – und die Fische kommen aufs Land herausspaziert und hüpfen dem guten Schlaraffen in die Hand, daß er sich nicht zu bücken braucht.
Ihr könnt es ruhig glauben, die Vögel fliegen dort gebraten in der Luft herum, die Gänse, Enten und Hühner, die Truthühner und die Tauben. Und wem es zu viel Mühe macht, die Hand darnach auszustrecken, dem fliegen sie schnurstracks in den Mund hinein. Die Spanferkel laufen gebraten umher, das Messer steckt ihnen schon im Rücken, damit, wer will, sich ein frisches, saftiges Stück abschneiden kann.
Käse liegt im Schlaraffenland wie Steine, groß und klein umher.

Die Steine selbst sind lauter gefüllte Pastetchen. Im Winter wenn es regnet, regnet es lauter Honig in süßen Tropfen. Da kann einer lecken und schlecken, daß es eine Lust ist. Und wenn es schneit, so schneit es Staubzucker, und wenn es hagelt, so hagelt es Würfelzucker, vermischt mit Feigen, Rosinen und Mandeln. Das Geld kann man von den Bäumen wie gute Kastanien schütteln. Jeder mag sich das beste herunterschütteln, das mindere läßt er liegen.

In dem Land, da gibt es auch große Wälder. Da wachsen im Buschwerk und auf den Bäumen die schönsten Kleider, Röcke, Mäntel, Hosen und Westen in allen Farben, schwarz, grün, gelb, blau und rot. Wer ein neues Gewand braucht, geht in den Wald und wirft es mit einem Stein herunter. Auf der Wiese wachsen schöne Damenkleider aus Samt und Seide, die Grashalme sind bunte Bänder. Die Wacholderstöcke tragen Broschen und goldene Nadeln, und die Beeren sind nicht schwarz, sondern echte Perlen. An den Tannen hängen Armbanduhren. Auf den Stauden wachsen Stiefel und Schuhe, Sommer- und Winterhüte und allerlei Kopfputz.

Dieses edle Land hat auch ein Jungbad. Alte und kranke Leute baden darin drei Tage oder vier, und sie werden gesund und jung und schmuck und sehen wie siebzehn oder achtzehn aus.

Auch mancherlei Spaß und Kurzweil gibt es in dem Schlaraffenland. Wer zu Hause kein Glück hat, der hat es dort bestimmt. Beim Spielen wird er immer gewinnen, beim Schießen wird er immer ins Schwarze treffen. Wer die Leute am besten necken und aufziehen kann, bekommt jedesmal ein Goldstück.

Für die Schlafsäcke und Faulpelze, die bei uns durch ihre Faulheit arm werden und betteln gehen müssen, ist das Schlaraffenland gerade das richtige Land. Jede Stunde Schlafen bringt dort ein Silberstück ein und jedesmal Gähnen ein Goldstück. Wer gern arbeitet, das Gute tut und das Böse läßt, der wird aus dem Schlaraffenland vertrieben. Aber wer nichts kann, nur schlafen, essen, trinken, tanzen und spielen, der wird zum Grafen ernannt. Und der Faulste wird König im Schlaraffenland.

Nun wißt ihr, wie es im Schlaraffenland zugeht. Und wer gern hinreisen will, aber den Weg nicht weiß, der frage einen Blinden. Auch ein Stummer wird ihm keinen falschen Weg sagen. Aber der Weg dahin ist weit für die Jungen und für die Alten, denen es im Winter zu heiß und im Sommer zu kalt ist. Noch dazu ist um das ganze Land herum eine berghohe Mauer aus Reisbrei. Wer hinein oder heraus will, muß sich da erst mal durchessen.

Anders liest es sich in den Grimmschen «*Kinder- und Hausmär-chen*»:

Das Märchen vom Schlaraffenland

In der Schlauraffenzeit, da ging ich und sah, an einem kleinen Seidenfaden hing Rom und der Lateran, und ein fußloser Mann, der überlief ein schnelles Pferd, und ein bitterscharfes Schwert, das durchhieb eine Brücke. Da sah ich einen jungen Esel mit einer silbernen Nase, der jagte hinter zwei schnellen Hasen her, und eine Linde, die war breit, auf der wuchsen heiße Fladen. Da sah ich eine alte dürre Geiß, trug wohl hundert Fuder Schmalzes an ihrem Leibe und sechzig Fuder Salzes. Ist das nicht gelogen genug? Da sah ich zackern einen Pflug ohne Roß und Rinder, und ein jähriges Kind warf vier Mühlensteine von Regensburg bis nach Trier und von Trier hinein in Straßburg, und ein Habicht schwamm über den Rhein: das tat er mit vollem Recht. Da hört ich Fische miteinander Lärm anfangen, daß es in den Himmel hinaufscholl, und ein süßer Honig floß wie Wasser von einem tiefen Tal auf einen hohen Berg; das waren seltsame Geschichten. Da waren zwei Krähen, mähten eine Wiese, und ich sah zwei Mücken an einer Brücke bauen, und zwei Tauben zerrupften einen Wolf, zwei Kinder, die wurfen zwei Zicklein, aber zwei Frösche droschen miteinander Getreid aus. Da sah ich zwei Mäuse einen Bischof weihen, zwei Katzen, die einem Bären die Zunge auskratzten. Da kam eine Schnecke gerannt und erschlug zwei wilde Löwen. Da stand ein Bartscherer, schor einer Frauen ihren Bart ab, und zwei säugende Kinder hießen ihre Mutter stillschweigen. Da sah ich zwei Windhunde, brachten eine Mühle aus dem Wasser getragen, und eine alte Schindmähre stand dabei, die sprach, es wäre recht. Und im Hof standen vier Rosse, die droschen Korn aus allen Kräften, und zwei Ziegen, die den Ofen heizten, und eine rote Kuh schoß das Brot in den Ofen. Da krähte ein Huhn «kikeriki, das Märchen ist auserzählt, kikeriki.»

Hier ist das Schlaraffenland der Ort einer Welt, in dem die Prinzipien des normalen Lebens in ihr Gegenteil verkehrt sind.

Ins «normale Leben» wird man regelmäßig zurückgeführt, wenn man die Leitartikel-Überschrift auf der Wirtschaftsseite der «*FAZ*» liest. Am 20. Juli 2007 lautete sie: «Das Ende des Bundesliga-*Schlaraffenlands*.»

Kapitel 3

Zeitfaktoren

Höchste Eisenbahn für viel Sonne!

Für Juristen ist es gelegentlich nützlich, sich bezüglich der *Eisenbahn* die nachfolgende erschöpfende Definition des Reichsgerichts, niedergelegt im Urteil vom 17. März 1879 (vgl. RGZ 1, 247 (252)), zu vergegenwärtigen:

> Eine Eisenbahn ist ein Unternehmen, gerichtet auf wiederholte Fortbewegung von Personen oder Sachen über nicht ganz unbedeutende Raumstrecken auf metallener Grundlage, welche durch ihre Konsistenz, Konstruktion und Glätte den Transport großer Gewichtmassen, beziehungsweise die Erzielung einer verhältnismäßig bedeutenden Schnelligkeit der Transportbewegung zu ermöglichen bestimmt ist, und durch diese Eigenart in Verbindung mit den außerdem zur Erzeugung der Transportbewegung benutzten Naturkräften – Dampf, Elektrizität, tierischer oder menschlicher Muskeltätigkeit, bei geneigter Ebene der Bahn auch schon durch die eigene Schwere der Transportgefäße und deren Ladung usw. – bei dem Betriebe des Unternehmens auf derselben eine verhältnismäßig gewaltige (je nach den Umständen nur in bezweckter Weise nützliche oder auch Menschenleben vernichtende und menschliche Gesundheit verletzende) Wirkung zu erzeugen fähig ist ...
>
> (Vgl. Röll 1913:27 f.)

Heutzutage ist es natürlich einfacher, sich auf die Legaldefinition im *Allgemeinen Eisenbahngesetz* (AEG 1993), § 2, Abs. 1 u. 2 zu stützen:

(1) Eisenbahnen sind öffentliche Einrichtungen oder privatrechtlich organisierte Unternehmen, die Eisenbahnverkehrsleistungen erbringen (Eisenbahnverkehrsunternehmen) oder eine Eisenbahninfrastruktur betreiben (Eisenbahninfrastrukturunternehmen).
(2) Eisenbahnverkehrsleistungen sind die Beförderung von Personen oder Gütern auf einer Eisenbahninfrastruktur. Eisenbahnverkehrsunternehmen müssen in der Lage sein, die Zugförderung sicherzustellen.

Ein stilbewußter Mitbürger hat es verstanden, mit einer kabarettreifen Realdefinition zu kontern, als er die fiktive Frage, was unter einem Reichsgericht zu verstehen sei, mit folgender Antwort beschied:

Ein Reichsgericht ist eine Einrichtung, welche dem allgemeinen Verständnis entgegenkommen sollende, aber bisweilen durch sich nicht ganz vermeiden haben lassende, nicht ganz unbedeutende bzw. verhältnismäßig gewaltige Fehler im Satzbau der auf der schiefen Ebene des durch verschnörkelte und ineinandergeschachtelte Perioden ungenießbar gemachten Kanzleistils herabgerollten Definitionen, welche das menschliche Sprachgefühl verletzende Wirkungen zu erzeugen fähig sind, liefert. (Vgl. Haft, ²1990:21.)

Doch zurück zum Ernst der aktuellen Lage: Die «*Berliner Verkehrswerkstatt*» (*www.verkehrswerkstatt.de*) übernahm vor kurzem einen Artikel von Heinz Blüthmann aus der Wochenzeitung «*Die Zeit*» vom 20. Mai 1998 (S. 38), in dem die Meinung vertreten wurde, nur schnelle und grundlegende Entscheidungen über das Schienennetz könnten die Deutsche Bahn noch retten; der Bericht trug die Überschrift: «*Allerhöchste Eisenbahn*».

«Die Magnetbahn ist zwar nicht billig, aber es ist doppelt so teuer, sie *nicht* zu bauen!» – das schrieb auch die Zeitschrift «*Fusion*» (1999; Nr. 4) und wählte für ihr Editorial die Überschrift: «*Allerhöchste Eisenbahn* für den Transrapid».

Unter der Überschrift «*Das große Zittern*» machte Andreas Kurtz am 21. September 2000 in der «*Berliner Zeitung*» folgende Ausführungen:

Das war aber wirklich *allerhöchste Eisenbahn*! Am letztmöglichen Tag des Jahres, Stunden vor dem kalendarischen Herbstanfang, bat das ZDF am Mittwoch zum Sommerfest. Nicht in sein schickes neues Hauptstadtstudio Unter den Linden, weil dort die Straße hinter dem Haus, die man für das traditionelle Freiluftfest unbedingt benötigt, durch eine Baustelle blockiert ist. Man traf sich also noch mal in der Oberlandstraße, von der man sich voriges Jahr schon verabschiedet hatte.

In der Tagespresse erfreut sich die zitierte sprachliche Wendung durchgängig größter Beliebtheit, seltener (wie im amüsanten zweiten der folgenden Beispiele) bei Wetter-Kommentatoren, dafür besonders häufig bei Repräsentanten und Mandatsträgern der Justiz, Politik und Wirtschaft:

Urlaub kann es nicht sein. Ich brauche strengere Maßnahmen. Heute ist Aschermittwoch, der Beginn der Fastenzeit. *Höchste Eisenbahn* für gute Vorsätze und eine Woche ohne Fleisch. Hiermit rufe ich sieben Tage vegetarische Ernährung für mich aus! Ob es hilft? Ich bleibe dran!   (*Sueddeutsche.de 2007*)

Auf diesen Sommer vermag man sich keinen Reim zu machen. Oder doch? Zum Beispiel diesen: «Aller guten Dinge waren drei, dann war's mit der Herrlichkeit vorbei.» So merkwürdig das Hochdruckgebiet vor einer Woche benannt war («Ezalda»), so sehr gewann es die Sympathien der Darmstädter. Nicht nur, daß es wieder mal *höchste Eisenbahn* war für viel Sonne (42 Stunden von Samstag bis Montag) und sommerliche Wärme (bis 30,3 Grad am Montag). Klare Luft und zwei laue Abende luden auch dazu ein, einer in schweren Momenten gern gehörten Aufforderung – «Kopf hoch!» – zu folgen.   (*Echo Online 2007*)

Eilig hatten es Justitias Diener auch noch aus einem anderen Grund, sagt der Verteidiger. Wie es der Zufall wollte, sei ausgerechnet am Tag des Verfahrens eine Verjährungsfrist ausgelaufen: «Es war *höchste Eisenbahn*, da das Gericht bereits mit dem Datum getrickst hat, indem es die Frist einfach gegen das Gesetz um 24 Stunden nach hinten verschob.» (*Focus Online 2005*)

Aus Sicht von Günther Hildebrand ist es *höchste Eisenbahn*, die schleswig-holsteinischen Nahverkehrstarif-Regelungen zu reformieren.   (*Hamburger Abendblatt 2003*)

«Das Engagement des Kanzlers war *höchste Eisenbahn*», sagte Wiesheu.   (*Die Welt 2001*)

«Es ist *höchste Eisenbahn*, daß etwas passiert», sagte der Münchner Geschäftsführer der Gewerkschaft Handel, Banken und Versicherungen (HBV), Georg Wäsler, der WELT.

(Die Welt 2001)

Endspurt ist's, *höchste Eisenbahn* für die letzten, rund zwei Milliarden Mark (wie Dieter Ondracek, der Bundesvorsitzende der Deutschen Steuergewerkschaft schätzt), die noch an barem schwarzen, also unversteuerten Mark-Beträgen in Deutschland lagern. *(Die Welt 2001)*

Die amerikanische Sängerin Peggy March hat ihn bereits vor etlichen Jahren gesungen – einen Schlagertext von Hans Bradtke unter dem Titel «*Es war höchste Eisenbahn*»:

Lieber Freund nun bleibe hier
und geh' niemals fort von mir.

Du im Norden, ich im Süden,
nein, das finde ich nicht schön.
Du alleine, ich alleine,
so kann es nicht weitergeh'n.
Es war *höchste Eisenbahn*,
allerhöchste Eisenbahn,
daß wir zwei uns wiedersah'n.

Und Studierende des Studiengangs Schauspiel warben im Oktober des Jahres 2000 in Bochum mit dieser Einladung für ihre Aufführung:

Mittwoch, 1. 11. 2000, 17 Uhr,
Folkwang-Hochschule, Kammermusiksaal

Höchste Eisenbahn!
Kabarett im Exil 1933–1945

«Höchste Eisenbahn» wurde es nach Hitlers Machtübernahme für viele Deutsche. Wer seine Fahrkarte ins Exil nicht rechtzeitig löste, dem drohte vielleicht der Transport im Güterwaggon. Lachen über Hitler, scheint sich das nicht zu verbieten? In Zürich und Prag, in London, Paris und New York fand sicht nach der «Machtergreifung» die deutsche Kleinkunstszene wieder.

Vom Widerstand mit den Mitteln der Satire erzählt unser Programm. Lieder, Gedichte und Sketche nehmen die pompöse Selbstinszenierung des «Dritten Reiches» ebenso aufs Korn wie das Leben im Exil. Möge Ihnen das Lachen im Halse stecken bleiben!

Studierende des Studienganges
Schauspiel/Bochum
Leitung: Horst Weber
Regie: Tanja Knauf

Die Bochumer Aufführung knüpfte an die Arbeit des Komponisten und Texters Friedrich Hollaender (1896–1976) an, der vor seiner Emigration 1933 mehrere kleine Revuetten geschrieben hat und dabei Elemente der großen Revue mit der politischen Satire des Kabaretts kombinierte. Seine Absicht war es, «dem Publikum unter dem Deckmantel der entspannten Abendunterhaltung plötzlich eine Giftoblate [zu] verabreichen». In seiner Revuette «*Höchste Eisenbahn*» (1932) forderte er «eine Kursänderung der Republik, in der die Züge bereits nach ‹Nazedonien› fuhren. Er saß am Flügel. Nazis trampelten auf die Bühne, spuckten ihm auf die Hände. Er erreichte eine der letzten Eisenbahnen in die zwölfjährige Emigration» (Bemmann 1981:154 ff.).

Auch die Theaterwissenschaftlerinnen Maike Schaafberg und Ariane Wendland haben Hollaenders Revuette aus den überlieferten Notenskizzen und einem jahrzehntelang verschollenen Textbuch rekonstruiert und im Jahre 2004 in Berlin erneut auf die Bühne gebracht. Dabei knüpften sie an Stil und Flair des Berliner Kabaretts der frühen dreißiger Jahre an.

Man fragt sich, woher die Redewendung von der *höchsten Eisenbahn* als Ausdruck für ‹gebotene Eile›, für ‹etwas sehr Dringendes› stammt. Die Spur führt nach Berlin, genauer gesagt zum Humoristen, Satiriker und Schriftsteller Adolf Glaßbrenner (1810–1876), der als Journalist auch unter dem Pseudonym *Adolf Brennglas* schrieb und, auf dem Boden der vormärzlichen Bewegung stehend, als «*Zille des Wortes*» mit Witz und Schärfe die Zustände im preußischen Berlin attackierte. Er war Mitarbeiter am «*Berliner Courier*», Leiter des Berliner «*Don Quixote*», gab das «*Brennglas*» und die «*Freien Blätter*» heraus, publizierte von 1832 bis 1850 die Heftreihe «*Berlin, wie es ist und – trinkt*», in der er die Berliner porträtierte, und leitete von 1858 bis 1860 die «*Berliner Montagszeitung*».

Glaßbrenner hat die unteren Volksschichten und den urwüchsigen Berliner Dialekt in die Literatur eingeführt. «*Ein Heiratsantrag in der Niederwallstraße*» heißt eines jener «*Berliner Bilder*», die er 1847 verfaßte; darin findet sich jene berühmte Szene, in deren Verlauf die Redewendung von der *höchsten Eisenbahn* geprägt wurde:

Madame Kleisich (*klopft ihrem zukünftigen Schwiegersohn auf den Rücken*): Na, Schwiegersöhnchen, was sagen Sie denn zu meine Karline?
Bornike: En bißken bitter. Ich bitte noch um ein Stück Zucker, wenn Sie so jut sein wollen.

Madame Kleisich: Sehr gern! *(Reicht ihm das Verlangte.)* Sie liebt Ihnen über alles.

Bornike: Ach, Karline? Ja! *(Er trinkt.)* Etwas kalt is sie ja schon jeworden.

Madame Kleisich: Wer??

Bornike: Die Schokolade.

Madame Kleisich: Ach, die Schokolade? *(Bornike trinkt)* Ne, ich sprach von Ihre Braut, Herr Briefträger.

Bornike: Sonst schmeckt se janz jut.

Madame Kleisich: Waas?

Bornike: Ja? Dürft' ich Sie wohl noch um eine bitten?

Madame Kleisich *(zurückfahrend)*: Herr Briefdräger!! Zwei? Sie werden doch mit die eine jenug haben?

Bornike: Ne, aufrichtig, um 'ne halbe würd' ich wenigstens bitten.

Madame Keisich *(ärgerlich)*: Ach was, ich habe weder 'ne halbe noch 'ne viertel; des is de einzige!

Bornike: I, da is ja noch ne janze Kanne voll.

Madame Kleisich: Ach, Sie meinen Schokolade? Ich dachte Karlinen! Ja, da können Sie so viel haben, wie Sie wollen. *(Sie schenkt ihm ein.)* So, Herr Schwiejersohn!

Bornike *(trinkt)*: Die ist noch etwas wärm… *(Sehr schnell.)* Was is denn übrijens die Uhr?

Kleisich: Ein Viertel auf sechse.

Bornike: Herrjeses, Leipzig! *(Er läßt die Tasse fallen, deren Inhalt das Kleid der Madame Kleisich färbt.)* Ein andermal mehr; jetzt muß ich fort! Es ist die allerhöchste Eisenbahn, die Zeit is schon vor drei Stunden anjekommen! *(Er stellt seinen Stuhl mitten in die Stube, läuft zur Kommode, steckt den Teelöffel in die Tasche, setzt seinen Hut auf und küßt Herrn Kleisich.)* Adje, Karline, uf Wiedersehen morjen! *(Er gibt Karlinen und Madame Kleisich die Hand.)* Adieu, Schwiegervater, adieu, Schwiegermutter! Ich habe keinen Augenblick mehr übrig. Um fünf Uhr muß ich in der Post sein, un es is jetzt schon fünfeinhalb Silberjroschen, Uhr wollt' ich sagen! *(Er stolpert über den Stuhl und will nach der Küchentür.)*

Die andern: Nich da! Da jeht's in die Küche!!

Bornike: Ach so! *(Er kehrt um, stolpert noch einmal über den umgestürzten Stuhl und eilt zur Flurtür.)* Jesejente Mahlzeit! Jesejente Mahlzeit!

(Glaßbrenner, *Unsterblicher Volkswitz*, Bd. 1:232 ff.)

Wie beliebt die Wendung in der deutschen Literatur wurde, belegen einige Stellen in den Romanen von Julius (Ernst Wilhelm)

Stinde (1841–1905). Der Schriftsteller – im «Nebenberuf» promovierter Chemiker –, der mit Humoresken, Erzählungen, Theaterkritiken und populärwissenschaftlichen Beiträgen hervorgetreten ist, arbeitete u. a. für die *Spenersche Zeitung*, die Wiener *Presse* und die *Fliegenden Blätter*; daneben schrieb er Volksstücke und die romantische Oper *Ännchen von Tharau*. Stinde ging 1876 als freier Schriftsteller nach Berlin, ab 1879 schrieb er für das *Deutsche Monatsblatt* Artikel unter dem Pseudonym *Wilhelmine Buchholz*.

Zwischen 1884 und 1895 erschien in Berlin in vier Teilen Stindes Opus *Die Familie Buchholz. Aus dem Leben der Hauptstadt.* Im Kapitel *Geheimnisse* heißt es:

Wir punschten so zu sagen mit Andacht. Onkel Fritz ließ aber das Necken doch nicht, denn er sah öfters nach der Uhr und rief jedesmal dem Doktor zu: «Wenn Du noch einen Lachs fangen willst, wird es *die höchste Eisenbahn*!» Der Doktor aber meinte, er könnte ja nicht fort, seine Braut hielte ihn fest an der Hand. – Wie hübsch es klang, als er meine Tochter seine Braut nannte! Es ist ja auch der größte Erfolg, den eine Mutter haben kann, wenn alle Sorgen, alle Liebe, alle Erziehung und die vielen Unkosten schließlich mit dem Brautkranze gekrönt werden. Liebt der Doktor Emmi von ganzem Herzen, so wird er gewiß den Karten entsagen und selbst das solideste Mauern aufgeben. Ich werde nicht aufhören, an seiner Besserung zu arbeiten.

Im letzten Band, der im Jahre 1895 unter dem Titel «*Wilhelmine Buchholz’ Memoiren*» erschien, stößt der Leser im Kapitel «*Großer Thee*» auf diese Szene:

Ich eilte hinter des Raths Sprechzimmer, wo Theatergarderobe war. «Was wird noch genelt?» rief ich, «die Herrschaften mopsen sich schon.» – «Wer sind Sie?» fragte ein junger Herr mit

Seehundsfrisur, spitzem Knebelbart, weißer Weste, hohem Stehkragen und Manschetten, mindestens wie ein Gesandtschaftssecretair. – «Wo ist der Pleincarriere-Maler?» – «Mein Name ist Oxenstirna.» – Ich hatte mir Einen mit wallendem Gelock und Sammtjacke, im Freien mit übergeworfener Talentwindel und Schlapphut vorgestellt und nun war es ein Patentgesteppter. «Sehr angenehm,» erwiderte ich, «aber *es ist die höchste Eisenbahn*». – «Gleich,» sagte er, «ich bitte die Damen zu rufen und die Herren sich in das Bühnenzimmer zu verfügen; sobald der Knabe fertig ist, beginnen wir.»
Mein Karl hielt mir am andern Morgen vor, ich hätte einen kleinen Zacken gehabt. «Karl,» entgegnete ich ohne jede Spur von Unmuth, «es war nicht einmal ein Spitz; nur die Freude, (…) die pure Freude!»

Nicht zuletzt die Stindeschen Romane dürften auch Herman Schrader in seinem Bericht «*Aus dem Wundergarten der deutschen Sprache*» dazu bestimmt haben, die Wendung noch einmal explizit zu erläutern: «Weil auf den Eisenbahnen pünktlich auf die Minute abgefahren wird, so sagt man statt: ‹Es ist die höchste Zeit› wohl scherzhaft: ‹Es ist die höchste Eisenbahn›.» (1896:258)

Eine Vielzahl noch heute geläufiger Redewendungen ist in der Anfangszeit der Eisenbahn entstanden. Wer *im falschen Zug sitzt*, kann (im übertragenen Sinn) ‹in etwas hineingeraten sein, das eigentlich nicht seinen Absichten entspricht›, wer eilig oder eilfertig *auf einen fahrenden Zug aufspringt*, gilt (wiederum im übertragenen Sinn) als ‹Opportunist›, ebenso wie der *Trittbrettfahrer*. Die Wendung *Ich verstehe immer nur Bahnhof!* wird laut Küpper ([4]1990:74) ausgesprochen, «wenn man eine unangenehme oder unwillkommene Mitteilung ablehnt»; sie sei um 1920 in Berlin aufgekommen und «hergenommen vom Erlebnis des Fronturlaubers, der keinen Sinn mehr für Dienstliches hat und nur noch an seine Heimfahrt und somit an den Bahnhof denkt». Dieser Bezug ist inzwischen völlig verblaßt und nicht mehr gegenwärtig. Wer heute *nur noch Bahnhof versteht*, drückt damit aus, daß er/sie ‹gar nichts mehr versteht›.

Friedrich Rückert (1788–1866) hat die Wendung von der *höchsten Eisenbahn* wahrscheinlich nicht gekannt. Er hätte sie auch wohl nicht geschätzt – sonst könnte man bei ihm nicht lesen: «Schätze nicht das Eilende/Über das Weilende!/Setze nicht das Nichtige/Über das Wichtige!» («*Morgenländische Sagen*»)

Madamken, nu sind wir durch bis an die Puppen

Als Kinogrößen wie Maximilian Schell und Leinwandschönheiten wie Veronica Ferres beim Deutschen Filmball im Januar 2006 ihre Branche feierten, überschrieb *Focus Online* seinen Bericht mit der Zeile: «Weltstars tanzen *bis in die Puppen*.» Gemeint war offensichtlich, daß sich das Festbankett und anschließende Feiern ‹bis in die frühen Morgenstunden› erstreckt hatten. In der Tat gilt die Redensart *bis in die Puppen* in der deutschen Presse offenbar als volkstümlich und wird gern verwendet.

> Die geht mit ihren Freunden am Samstagabend um elf in die Disco und schläft *bis in die Puppen*. (*Die Welt 2001*)

> «Designer müssen *bis in die Puppen* arbeiten», sagt Schultes. (*Die Welt 2001*)

> Samstag *bis in die Puppen* waren sie auf der Bahn, Sonntagfrüh standen bereits die nächsten Rennen an. (*radsport-forum.de 2008*)

> Am Mittwoch in Paris feierte der New-Order-Sänger Bernard Sumner *bis in die Puppen*, und am Donnerstag in Berlin noch einmal. (*Süddeutsche Zeitung 2001*)

> «Ich war von morgens um neun in der Kanzlei bis abends um acht, bin dann nach Fisher Island gefahren, habe mit den Kindern und Barbara zu Abend gegessen, habe die Kinder ins Bett gebracht und anschließend mit Barbara *bis in die Puppen* diskutiert.» (*Bild 2001*)

«Biertrinken *bis in die Puppen*!», «Hier tanzt der Bär *bis in die Puppen*!», «Erst den Gaumen kitzeln, dann *bis in die Puppen* tanzen!», «Parken *bis in die Puppen*!», «Frühstück *bis in die Puppen*!» – diese und ähnliche Formulierungen las ich kürzlich in einem Berliner Stadtführer. In der Tat scheint die Redensart Berliner Ursprungs zu sein, wobei recht unterschiedliche Erklärungsversuche gemacht wurden. Gestatten Sie mir darum einen kurzen Rückblick in die Berliner Geschichte:

> Eines der letzten Berliner Originale war der durch seine humorvollen Berliner Vorträge und Führungen allbekannte Dr. Hans Brendicke. In ihm sehen wir den Typus des alten Berliners verkörpert: derb, schlagfertig, stets gut gelaunt, immer ein Witzwort auf den Lippen, aber nie beleidigend. Wenn er so mit

seinen Getreuen durch sein liebes, altes Berlin wanderte, den altmodischen Zylinder auf die wallenden, weißen Haare gestülpt, verbreitete er um sich eine Stimmung altberliner Behaglichkeit, wie sie leider im neuen Berlin immer seltener geworden ist.

Diese Einschätzung lieferte der Mundartdichter Franz Lederer (1882–1945) im Jahre 1929 in seiner Schrift «*Uns kann keener*» über den Heimatforscher Hans Brendicke (1850–1925).

Der besagte Hans Brendicke hatte sich mit dem Berliner Wortschatz zu Zeiten Kaiser Wilhelms I. befaßt – auf Grund der Sammlungen des Oberpredigers Carl Wilhelm Eduard Kollatz und des Kapitäns a. D. Paul Adam. Seine 1897 beim «*Verein für die Geschichte Berlins*» erschienene Schrift führt den Ausdruck *Puppe* auf ‹Getreidegarben auf dem Feld› zurück.

Elf Jahre zuvor war ein Buch von Herman Schrader erschienen unter dem Titel «*Der Bilderschmuck der Deutschen Sprache. Einblick in den unerschöpflichen Bilderreichthum unserer Sprache und ein Versuch wissenschaftlicher Deutung dunkler Redensarten und sprachlicher Räthsel*». Schrader (1886:301) hatte sich zunächst zu zwei Varianten der Redensart, *bis über die Puppen* und *das geht über die Puppen*, geäußert:

> Hier sind die Statuen, oder (wie der Berliner gern sagt) die Puppen gemeint, welche den großen Platz, «Stern» genannt, auf der Chaussee zwischen Berlin und Charlottenburg zieren und von der Stadt aus eine beträchtliche Entfernung haben. Zunächst war mit dem Worte nur ‹eine große Entfernung› bezeichnet, allmählich aber erhielt dasselbe die Bedeutung wie: *das ist starker Tobak*, *das geht über die Hutschnur*; und das um so leichter, da früher bei den Puppen geregelte Wege aufhörten und eine Art Wüste begann.

Schraders Deutung überrascht angesichts dessen, was Hans Meyer bereits 1878 in seinem Buch «*Der richtige Berliner in Wörtern und Redensarten*» zu dieser Redensart geäußert hatte und was noch in späteren Auflagen, so in der 1925 von Siegfried Mauermann besorgten 9. Auflage, zu lesen ist:

> Die Redensart *bis in die Puppen* (‹sehr weit›, ‹wie dausend› ...), die früher irrtümlich mit den Puppen (Bildsäulen) am großen Stern (im Tiergarten) in Verbindung gebracht wurde, hat einen

andern Ursprung. Man sagt auf dem Lande: *Es regnet bis in die Puppen*, d. i. bis in die zu Haufen gesetzten Getreidegarben, die durch eine Deckgarbe vor mäßigem Regen geschützt sind. *Bis in die Puppen* heißt also ‹ungewöhnlich stark›. Eingehender dargelegt in der «Vossischen Zeitung» Nr. 540 vom 16. November 1866. (Meyer [9]1925:142)

Ich möchte «*Die königlich privilegirte Berlinische Zeitung von Staats- und gelehrten Sachen*» – so hieß die Vorgängerin der «*Vossischen Zeitung*» von 1785–1911 – an dieser Stelle nicht näher heranziehen, sondern feststellen, daß die Getreidegarben-Interpretation natürlich auch Agathe Lasch (1928:186), der bekannten Verfasserin einer berlinischen Sprachgeschichte, bekannt war. Sie hat sie allerdings vehement abgelehnt und sich für die Deutung der Redensart als ursprüngliche Örtlichkeitsbezeichnung ausgesprochen:

Gewiß gehört die Redensart *bis in die Puppen* ursprünglich nach Berlin, trotz der anders gerichteten neueren Erklärungsversuche, die an ein lokal beschränktes *Puppen* (‹Zusammenstellung von Garben›), inhaltlich noch engeres *bis in die Puppen regnen* anknüpfen wollen. Die *Puppen* war der volkstümliche Name des großen Sterns im Tiergarten, dem beliebtesten Spaziergang der Berliner, seit dem Ende des 18. Jahrhunderts (Holteis* ‹Berliner Droschkenkutscher› erzählt, sein Pferd hielt an, ‹da waren wir justement *an die Puppen*. Na, sag ich, Madamken, nu sind wir durch *bis an die Puppen*›.)

* Karl von Holtei (1798–1880) betätigte sich als Schauspieler, Dramaturg, Regisseur und Bühnendichter; jahrelang leitete er größere Theater in Breslau und Berlin. Ab etwa 1850 widmete er sich vor allem der Herausgabe seiner Theaterstücke und versuchte sich als Romanautor.

Heinrich Raab (1981:119 f.) interpretiert den Ausdruck *bis in die Puppen* als ‹sehr weit gehen, zu weit gehen (auch auf geistigem Gebiet: zu weitgehende Schlüsse ziehen)› und argumentiert in einem Punkte ähnlich wie Agathe Lasch:

Die Redensart ist Berliner Ursprungs. Vor 200 Jahren umgab der Architekt Knobelsdorff einen Platz im Tiergarten mit französischen Hecken und stellte neben den acht einmündenden Alleen mythologische Statuen auf, die im Volksmund *die Puppen* hießen. Ein Spaziergang *bis in die Puppen* galt damals als ‹ein sehr weiter Weg›. Diese Bedeutung wurde später verallgemeinert.

Die Verlagerung von der räumlichen auf die zeitliche Erstreckung ist, wie die eingangs zitierten umgangssprachlichen Beispiele aus dem Berlin-Stadtführer deutlich belegen, wohl die heute übliche Interpretation der Wendung. Heinz Küppers ([4]1990:637) Beispielsatz *bis in die Puppen* (d. i. ‹sehr weit›) *sind wir gewandert* ist daher – zumindest im gesamtdeutschen Sprachgebrauch – wohl nur mit Einschränkungen als akzeptabel zu betrachten, seine Deutung von *bis in die Puppen* als ‹sehr lange› bzw. ‹übergebührlich lange› ist die weithin übliche und wird z. B. auch durch den «*Duden – Deutsches Universalwörterbuch*» ([6]2006:1336) gedeckt.

Wie heißt es bei Joseph Joubert (1754–1824): «Die Zeit ist Bewegung im Raum.» («*Gedanken und Maximen*»)

Alle Jubeljahre ein Jobeljahr?

Man fragt sich, ob *Jubeljahre* bei mehr oder minder zufällig anfallenden Anlässen oder in festgelegten Zeitabständen gefeiert werden. Was bedeutet es, wenn man sagt, daß man sich nur *alle Jubeljahre* einmal *trifft*?

Ein Blick in deutsche Romane und Tageszeitungen stiftet eine gewisse sprachliche Verwirrung:

> Insgesamt 27 Milliarden Mark lassen sich die weihnachtswütigen Deutschen im *Jubeljahr* 2000 ihre Geschenke kosten.
> (*Die Welt 2000*)

> Dank all jenen, die im ablaufenden *Jubeljahr* 2000 der deutschen Sprache, von rechthaberischer Rechtschreibreform und ansteckenden Anglizismen zuvor in ihrer Existenz bedroht, neuen, lebensrettenden Glanz verliehen haben.
> (*Die Welt 2000*)

Bei diesen Beispielen steht eindeutig der *Jubel* anläßlich der Feiern zur Jahrtausendwende im Vordergrund; er macht gewissermaßen das gesamte Jahr 2000 zu einem «*Jubel*-Jahr».

Vor der Betrachtung weiterer Verwendungsweisen des Wortes *Jubeljahr* soll ein Blick in die Bibel erfolgen: Im 3. Buch Mose (Leviticus) 25,10–11; 25 heißt es im revidierten Text der Luther-Übersetzung (1964):

Und ihr sollt das fünfzigste Jahr heiligen und sollt eine Freilassung ausrufen im Lande für alle, die darin wohnen; es soll ein *Erlaßjahr* für euch sein. Da soll ein jeder bei euch wieder zu seiner Habe und zu seiner Sippe kommen. Als Erlaßjahr soll das fünfzigste Jahr euch gelten. Ihr sollt nicht säen und, was von selber wächst, nicht ernten, auch, was ohne Arbeit wächst, im Weinberg nicht lesen (...) – Wenn dein Bruder verarmt und etwas von seiner Habe verkauft, so soll sein nächster Verwandter kommen und einlösen, was sein Bruder verkauft hat.

Die gleichen Stellen lauten in einer älteren Luther-Übersetzung (hrsg. von Lehmann et al., 1912):

Ihr sollt das fünfzigste Jahr heiligen und im Lande ein Freijahr ausrufen für alle, die drinnen wohnen. Es sei euch ein *Jubeljahr*, da soll ein jeder wieder zu seinem Besitz und seinem Geschlecht kommen. Ihr sollt nicht säen, auch nicht ernten, was in ihm von selbst wächst, und nicht die Trauben von den unbeschnittenen Weinstöcken lesen. – Wenn dein Bruder verarmt, so daß er etwas von seinem Besitztum verkaufen muß, dann sollen seine nächsten Verwandten als Löser für ihn eintreten und einlösen, was ihr Verwandter verkaufen mußte.

Und in der Übersetzung von Hermann Menge ([13]1954) lesen wir:

... (sollt ihr...) so das fünfzigste Jahr heiligen und sollt im Lande Freiheit (oder: Befreiung) für alle seine Bewohner ausrufen: ein *Halljahr* (oder: *Jobeljahr**) soll es für euch sein, indem ein jeder wieder zu seinem Besitz kommen und ein jeder zu seiner Familie zurückkehren soll. – Wenn einer deiner Volksgenossen verarmt und etwas von seinem Grundbesitz verkauft, so soll sein nächster Verwandter als Löser für ihn eintreten und das wieder einlösen (= für ihn zurückkaufen) dürfen, was sein Verwandter verkauft hat.

Das Sternchen hinter dem Wort *Jobeljahr* führt uns auf eine mögliche sprachgeschichtliche Fährte, denn ihm ist folgende Erklärung beigefügt: «So genannt vom Schall der Widderhörner (hebräisch *jôbêl*), die seinen Beginn ankündigten.» Das hebräische Wort *jôbêl* (‹Horn, mit dem zum Gnadenjahr geblasen wird›) und das lateinische Wort *iubilum* (‹Aufjauchzen›) dürften im Mittelalter miteinander verschmolzen sein.

Sicher ist nur, daß der Ausdruck *Jubeljahr*, wie die obigen Bibelstellen ausweisen, auf eine Vorschrift im alttestamentlichen Gesetz zurückgeht, derzufolge alle sieben Jahre der im vorausgegangenen Zeitraum veräußerte Grund und Boden wieder den ursprünglichen Besitzern zufallen sollte. Heinrich Krauss (1993:107) äußert sich sehr vorsichtig hinsichtlich der sprachgeschichtlichen Herleitung:

> Das Wort kommt vermutlich vom Klang des Hornes (hebräisch *Jobel*), mit dem das Jahr eröffnet wurde. Luther übersetzte deshalb mit *Halljahr*, obwohl vielleicht auch die hebräischen Wörter *jabal* (= ‹als Gabe bringen›) oder *jebulk* (‹Ertrag des Landes›) zugrunde liegen. Die katholische Kirche kennt vom Papst ausgerufene *Jubeljahre* als Anlaß zu einer Pilgerfahrt nach Rom zwecks Ablaßgewinnung, zum ersten Mal im Jahre 1300.

Dieser vom Papst im Jahre 1300 (als Ablaßjahr) eingerichtete Brauch, der sich zunächst nur alle 100 Jahre wiederholen sollte, begegnet uns in folgenden Beispielen:

> Der märchenhafte Anblick von Geistlichen, welche lächelnd Geld wie Heu aufschaufelten, veranlaßte boshafte Ghibellinen zu behaupten, daß der Papst das *Jubeljahr* nur um des Geldgewinnes willen ausgeschrieben habe.
> (Ferdinand Gregorovius (1821–1891) –
> *Geschichte der Stadt Rom im Mittelalter* (1859–1872))

> Ich könnte erwidern, daß die Kirche, Papst und Klerisei, mit Ablaß, *Jubeljahr*, und auf wie andre Weise noch, Gelder zwar nicht gewalttätig erpressen, aber doch auch, wie manche Freigesinnte sagen, durch Mißbräuche und falsche Deutung an sich bringen. (Ludwig Tieck (1773–1853) – *Hexensabbat* (1832))

> Im Jahr 1300 hatte Papst Bonifatius VIII. das erste *Jubeljahr* ausgerufen. (*Die Welt 1998*)

> Erst waren es 50 Jahre, im 15. Jahrhundert verknappte Papst Paul II. die Wartezeit auf 25 Jahre, Johannes Paul II. schob auch noch 1983 ein *Jubeljahr* ein. (*Berliner Zeitung 1999*)

Einzig Jean Paul (1763–1825) spricht in seiner Schrift «*Museum*» (1813) von der *Jobelperiode;* und schon in seinem 1800–1803 veröffentlichten Roman «*Titan*» heißt es:

Die erste Namenerklärung, welche die *Jobelperiode* angeht, treff' ich schon bei dem Stifter der Periode, dem Superintendent *Franke*, an, der sie für eine von ihm erfundne Ära oder Zeitsumme von 152 *Zykeln* erklärt, deren jeder seine guten 49 tropischen Mondsonnenjahre in sich hält. Das Wort *Jobel* setzt der Superintendent voran, weil in jedem siebenten Jahre ein kleines, und in jedem siebenmal 7ten oder 49sten ein großes *Jobel-*, Schalt-, Erlaß-, Sabbats- oder Hall-Jahr anbrach, wo man ohne Schulden, ohne Säen und Arbeiten und ohne Knechtschaft lebte. Glücklich genug wend' ich, wie es scheint, diesen *Jobelnamen* auf meine historischen Kapitel an, welche den Geschäftsmann und die Geschäftsfrau in einem sanften Zykel voll Frei-, Sabbats-, Erlaß-, Hall- und *Jobelstunden* herumführen, worin beide nicht zu säen und zu bezahlen, sondern nur zu ernten und zu ruhen brauchen; denn ich bin der einzige, der als krummgeschlossener pflügender Fröner an dem Schreibtische steht und welcher Säemaschinen und Ehrenschulden und Handschellen vor und an sich sieht. – Die siebentausendvierhundertundachtundvierzig tropischen Mondsonnenjahre, die eine Frankesche *Jobelperiode* enthält, sind auch in meiner vorhanden, aber nur dramatisch, weil ich dem Leser in jedem Kapitel immer so viel Ideen – und diese sind ja das Längen- und Kubikmaß der Zeit – vertreiben werde, bis ihm die kurze Zeit so lang geworden, als das Kapitel verlangte.

Ein *Zykel* – welches der Gegenstand meiner zweiten Namenerklärung ist – braucht nun gar keine.

Die dritte Nominaldefinition hat die *obligaten Blätter zu* beschreiben, die ich in zwanglosen Heften in jeder *Jobelperiode* herausgebe.   (*Antrittsprogramm des Titans*)

Bei uns haben sich, wie allgemein bekannt, weder die in den oben genannten Bibel-Übersetzungen benutzten Ausdrücke *Halljahr*, *Erlaßjahr* noch *Jobeljahr* durchgesetzt, sondern *Jubeljahr* – vor allem, wenn mit der (in «*Trübners Deutschem Wörterbuch*» für 1703 erstmals verzeichneten) Wendung *alle Jubeljahr einmal* ein Ereignis bezeichnet werden soll, das nur selten, also ‹in größeren Zeitabständen› eintritt. In diesem Sinne wird das *Jubeljahr* beispielsweise in diesen Pressetexten verwendet:

Das Dateisystem, als jener Teil des Betriebssystems, der festlegt wie und wo der Computer welche Daten wie schnell speichern und wiederfinden kann, wird nur *alle Jubeljahre* neu organisiert.   (*Spiegel Online 2007*)

> Unter den Weinen, die sich normal Sterbliche etwas öfter als *alle Jubeljahre einmal* leisten können, stand der «Brut Premier» von Roederer eindeutig an der Spitze (39,95 Mark im KaDeWe).
> (*Berliner Zeitung 1998*)

> Und wenn *alle Jubeljahre einmal* den Eltern mit Kindern groß-zügig ein Sahneklecks auf der sonst kargen Kost zugestanden wird, dann – bitte schön – soll er kostenneutral sein.
> (*Tagesspiegel 1998*)

> Das holpert und stolpert, daß es nur so seine Art hat – gewiß, ein Original mit so viel Brio läßt sich nicht ohne Reibungsverlu-ste transferieren und kongeniale Übersetzungen glücken ge-rade bei Stendhal wohl nur *alle Jubeljahre einmal.*   (*taz 1988*)

Eine dritte Interpretation des Wortes *Jubeljahr* setzt dieses mit dem Wort *Jubiläum* gleich, z. B. in einer Pressemeldung, in der auf das Goethe-Jubiläumsjahr 1999 (anläßlich dessen 250. Geburtstags) an-gespielt wird:

> Gerade noch die Kurve gekriegt: Das *Jubeljahr* des deutschen Dichterfürsten No. 1 wäre fast verstrichen, ohne daß der Ehapa-Verlag den zweiten Teil seiner Goethe-Comic-Biographie ausge-liefert hätte.   (*Junge Welt 1999*)

Ganz ähnlich zeigt sich diese Bedeutung an einem weiteren Bei-spiel: Im Jahre 1998 jährte sich der Geburtstag (des 1956 verstorbe-nen) Bertolt Brechts zum einhundertsten Male. In einer Rückschau auf dieses Ereignis schrieb ein Jahr später die «Berliner Zeitung»:

> Aber 1998 war Brechts 100. *Jubeljahr,* und als solches hat es uns eine derartige Schwemme vom «Bilbao-Song» bis zum «Sura-baya-Johnny» beschert, daß man es einfach nicht mehr hören kann.   (*Berliner Zeitung 1999*)

Übrigens: Zum Mozart-*Jubeljahr* 2006 gab es einen bitterbösen Kommentar:

> Am Horizont dräut die rokokorote Mozart-Flut. Sie wird uns im *Jubeljahr* eine Ohrwurmplage bringen, gegen die man sich imp-fen sollte, ehe die Gehörgänge verkleben. Vor allem Mozarts Kleine Nachtmusik KV 525 kann gefährlich werden.
> (*Die Zeit 2005*)

Bei diesen Beispielen ist der Blick auf die Rezipienten der Werke des jeweils Geehrten gerichtet. Doch wie fühlt sich der Geehrte selbst, wenn er seiner Jubiläumsfeier beiwohnen darf? Ein von Lebenserfahrung strotzender Bericht Alfred Polgars (1873–1955) gibt die Antwort: «(…) solche Feier (…) schafft dem Geehrten Traurigkeit und Herzensnot, nicht nur, weil das Bewußtsein einer langen, dicken, kompakten Gewesenheit, zu dem er durch das Fest gebracht wird, schon an sich was Quälendes hat, sondern auch, weil das Zurückfallen aus dem Eintagsglanz wieder in das Alle-Tage-Dunkel sehr weh tun muß.» (*Verschiebung der Jubiläen nach vorn*)

Kapitel 4

Sinn und Unsinn

Gegen Verhohnepiepelung juristisch vorgehen?

Aus der «*Fackel*» von Karl Kraus sind diese beiden Stellen geläufig:

> Die Prominenten «*verhohnepipeln*» (wie sie sagen würden) das Burgtheater, dessen Doyen Herr Reimers ist. Durch Wochen wurden Spalten gefüllt bis zu diesem Abschluß.
>
> (F 838,82 (1930))

> Das grauslichste Wort das jetzt die talentverlassene deutsche Polemik hat, die sich selbst als *Verhohnepipeln*, Anpflaumen, durch den Kakao ziehen u. dgl. bezeichnet, ist: «meckern».
>
> (F 857,123 (1931))

Doch schon im Jahre 1913 erschien in Berlin unter dem Titel «*Die Brinkschulte*» ein Roman des Autors Joseph von Lauff (1855–1933). Im 21. Kapitel dieses Werkes findet sich folgende Schilderung:

> Blümchen stand auf und warf sich energisch in ihre Bluse hinein: «Aber er macht feine Gedichte, un er hat mir angedichtet, der Herr Emanuel Wimke.»
> «Weuß ich,» konstatierte Simmchen in seiner unerschütterlichen Ruhe, «er macht in schöne Gefühle. Aber was tu' ich mit die schönen Gedichte un die schönen Gefühle, wenn er einem damit balbiert den ehrlichen Namen herunter? Herr Wimke is ein pläsierlicher Mann, aber er hat mir *verhohnepiepelt* durch die Gewalt, als die Dreitzehners haben getrommelt in Dortmund un er mir fragte: Hat Ihnen das auch Ihr Vetter Zodik er-

zählt, wo is gelernter Kommis bei's reiche Haus Siegfried Gutmann in Dortmund? Nein – ich habe nich gerne die Menschen, die einen *verhohnepiepeln* mit die schönen Gefühle. Ich schmeiße sie von mir.»
Damit machte er eine Bewegung mit der rechten Hand über die Schulter, als müsse er ein Stück verdorbenes Fleisch in den Rinnstein werfen.

Joseph von Lauff, der es nach dem Gymnasiumsbesuch in Kalkar und Münster beim Militär bis zum Hauptmann gebracht hatte, wirkte von 1898 bis 1903 («einer persönlichen Aufforderung des Kaisers folgend») als Dramaturg am königlichen Theater in Wiesbaden, war später freier Schriftsteller und diente im Ersten Weltkrieg als Artillerieoffizier und Kriegsberichterstatter. Während ihn Wilhelm II. als bedeutendsten deutschen Bühnendichter schätzte und protegierte, verhöhnte – fast ist man geneigt zu sagen: *verhohnepiepelte* – ihn Karl Kraus als trivialen Gesinnungs- und kaiserlich-preußischen Hofdramatiker.

Noch heute ist das Verb *verhohnepipeln* (man kann es – wie Lauff zeigt – auch *verhohenepiepeln* schreiben) durchaus geläufig:

Noch im vergangenen Jahr hatte sich Gates auf der Bühne von dem spitzzüngigen Late-Night-Talker Conan O'Brian *verhohnepiepeln* lassen. Doch diesmal war es Microsoft ernst.
(*Der Stern Online 2006*)

Ohnehin ist es selten gerecht, derlei Denkmäler der Volksverständigung ständig zu *verhohnepipeln*.
(*Süddeutsche Zeitung 2002*)

«Ich wollte die doch nicht *verhohnepipeln*», sagt Schumann.
(*Tagesspiegel 2000*)

In der Tageszeitung «*Die Welt*» konnte man im Jahre 2001 sogar lesen: «Die Boulevardpresse hat geradezu einen Narren gefressen am *Verhohnepipeln*.» Fast noch beliebter scheint die *Verhohnepiepelung* zu sein:

Die Verschleuderung zu einem Preis von etwa 2500 Euro pro Wohnung sei eine *Verhohnepiepelung* der Mieter, die für eine solche Summe höchstens ein paar Quadratmeter erstehen könnten.
(*tagesspiegel.de 2003*)

Anstatt zu danken, überlegen die Konkurrenten derzeit, ob sie gegen die *taz* wegen Kolportage und *Verhohnepiepelung* juristisch vorgehen sollen. (*Die Zeit 2002*)

Aber ist «Kunst» mit seiner *Verhohnepiepelung* der abstrakten Malerei nicht zumindest antimodern? (*Die Welt 2001*)

Nun erinnerte ich mich kürzlich eines anrührenden Textes von Peter Altenberg (eigentlich Richard Engländer (1859–1911)). Der Bohemien Altenberg war seit 1890 Stammgast im Wiener Café Griensteidl, befreundete sich dort mit dem Kulturhistoriker Egon Friedell und traf mit Karl Kraus, Alfred Polgar, Arthur Schnitzler und anderen Autoren des Jungen Wien zusammen. Im Jahre 1911 veröffentlichte er in Berlin in seiner Sammlung «*Neues Altes*» diesen Text unter dem Titel «*Im Stadtpark*»:

Als Kinder saßen wir Abend für Abend mit unsern geliebten Eltern im Stadtpark, im Kursalon. Wir bekamen Eis und *Hohlhippen* und hatten keinerlei Sorgen. Der Vater geht nun seit Jahren nicht aus seinem bequemen Zimmer mehr heraus, und die Mutter nicht aus dem bequemen Totenschrein. Ich, glatzköpfig und sorgenvoll, komme nun in den Stadtpark, Kursalon, auf die Terrasse, an denselben Tisch, an welchem wir einst sorgenlos mit den geliebten Eltern saßen. Ich bestelle dasselbe Eis, Himbeerschokolade, wie als Kind, mit recht vielen und knisternden, also frischen *Hohlhippen*. Vor mir die Gartenbeete wie einst, ein bißchen bunter, origineller. Ich sehe Eltern mit ihren Kindern. Sie zanken und schelten. Unsre Eltern zankten und schalten nie, nie. Vielleicht war es schlecht, daß sie es nie taten, aber sie hatten Achtung vor ihren eigenen Erzeugnissen und Zuversicht! Wir haben sie enttäuscht; aber sie haben es hingenommen als Schicksal und Verhängnis. Wir haben ihre Tränen, die sie um uns weinten, nie gespürt – – –. Nun sitze ich, Glatzköpfiger, Sorgenvoller, wieder im Stadtpark, im Kursalon, auf der Terrasse, an demselben Tisch wie einst mit den geliebten Eltern, esse dieselbe Portion Himbeerschokolade wie einst, mit vielen knisternden, also frischen *Hohlhippen* – – –.

Das Wort *Hohlhippen*, das in dieser Passage dreimal vorkommt, hat mich seitdem nicht mehr losgelassen, zumal ich gehört hatte, daß die Wörter *Hohlhippe(n)* und *verhohnepipeln* etwas miteinander zu tun haben. Es interessierte mich, ob dies blühender Unsinn sei, ob mich also jemand *verhohnepipeln* wollte. Daher versuchte ich zu-

Das Bild «Der Nachtisch» (frz. «*Le dessert de gaufrettes*») des französischen Malers Lubin Baugin (~1610–1663) hängt im Louvre.

nächst zu klären, was *Hohlhippen* sind, konsultierte einige «*Informationen über Mehle und Backwaren*» und fand dort folgende fachkundige Erläuterung:

> *Hippen* werden aus einer dünn bereiteten Makronenmasse hergestellt, die aus einer Marzipanrohmasse, Mehl, Ei, bzw. Eiweiß, feinkörnigem Zucker und etwas Flüssigkeit zum Streichfähigmachen besteht. Auch Butter und Sahne, Vanille und Zitrone können zugesetzt werden. Es werden daraus Rollen (*Hohlhippen*), Blätter oder Späne hergestellt. Die Masse wird mittels Schablonen auf gewachste Bleche gestrichen oder einfach dünn aufgetragen und zwischen 175 und 200°C gebacken. Noch im heißen Zustand werden die Teilchen abgenommen und über Rundhölzer oder über Schillerlockenformen zu Tütchen geformt. Verständlicherweise muß dabei sehr flott gearbeitet werden, um Bruch zu vermeiden. Die fertigen *Hippen* halten sich im feinknusprigen Zustand wegen der Feuchtigkeitsempfindlichkeit nur kurze Zeit, etwa 24 Stunden, und müssen daher rasch weiterverarbeitet bzw. verpackt werden.

Nun konnte meine etymologische Suche weitergehen. Ich stieß auf folgende Aussage: «Da einiges auf dem Oktoberfest (ab jetzt nur noch ‹Wiesn›) für Nicht-Bayern kaum verständlich sein wird, wurde dieses Lexikon eingerichtet» – so heißt es im «*Wiesn-Lexikon*», das seit kurzem im Internet konsultiert werden kann (http://www.taxi-hofmann.de/bayrisch.htm.).

Zum Stichwort *frotzln* (v.) wird dort folgende – mit einem Beispiel gestützte – Definition angeboten: «ärgern, *verhohnepipeln*, z. B. ‹De hom ean so lang g'frotzlt, bis eam z'bled gwoan is.›» Doch woher, so fragte ich mich angesichts dieser Definition, kommt denn nun eigentlich das Wort *verhohnepi(e)peln*, dessen Bedeutung (‹frotzeln›, ‹verspotten›, ‹ins Lächerliche ziehen›) ja nun bekannt ist, zumal auch der Moderator einer Radiosendung des Westdeutschen Rundfunks vom 21. März 2000 das Wort in ähnlicher Weise benutzte: «Altkanzler Kohl nannte Angela Merkel schlicht ‹das Mädchen›, Politkabarettisten *verhohnepipeln* sie als ‹Zuckerpuppe aus der Schwarzgeldtruppe›.»

Die einschlägigen etymologischen Wörterbücher sind sich in modifizierter Form relativ einig in der Auffassung, das Wort sei aus thüringisch-obersächsischem *hohniepeln* oder *(ver)hohnepi(e)peln* (‹foppen, hänseln, verspotten›) herzuleiten. Diese Wörter seien wiederum unter volksetymologischer Anlehnung an *Hohn* aus den nicht mehr verstandenen frühneuhochdeutschen Bildungen *hohlhippeln* bzw. *hohlhippen* (‹verschmähen, lästern›; 16. Jahrhundert) hervorgegangen. Grundlage für diese Bildungen sei der frühneuhochdeutsche Ausdruck *hole Hip* (‹hohle Waffel›) gewesen. Die Bezeichnung *Hohlhipper* für den ‹hausierenden Verkäufer von Hohlhippen› habe später – möglicherweise auf Grund wechselseitiger Verspottung von Verkäufer und Kunden – im 16. Jahrhundert die Bedeutung ‹Lästerer› angenommen; analog zum Substantiv habe in der Folge dann auch das Verb die entsprechende Bedeutung bekommen.

Sie sehen, liebe Leser(innen): Die eingangs geäußerte Vermutung *verhohnepipeln* und *Hohlhippen* hätten etwas miteinander zu tun, war keineswegs blühender Unsinn!

Ein Synonym zu *verhohnepi(e)peln* ist das Verb *vergackeiern*. Die «*Gesellschaft für deutsche Sprache*» (GfdS) gibt auf einer Internetseite eine erschöpfende Antwort auf die Frage, wie es eigentlich zum Ausdruck *vergackeiern* kommt und äußert sich dazu, woher die Verbindung zu *Ei* rührt (vgl. http://www.gfds.de/index.php?id =170):

Dieses Wort ist zwar schon seit einiger Zeit, mindestens seit 1900, im Deutschen bekannt und wird im Sinne von ‹veralbern, verulken, einen Streich spielen› öfter gebraucht. In vielen Wörterbüchern, auch Dialektwörterbüchern, wird es auch mit der genannten Bedeutung verzeichnet, doch wird keine nähere Erläuterung gegeben.

Das *Große Wörterbuch der deutschen Sprache* (Dudenverlag 1999) stellt immerhin den Bezug zum volkstümlichen Hauptwort *Gackei* her. Hier dürfte auch die Wurzel der Entstehung von *vergackeiern* liegen. Das Gackern des Huhns, und besonders nach dem Legen der Eier sollen die Hühner ja sich durch eifriges Gackern bemerkbar machen, wird in der Wortschöpfung *Gackei* verdeutlicht, und auch Erwachsene sprechen Kindern gegenüber tatsächlich oft vom *Gackei* (= Ei). *Gackei* wird schon im *Deutschen Wörterbuch* der Brüder Grimm mit dem Gackern der Hühner in Verbindung gebracht. J. Chr. Adelung vermerkt um 1800 in seinem *Grammatisch-kritischen Wörterbuch der hochdeutschen Mundart*: «(...) so wie gackern im gemeinen Leben, von dem Geschreye der Hühner gebraucht wird, besonders wenn sie Eyer gelegt haben». In einem seiner *Volksmärchen* (*Ulrich mit dem Bühel*) läßt J. K. A. Musäus «eine Henne gackern, die ihr frisch gelegtes Ei laut rezensierte».

Eine nicht sicher bestätigte, doch plausible Deutung bringt Heinz Küpper in seinem *Illustrierten Lexikon der deutschen Umgangssprache* (Band 8, 1984): «vergackeiern (...) jemanden verulken; dem Lehrer einen Streich spielen. Hergenommen vom Huhn, das gackert, ohne ein Ei gelegt zu haben; weiterentwikkelt zur Bedeutung ‹irreführen›.» Wird jemand also *vergackeiert*, dann wird ihm etwas vorgespielt, dann wird Wirklichkeit nur vorgetäuscht.

Ein anderer Sprachvergleich, auch dem landwirtschaftlichen Leben, der Schafschur, entnommen und in der Bedeutung nicht sehr viel anders gelagert, ist ja: *Viel Geschrei und wenig Wolle.* Doch auch zum *Eierlegen* gibt es im traditionellen Sprichwortschatz prägnante Beispiele (siehe K. F. W. Wanders *Deutsches Sprichwörterlexikon*, Erster Band, 1867): *Das Gackern der Hühner leidet man um der Eier willen*; *Gackere du, die Hühner legen die Eier*; *Viel Gackerns und wenig Eier* – und (...), dazu übertragen gebraucht: *Er kann keine Eier legen, aber er gackert viel.*

Auch *vergackeiern* wird in der Tagespresse gern verwendet, zumeist freilich in Zitaten gesprochener Sprache:

> Neben *Lichtblick* vermelden derzeit auch andere bundesweit agierende Ökostromanbieter eine wachsende Nachfrage aus dem norddeutschen Raum. So registrierten die Elektrizitätswerke Schönau (EWS) «einen auffallenden Zulauf» von Kunden, die ihren Strom zuvor von Vattenfall bezogen hätten, sagte eine Sprecherin. Sie könne aber nicht genau sagen, ob dafür «die Störfälle in den Atomkraftwerken, die ungeschickte häppchenweise Kommunikation darüber oder die Strompreiserhöhung» verantwortlich sei. Klar sei aber: «Die Leute lassen sich nicht *vergackeiern*.» (*Die Welt Online* 2007)

> Helga kann sick jümmer noch nich wedder inkriegen. «Düt Modell is mit Herausfallschutz utrüst, un 'n Moskitonetz is ook dorbi. Butendem hett dat een klappbares Trittbrett und 'n leicht zusammenlegbares Alu-Fahrgestell.» Nur harr ick de Nees vull. «Wullt du mi *vergackeiern* oder hebbt se di anscheten?» (*Hamburger Abendblatt 2006*)

Schon bei Goethe heißt es in «*Faust I*»: «Wir sind gewohnt, daß die Menschen verhöhnen/was sie nicht verstehen (…)»

Vom Treppenwitz zum Treppen-Glück

Der Historiker Paul F. Boller, Jr. und der Politologe John George lehren an der Texas Christian University in Fort Worth bzw. der Central State University in Edmond/Oklahoma und sind die Verfasser eines sensationellen Buches, das 1989 in New York erschien. Es trägt den Titel «*They never said it!*» («Sie haben es nie gesagt!»), klärt über irrtümliche Zuordnungen zu bestimmten Autoren auf und verweist damit viele liebgewonnene Vorstellungen in den Ascheimer der Geschichte, indem es Hunderte von literarischen und politischen Äußerungen als Fehlzitate, Erfindungen und dabei teilweise als böswillige Verleumdungen entlarvt. Dabei ist es den Verfassern, wie sie in ihrem Vorwort betonen, unter anderem auch ein besonderes Anliegen, angeblich antikatholische und antisemitische Äußerungen Benjamin Franklins als Fälschungen zu entlarven, die von deutscher Nazipropaganda ebenso wie von neonazistischen Kreisen in den USA schamlos ausgenutzt wurden.

Die Amerikaner Boller und George waren jedoch nicht die ersten investigativen Entzauberer falscher Zitate. Schon vor weit mehr als einem Jahrhundert, im Jahre 1882, erschien in Berlin im Verlag der Haude- und Spenerschen Buchhandlung ein unscheinbares Bändchen. Sein Titel, «*Der Treppenwitz der Weltgeschichte*», war dem französischen Wort *esprit d'escalier* nachempfunden und ist inzwischen in der deutschen Sprache heimisch und, ähnlich wie Büchmanns (1822–1884) «*Geflügelte Worte*», zu einem festen Begriff geworden.

Das Wort *Treppenwitz* ist etwa seit den 50er Jahren des 19. Jahrhunderts belegt und als scherzhaft-ironische Bezeichnung der Nachgedanken zu deuten, die einem erst auf der Treppe, also zu spät einfallen. So schrieb der Dramatiker, Erzähler und Journalist Karl Ferdinand Gutzkow (1811–1878) im zweiten Band seines dreibändigen Werkes «*Lebensbilder*» (1870:66): «Auf den Treppen der Berliner Universität lernte ich zum erstenmal *Treppenwitz* kennen.» Analog bildete man um 1880 das Wort *Treppenverstand* – Friedrich Nietzsche hatte 1879 in seinem Werk «*Menschliches, Allzumenschliches II*» sogar vom *Treppen-Glück* gesprochen:

> (...) Wie der Witz mancher Menschen nicht mit der Gelegenheit gleichen Schritt hält, so daß die Gelegenheit schon durch die Türe hindurch ist, während der Witz noch auf der Treppe steht: so gibt es bei anderen eine Art von *Treppen-Glück*, welches zu langsam läuft, um der schnellfüßigen Zeit immer zur Seite zu sein: das Beste, was sie von einem Erlebnis, einer ganzen Lebensstrecke zu genießen bekommen, fällt ihnen erst lange Zeit hinterher zu, oft nur als ein schwacher, gewürzter Duft, welcher Sehnsucht erweckt und Trauer – als ob es möglich gewesen wäre – irgendwann – in diesem Element sich recht satt zu trinken: nun aber ist es zu spät. (*Meinungen und Sprüche*, Nr. 352)

Heute begegnet uns, wie die nachfolgenden Belege zeigen, das Wort *Treppenwitz* zumeist, aber keineswegs ausschließlich, in historischen Bezügen. Zuweilen wird es, weil sich manche Journalisten des Wortursprungs offenbar nicht bewußt sind, lapidar im Sinne eines ‹kräftigen Witzes› verwendet.

> «Das wäre ein Treppenwitz der Geschichte, wenn ein Mohammedaner das Geburtshaus des Heiligen Vaters besäße», klagte

Helmut Brossmann, der Manager der Kastelruther Spatzen, der im Bieterwettbewerb mitmischt. (*Focus Online 2005*)

In Österreich regiert eine Koalition, die, ein *Treppenwitz* in der Nachkriegsgeschichte, vom örtlichen Bundespräsidenten nur ins Amt gelassen wurde, nachdem sie schriftlich ihre Verfassungstreue erklärt hatte. (*Die Zeit 2002*)

Daß das etwas anderes als ein besserer *Treppenwitz* war, das Effenberg'sche Engagement beim VfL Wolfsburg, dem Synonym für Langweile, Unauffälligkeit, Unscheinbarkeit, hatten ernsthaft allenfalls die Verantwortlichen des VW-gestützten Clubs gedacht. (*Spiegel Online 2003*)

Das auch für volljährige junge Schläger häufig angewandte Jugendstrafrecht hält der Migrationsforscher Klaus J. Bade für einen «Treppenwitz». (*AZ-web.de 2008*)

Daß das, was das Fassungsvermögen des Menschen sprengt, ganze 35 Minuten dauert, ist der *Treppenwitz* dieses faszinierenden Films. (*Die Welt 2000*)

William Lewis Hertslet hat die Wortverbindung im Titel seines Werkes «*Der Treppenwitz der Weltgeschichte*» – so vermutet Otto Ladendorf (1906:315) – einer älteren Wendung nachgebildet, die im «*Kladderadatsch*» (1863:162), jener überaus einflußreichen politisch-satirischen Wochenzeitschrift, die von 1848 bis 1944 erschien, zu lesen war, und zwar in der letzten Zeile eines dort unter dem Titel «*Es ist vollbracht!*» abgedruckten Gedichts:

Es ist vollbracht! Die Acten sind geschlossen,
Und ausgestorben ist der Römersaal;
Die Fürsten zogen fort auf Dampfesrossen,
Beladen mit – «schätzbarem Material».
Schätzbares Material! Und ihm entsprossen
Soll Deutschlands Einheit, Deutschland Glück zumal!
Wie muß die deutsche Erde sich verjüngen,
Wenn wir mit solchem Material sie – düngen!

Sie hatten sich zu hehrem Werk versammelt –
O große Zeit, o heitre Gegenwart. –
Doch drang, da sie die Thore fest verrammelt,
Kein Wort ins Volk, das draußen stumm geharrt.
Was Baiern sprach und Hessen hat gestammelt,
Was Lippe schweig und Mecklenburg geschnarrt,

Wer von den Herrn wach blieb, und wer geschlafen –
Darüber schweigen, ach! die Stenographen.

Kein Sänger meldet uns mit goldnen Harfen,
Wer Sieger in dem Ritterspiele sei;
Wie heißen, die geschickt die Lanzen werfen?
Wer traf ins Schwarze, und wer warf vorbei?
Wer legte einen Speer nur, einen scharfen,
Fürs deutsche Volk ein in dem Wort-Turnei?
War's Coburgs Herr, der stets zum Kampf bereit? –
Auch davon schweigt des Sängers Höflichkeit.

Was sagte Schwaben? Hat's zu Deutschlands Wohle
Entsagt nur einem Titelchen der Macht?
Hat Baiern nicht mehr an Großmacht-Idole,
Hat Sachsen an sich selber nur gedacht?
Wie viel von seiner Herrschaft Monopole
Hat Greiz als Opfer willig dargebracht?
Wo sind die Gaben, die des Bundes Glieder
Auf dem Altare Deutschlands legten nieder?

War's Baden nur, das den erlauchten Vettern
Sich abgewandt? Und was, was that es dann,
Daß seine Thaten ich mit goldnen Lettern
In der Geschichte Buch verzeichnen kann? –
Langweilig Werk, dies Buch einst zu durchblättern,
Drin jedes Blatt uns traurig meldet an:
Die Fürsten wollten Deutschland neu gestalten;
Sie kamen, gingen und – es blieb beim Alten!

Es bleibt beim Alten! Nur die Formen ändern,
Historisch bleibt nur «Bœuf du Römerberg»;
Und an der künft'gen Weltgeschichte Rändern
Steht ‹Anno Dreiundsechzig› der Vermerk:
Es schritten kühn die Herrn von dreißig Ländern
Mit Oesterreich ans große Ein'gungswerk;
Doch war dies Werk, noch eh' es trat zum Lichte,
Verfallen – dem *Humor der Weltgeschichte*.

Wer war Hertslet? Er wurde am 21. November 1839 als Sohn des englischen Konsuls und Großkaufmanns William John Hertslet in Memel geboren. Im elterlichen Exportgeschäft und später in London erwarb er sich nach dem Abitur und einer kaufmännischen Ausbildung die Grundlagen für sein Berliner Bankgeschäft. Zugleich trat er als Finanzjournalist in der Berliner Tagespresse hervor und war aufgrund seiner Kenntnis mehrerer Fremdsprachen sowie seiner autodidaktisch erworbenen literarischen und politischen Bildung ein emsiger Mitarbeiter an Georg Büchmanns «*Geflügelten Worten*». Bis zu seinem frühen Tode am 2. Mai 1898 waren von Hertslets Werk drei Auflagen erschienen. In der Vorrede zur dritten Auflage, die im Jahre 1886 herauskam, betonte der Verfasser:

> (…) (D)ie *Treppenwitze der Weltgeschichte* werden nach wie vor erzählt, sie werden von Leuten, die nicht viel Zeit zu lesen haben, nach wie vor geglaubt werden, nicht weil sie wahr sind, sondern weil sie so gut sind, aber dem tiefer Blickenden wird es interessant sein zu beachten, nach welchem Gesetz sie sich bilden und wie sie in dem einförmigen Saatfeld der Geschichte in schillernden Farben erblühn. Wenn ich nur das Eine erreicht habe, daß man nicht mehr sagt ‹diese Anekdote ist wahrscheinlich historisch, denn sie ist sehr charakteristisch›, bin ich wohl zufrieden.

Ganz im Sinne Hertslets ist das Buch über den «*Treppenwitz*» immer aufs Neue überprüft, ausgestaltet und auf den Stand der jeweiligen Forschung gebracht worden. Vor mir liegt die im Jahre 1997 im Ullstein-Verlag vom Büchmann-Bearbeiter Winfried Hofmann besorgte 7. Auflage der 13. Neubearbeitung (1984). Schon der Waschzettel warnt:

> Skepsis ist angebracht gegenüber den geistreichen Aussprüchen großer Männer und den Geschichten über ihre Schlagfertigkeit und Geistesgegenwart; gegenüber jenen Menschen, die auf dem Sterbebett noch die Kraft besitzen, mit einem tiefsinnigen Bonmot aus dem Leben zu gehen. Verdächtig sind sie alle, die in Schlachten gehörten Ausrufe, die erfüllten Prophezeiungen und die Historiengemälde.

Diese Ausgabe enthält Treppenwitze aus dem Alten Orient, dem Goldenen Zeitalter, der griechischen und römischen Antike, solche der Osmanen, Deutschen, Briten, Franzosen, Italiener, Spanier, Schweden, Portugiesen und Slawen. Bei den Slawen wird bezüglich einer bestimmten Wendung endlich mit dem Unsinn aufgeräumt, der in jedem mir bekannten Nachschlagewerk über Redensarten, selbst in dem ansonsten recht zuverlässigen «*Duden*» (Band 11:1992) und im Werk von Klaus Müller (1994), ohne hinreichenden Vorbehalt zumindest als Vermutung kolportiert wird: Ich spreche von den *Potemkinschen Dörfern*, mit denen gemeinhin eine ‹grobe Täuschung durch Vorspiegelung falscher Tatsachen› bezeichnet wird. Bei Hertslet wird klar Stellung bezogen:

> Fürst Grigorij Alexandrowitsch Potemkin (1739–1791), der Günstling Katharinas der Großen, siedelte russische und fremde Bauern und Bürger im Schwarzmeergebiet an, gründete u. a. die Städte Cherson, Jekaterinoslaw, Nikolajew und die Häfen Sebastopol und Feodosia und schuf die russische Schwarzmeerflotte. Über die Reise Katharinas durch das von Potemkin kolonisierte Land, namentlich durch die Krim (1787), haben als Gäste der Kaiserin berichtet der französische Gesandte Graf L. Ph. Ségur, Fürst K. J. Ligne, Prinz Karl von Nassau-Siegen u. a.; hinzu kommen die Briefe der Kaiserin selbst. In keinem dieser Briefe ist von gemalten *Potemkinschen Dörfern* und sonstigen großartigen Täuschungen die Rede. Wohl aber erfuhr man schon während der Reise, daß solche Gerüchte in Petersburg erzählt wurden von Leuten, die, wie Ligne meint, sich darüber ärgerten, daß sie nicht mitgenommen worden waren. In die wissenschaftliche Welt ist dieser Klatsch eingeführt worden durch die von dem sächsischen Residenten Essen in Petersburg verfaßte Lebensbeschreibung Potemkins. Dieses Werk und die ebenso haltlosen Gesandtschaftsberichte Essens sind von vielen Schriftstellern als zuverlässige Quellen angesehen worden. (S. 348 f.)

Jean Paul erwähnte 1822 («*Der Komet*» 3,59) «… *jene gemalten bloßen Dorf-Façaden Potemkins*», doch das Mißverständnis ist nicht nur in der deutschen Literatur kolportiert worden, es findet sich bis heute in politischen Kommentaren von Tages- und Wochenzeitungen.

Erstaunlich ist, daß selbst im «*Neuen Büchmann*» (1994:464) trotz dieser klaren Stellungnahme Hertslets immer noch steht: «Inwieweit die ‹*Potemkinschen Dörfer*› wirklich nur aus Fassaden bestanden oder ob sie eventuell nur mißgünstige Verleumdungen von politischen Gegnern waren, darüber streiten die Gelehrten.» Ist der «*Neue Büchmann*» in seinen Erkenntnissen also doch nicht ganz so neu? Auch in der von Winfried Hofmann besorgten 40. Auflage der «*Geflügelten Worte*» (1995) wird allerdings vermerkt, dem Hertsletschen Skeptizismus stünden die Berichte der Zeitgenossen gegenüber.

In Karl Kraus' «*Fackel*» werden nicht allein historische Treppen-witze beklagt, sondern auch solche, die für den Rezensenten 1925 im Rahmen einer «*Würdigung des neuzeitlichen Theaterbetrugs*» erwähnenswert scheinen: «So konjunkturhaft und den Evolutionen einer Herrenhutmode gemäß vollzieht sich die Entwicklung des Wesenlosen, daß für den Schwindel, den der Tag braucht, nicht ein-mal mehr das Gedächtnis die Verantwortung übernimmt und daß denjenigen, welche für ihre Dogmen das Opfer unseres Intellekts gefordert haben, das uns doch schwerer fiel als ihnen das des ihren, der Hochverrat an diesen Dogmen nicht mehr zum Bewußtsein kommt und nicht einmal als *Treppenwitz* einfällt.» (F 686,43)

Höh'rer Blödsinn – frei vom Urgesetz der Schwere

Heinrich Federer (1866–1928), bekanntester Autor der katholi-schen Schweiz, veröffentlichte 1913 den Roman «*Jungfer Therese*». Darin heißt es an einer Stelle:

> Johannes vermeinte unter den Tisch zu sinken, als nun Dr. Otto eine Anzahl der saftigsten Sprüche aus dem Leitartikel vor-las. Und jedesmal, wenn nach dem Satz der Chorus brummte: *Höherer Blödsinn*! oder: Ist er bei Verstand? oder: Der redet ja wie einer, der noch naß ist hinter den Ohren! – dann wurde es ihm finster vor den Augen.

Und beim von Karl Kraus so geschätzten österreichischen Schrift-steller Ferdinand Kürnberger kann man in dessen Erzählung «*Heim-licher Reichtum*» (1857) lesen: «Wer sollte denken, daß zwischen Thymian und Waldmeister ein so *blühender Unsinn* blühen kann!»
Ich lege die Bücher beiseite und frage mich: Haben wir an den zitierten Stellen bei den Formeln *höherer Blödsinn* und *blühender Unsinn* dichterische Freiheit zu konzedieren oder handelt es sich um umgangssprachlich akzeptable Wortverbindungen?
Das Substantiv *Unsinn* kollokiert mit vielfältigen Adjektiven: man hört und liest z. B.: *absoluter Unsinn, ausgemachter Unsinn, blanker Unsinn, barer Unsinn, grober Unsinn, glatter Unsinn, hane-büchener Unsinn, himmelschreiender Unsinn, hirnverbrannter Un-sinn, horrender Unsinn, kompletter Unsinn, purer Unsinn, reiner Unsinn, schlichter Unsinn, schrecklicher Unsinn, totaler Unsinn, völliger Unsinn, vollkommener Unsinn* usw.

Eine in der deutschsprachigen Presseberichterstattung ganz besonders beliebte Steigerungsform scheint in der Tat, wie die nachfolgenden Beispiele zeigen, die Form des *blühenden Unsinns* zu sein:

> Was dem Kritiker als steinerne Wahrheit erscheint, ist aus der Sicht des Kritisierten oft genug *blühender Unsinn*. Bereits diese Gedanken zeigen, daß im Umgang mit Kritik Lebenskunst unerläßlich ist. (*Sueddeutsche.de 2007*)

> Ohne die Hartnäckigkeit der Medien wäre an der Altreform nicht gerüttelt worden. Ihr zum Teil *blühender Unsinn* wäre auf immer Gesetz geblieben. Und unsere Sprache wäre von einem Regelwerk eingezwängt worden, das nur schwer zu begreifen ist und damit beim Schreiben kaum fehlerfrei anzuwenden war. (*Die Welt Online 2006*)

> Helmut Kohl ist übrigens dem Eindruck entgegengetreten, er wolle gestaltend in den Wahlkampf eingreifen: «Alles *blühender Unsinn.*» (*Die Welt 2001*)

> Das Album war weder ein «wildes Stück Rockmusik» (Pop) noch «*blühender Unsinn*» (Funk-Uhr), sondern eine raffinierte Mischung aus Schlager und Rock, die sich in Deutschland über eine halbe Million Mal verkaufte. (*Systhema Rockmusiklexikon 1999*)

> Rohrmoser: Es tut mir leid, aber solch ein *blühender Unsinn* aus dem Munde eines führenden CDU-Politikers ist mir selten begegnet. (*Junge Freiheit 1999*)

> Aber dennoch ist es *blühender Unsinn*, das politische System dafür zu beschuldigen. (*Berliner Zeitung 1997*)

Semantisch abzusetzen vom *blühenden Unsinn* ist offenbar – besonders im Zeitalter der sogenannten *Comedy*-Unterhaltung – der *höhere Unsinn*, erst recht der *höhere Blödsinn*. Für den *höheren Unsinn* lassen sich in Tages- und Wochenzeitungen mühelos Belege finden:

> *Höherer Unsinn* ist nun einmal eine Kunst, die nur wenige tadellos beherrschen. (*Berliner Zeitung 2000*)

> Dabei mißachtet sie die herkömmliche Dramaturgie der einschmeichelnden oder provokanten Befragung und verwickelt statt dessen den Gast in zwischen *höherem Unsinn*, schräger Show und Nonsens changierende Arrangements. (*Die Zeit 1999*)

Der *höhere Blödsinn* wird allerdings noch wesentlich häufiger sprachlich benannt – meistens, wenn auch nicht ausschließlich – im Zusammenhang mit künstlerischen Darbietungen. Das Adjektiv scheint bei dieser Kombination keine reine Steigerungsform zu bezeichnen, sondern soll offenbar in vielen Fällen das Element des bewußt Witzigen im Blick auf Inhalt oder Form des charakterisierten Bereichs hervorheben.

Die famosen Geschwister Pfister bei den Fliegenden Bauten: Armutness und Richenheit, Poesie und *höherer Blödsinn.*
(*Die Welt 2001*)

«*Die Fledermaus*» entzückt uns, weil sie *höherer Blödsinn* ist und weil sie unappetitliche Sachverhalte auf appetitliche Weise anspricht respektive ansingt, und man weiß trotzdem, wie gemein es gemeint ist. (*Berliner Zeitung 1997*)

Damit ist viel über «Grand Brie» gesagt: professioneller, sympathischer *höherer Blödsinn*. (*Berliner Zeitung 1995*)

Die Sparte Humor, Unterabteilung *höherer Blödsinn*, war bei ihren Landsleuten, der Gruppe «Green Ginger», in besten Händen. (*Stuttgarter Zeitung 1996*)

Ist es also *höherer Blödsinn* aus dem Arsenal des Volksvermögens? (*Stuttgarter Zeitung 1995*)

Die Ansicht, das Krangummistrapsenvieh sei *höherer Blödsinn*, konnte er nicht äußern. (*Sueddeutsche.de 2003*)

So nutzen auch die Anhänger der beiden Pokalfinalisten Schalke 04 und Union Berlin dieses Medium, um Meinungen, Nachrichten, Klatsch, Gerüchte oder auch *höheren Blödsinn* zu verbreiten. (*Die Welt 2001*)

Eher von Ironie und Sarkasmus zeugen allerdings die Verwendungsweisen der sprachlichen Formel bei folgenden Presseausschnitten:

Ferner haben die deutschen Besucher mit ihren Gastgebern mindestens viermal eine Beteiligung am WM-Endspiel vereinbart: Nun freut man sich in Paraguay, Ecuador, Argentinien und Brasilien auf das Finale am 9. Juli gegen Deutschland – in den meisten zuvor besuchten Ländern allerdings ebenso, denn die Schmeichelei mit der Finalteilnahme ist quasi ein Pflichtteil. Wobei Beckenbauer am Freitag in Brasilien sogar schon den Ausgang der Partie geweissagt hat: 4:4 nach 90 Minuten.

Solch *höherer Blödsinn* ist zwingender Bestandteil dieser Staatsvisiten, deren Aufnahme ins diplomatische Standardprogramm der Bundesregierung dringend erwogen werden sollte. Wann genießen deutsche Staatsleute auf ihren Reisen so viel Aufmerksamkeit und gute Presse, wie sie nun Beckenbauer und seinen Mitstreitern widerfährt? Dieser Tage in Argentinien etwa: Das Renommierblatt *La Nacion* berichtete auf zwei Doppelseiten, druckte den kompletten Reiseplan und pries die «revolutionäre Idee». (*Sueddeutsche.de 2006*)

«Die Null muß stehen» und anderer *höherer Blödsinn* soll die Sehnsucht nach dem Numinosen verschämt kaschieren.
(*Die Zeit 2001*)

Schwäbisch läßt sich, wenn überhaupt, dann nur als *höherer Blödsinn* goutieren, als gespreizte Nonsenspoesie, als amoklaufende Faselei. (*Süddeutsche Zeitung 1995*)

Daß die USA diesen Krieg führen, weil die Interessen ihrer Ölfirmen in Zentralasien angeblich Unruhe auf dem Balkan voraussetzen, zählt eindeutig zur Kategorie *höherer Blödsinn*.
(*Junge Freiheit 1999*)

Ihre Verwendungshäufigkeit bei Journalisten namhafter Gazetten verführt dazu, den Ausdrücken *blühender Unsinn* und *höherer Blödsinn* einmal kritisch nachzuspüren und dabei die Frage aufzuwerfen, wer sie denn eigentlich geprägt hat.

Im ersten Fall führt die Spur zu einer älteren Publikation: «*Deutsches Lesebuch. Eine Auswahl zweckmäßiger Lesestücke zur Übung im richtigen und schönen Vortrag und zum Unterricht in der deutschen Sprache. Zunächst für die obere Classe der Vorschule und die Handelsschule zu Bremen*». Der zweite Teil dieses Lesebuchs ist in Bremen im Jahre 1837 als «*vierte sorgfältig durchgesehene und vermehrte Auflage*» erschienen. Auf Seite 200 f. hat sich darin ein gewisser Johann Georg Friedrich Messerschmidt (1776–1832) – zu Radeberg bei Dresden geboren und später als Professor am Gymnasium in Altenburg tätig – mit diesem Gedicht verewigt:

Wenn Apoll, der wildeste der Götter,
Mir erscheint in mildem Donnerwetter,
Ach, so seufzt die Muse fürchterlich;
Majestätisch rasen Elegien,
Wehmuthvolle Dithyramben sprühen
Ihren zarten Rosengift um mich.

Wie der Bär mit leisem Geisterschritte
In der dräuenden Kaninchen Mitte
Furchtsam hüpft und zärtlich brüllend ächzt,
Freund, so tanz' ich auf der Spiegelwelle
Einer Sandbank, wenn das Hundsgebelle
Meiner stillen Muse mich umkrächzt.

Der Begeisterung matte Flüche wogen
Auf zum Throne (...) gleich dem Regenbogen,
Dessen Feuer uns unsichtbar brennt;
Blinder Sonnengott, dich segn' ich grimmig,
Steine folgen dir, wenn tausendstimmig
Dich die Wüste ihren Phöbus nennt.

Wenn die Mitternacht, von deinem Strahle
Neu vergoldet, sich im Blüthenthale
Abgestorbner Zeitenfluthen wiegt,
Freund, mit lieblich wüthendem Kothurne
Steh' ich, zitternd, dann vor meiner Urne,
Die im Strahlennebel vor mir liegt.

Aber an der Zukunft Sarkophage
Donnert süß der Hoffnung Jubelklage,
wenn der Todte rüstig sich ermannt;
Wenn er in das kalte Leben springet,
Glücklich in dem Unglück, die besinget,
Die nach kurzer Flucht ihn endlich fand.

Glücklich, glücklich, du hast sie gefunden,
Hast sie rings mit Sprößlingen umwunden,
Die, berauscht, um deine Krone wehn!
Lebe wohl, im grausen Sternendunkel
Muß ich (...) ein erblindender Karfunkel (...)
Leuchtend, unter Riesenzwergen stehn.

Messerschmidt verlieh seinem Kunstwerk die Überschrift «*Blühender Unsinn*» – und damit war offenbar dieser Ausdruck geboren.

Der zweite Fall scheint auf den ersten Blick ziemlich klar zu sein, glaubt doch jeder von uns zu wissen, was *Blödsinn* ist. Gerade der *sprachliche Blödsinn* ist uns u. a. durch das einschlägige Gedicht des Schweizer Autors Hans Manz (1991:283) vertraut:

Der Schabernack
schabt sich den Nacken.
Das Zickzack
zickt den scharfen Zacken.

Der Pumper
und der Nickel nicken.
Den Schnickschnack
hört man schnack- und schnicken.
Und alle schrein:
Trari trara,
wir lieben das Allotria.

Hier wird poetisch gekonnt demonstriert, was geistvoller, eben *höherer Blödsinn* ist. Damit ist aber immer noch nicht die Frage beantwortet, woher eigentlich der *Ausdruck* stammt. Er hat sich offenbar Anfang der 50er Jahre des 19. Jahrhunderts herausgebildet. In einem Artikel der «*Jahrbücher für Wissenschaft und Kunst*» (Leipzig 1854), der wahrscheinlich vom Herausgeber dieser Jahrbücher, Otto Wigand (1795–1870), verfaßt war, ist vom *höheren Blödsinn* die Rede, um selbstgefällige und übertriebene Anpreisungen kritisch zu beleuchten:

> Wir meinen die Gesellschafts-Schwindel im lieben deutschen Vaterland: temporäre Gefühlsausschwitzungen en gros; Geblütswallungen, die bis zu gelinder Raserei gehen, wenigstens auf dem Niveau des *höheren Blödsinns* stehen.

Nur fünf Jahre später erwähnte der Literarhistoriker Robert Prutz (1816–1872), ein liberal-oppositioneller Publizist, Lyriker und Romancier, in seinem Werk «*Die deutsche Literatur der Gegenwart*» ausdrücklich «jene neuesten Berliner Possen, in denen der höhere Blödsinn seine unverschämten Purzelbäume schlägt (...)» (1859, II:276). Und rund zwanzig Jahre nach Wigands Wortschöpfung «pflanzte» der Lyriker und Satiriker Ludwig Eichrodt (1827–1892) sein Werk «*Hortus deliciarum für deutschen Humor*» (1877–1879), in dem sich bemerkenswerterweise ein Lied mit dem Titel «*An den höheren Blödsinn*» findet (vgl. «*Vierter Spaziergang*», S. 26):

> Schön sind Schulen *höh'rer* Töchter
> Und die *höh're* Rechenkunst,
> Schön die *höh're* Kunst der Fechter,
> *Höh'rer* Mimik Zauberkunst,
> Schön die *höhere* Karriere –
> *Höher* als sie alle noch,
> Frei vom Urgesetz der Schwere
> Schwebst du, *höh'rer Blödsinn*, doch!

Kapitel 5

Emotionen

Eifersucht: Keine Sau hält das aus!

Kürzlich stieß ich auf diesen vielsagenden Aphorismus: «Eifersucht beruht auf dem Irrtum, die Beziehung zweier Menschen zueinander sei kopierbar.» (Gottfried Edel (geb. 1929), *Mehr Tierliebe für die Menschen*, 1964)

Zweifellos gehört die Eifersucht zu den negativen Gefühlen im Umkreis der Liebe. Die Online-Seite *stern.de* überschrieb im September 2007 einen Bericht: *Eifersucht: Steinzeit im Bauch*. Die Medien berichten nahezu täglich über Eifersuchtsdramen und geben kluge Kommentare ab. Vier Beispiele:

> Touristinnen aus *Eifersucht* gesteinigt: Zwei junge Italienerinnen sind bei einem Urlaub auf den Kapverdischen Inseln zum Opfer eines *Eifersuchtsdramas* geworden.
> (*Focus Online 2007*)

> Jacques Lacan hat einmal bemerkt, daß selbst dann, wenn alles stimmt, was ein eifersüchtiger Ehemann über seine untreue Frau behauptet, die *Eifersucht* noch immer ein pathologischer Fall bleibe.　　　　　　　　　　(*tagesspiegel.de 2003*)

> Erstaunlich und typisch weiblich: Da studieren sie über 25 Jahre lang gemeinsam intelligente Bücher und esoterische Lehren, suchen die innere Schönheit und Liebe, und trotzdem hakt alles an der *Eifersucht* und dem cellulitisfreien Po der anderen.
> (*tagesspiegel.de 2003*)

> Die alten Sehnsüchte nach freier Liebe, nach Sex mit mehr als einer (oder einem), nach Promiskuität ohne *Eifersucht*, zur Not auch mit, sind sie ganz begraben? (*tagesspiegel.de 2003*)

In allen Jahrhunderten haben sich Dichter mit diesem Problem befaßt: Gerhard Anton von Halem (1752–1819) konstatierte: «Du, Eifersucht, wärst Amors Kind?/So sei von mir bewundert./Dein Vater, saget man, ist blind;/Du hast der Augen hundert»; Emanuel Geibel (1815–1884) war der Überzeugung: «Eifersucht macht scharfsichtig und blind,/Sieht wie ein Schütz und trifft wie ein Kind».

Schlagen wir Lessings (1729–1781) «*Hamburgische Dramaturgie*» auf, so lesen wir: «Die *Eifersucht* hingegen ist eine Art von Neid, und Neid ist ein kriechendes Laster, das keine andere Befriedigung kennt als das gänzliche Verderben seines Gegenstandes.»

Bei Friedrich Schlegel (1772–1829) lesen wir in seinem Romanfragment «*Lucinde*» (1799) im Kapitel «*Treue und Scherz*»:

> Und dann müssen die Menschen wissen, was sie tun und was sie wollen, und das ist selten der Fall. Der feine Scherz verwandelt sich in ihren Händen gleich wieder in groben Ernst. – Dieses im Scherz lieben ist nur gar nicht scherzhaft zuzusehen. – Daran ist der Scherz unschuldig; das ist nichts wie die fatale *Eifersucht*. Verzeih mir, Liebe! ich will nicht auffahren, aber ich begreife durchaus nicht wie man *eifersüchtig* sein kann: denn Beleidigungen finden ja nicht statt unter Liebenden, so wenig wie Wohltaten. Also muß es Unsicherheit sein, Mangel an Liebe und Untreue gegen sich selbst. Für mich ist das Glück gewiß und die Liebe Eins mit der Treue. Freilich wie die Menschen so lieben, ist es etwas anders. Da liebt der Mann in der Frau nur die Gattung, die Frau im Mann nur den Grad seiner natürlichen Qualitäten und seiner bürgerlichen Existenz, und beide in den Kindern nur ihr Machwerk und ihr Eigentum. Da ist die Treue ein Verdienst und eine Tugend; und da ist auch die *Eifersucht* an ihrer Stelle. Denn darin fühlen sie ungemein richtig, daß sie stillschweigend glauben, es gäbe ihres gleichen viele, und einer sei als Mensch ungefähr so viel wert wie der andre, und alle zusammen nicht eben sonderlich viel. – Du hältst also die *Eifersucht* für nichts anders als leere Rohheit und Unbildung. – Ja oder für Mißbildung und Verkehrtheit, was eben so arg, oder noch ärger ist.

Wesentlich drastischer formulierte es der Poet Norbert Hinterberger: für ihn gehört die *Eifersucht* zu den «klaren Sachen» (so auch der Titel seiner Gedichtsammlung, 1983):

Keine Sau hält das aus

Keine Chance gegen das Gefühl Eifersucht.
Die Vorstellung genügt, man muß es nicht
gesehen haben. Ich kenne ja meinen Engel.
Und diesen selig sabbernden Penner auf ihr drauf
und in ihr drin kann ich mir leicht wie
mich selbst vorstellen.
Er steckt sein Ding bei ihr rein und,
sowie ich es weiß, bin ich verlassen,
auf der Stelle. Einsam wie niemand, ängstlich,
an der Kehle gewürgt, keinen Mut und keine Lust,
jetzt eine andere zu ficken.
Den beiden geht's gut, ihr Gefühl ist exakt gegenteilig.
Nie verschwindet der Gedanke an Versagen und Tod
so glatt wie bei einem ungewohnten Fick.
Sogar mit der eigenen Frau funktioniert das.
Aber die Neubekanntschaft oder Zwischendurcheroberung
setzt der Sache diesen wahnwitzigen, idiotischen
und nicht zu schlagenden Glanz der Potenz
in Feindesland auf. Der Schock fremden Geruchs.
Die Überraschung im unbekannten Fleisch.
Nicht die stärkste Liebe verhindert diesen Reiz
auch nur ansatzweise.
Mein Liebling hat sich an mir gerächt.
Ich habe ihr das auch schon angetan.
Sie hat sich das gar nicht mehr als Rache gedacht,
aber der Vollzug ist perfekt.
Genauso, wie meine Rache, wenn sich das nächste Mal
eine allzu aufgedrehte Votze mit schönem Restzubehör
allzubreit vor meinem Schwanz macht, nicht mehr als
Rache gedacht sein wird, sondern das Eigenleben
des wirklichen Willens zum Ficken mit eben diesem
oder jenem dampfenden und unwiderstehlichen Monstrum
der zufälligen Weiblichkeit IST.
Keine Sau hält das aus, wir tun alle nur so.

Über die Herkunft des Wortes *Eifersucht* sind die abenteuerlichsten Spekulationen angestellt worden. Lutz Röhrich (²1995:363 f.) klärt uns auf:

«Eifersucht ist eine Leidenschaft, die mit Eifer sucht, was Leiden schafft». Diese Definition von H. Kurz («Spanisches Theater» (Leipzig 1917), Band 2, S. 79), die auch dem Theologen Fr. Schleiermacher (1768–1834) zugeschrieben wird, geht zurück auf ein ähnlich lautendes spanisches Wortspiel, das M. de Cervantes in dem Zwischenspiel «Der wachsame Posten» (1615) so formulierte: «O zelos, zelos! Quan mejor os llamaran duelos, duelos!» Sie ist heutzutage fest mit dem Begriff «Eifersucht» verbunden und weist auf eine Bedeutung hin, die der Begriff in früherer Zeit noch nicht hatte. Aus bildlichen Darstellungen des Mittelalters, in denen die Eifersucht zumeist als Personifikation des Neides und der Mißgunst auftritt, geht hervor, daß der Begriff der Eifersucht zunächst auch nur den Neid (auf Besitz, Erfolg, Ansehen, Ruhm) und die daraus resultierenden Laster wie Zwietracht und Verleumdung beinhaltet. Erst in der Neuzeit wird das Eifersuchtsmotiv in der bildlichen und literarischen Darstellung klarer vom Neid abgegrenzt. Im Emblembuch des Andreas Alciatus (1492–1550) wird die leichtgläubige Mißgunst des Eifersüchtigen durch ein Auge in offener Hand dargestellt, bei Cesare Ripa (1560–1620/25) trägt der Eifersüchtige ein Gewand, das mit vielen Augen und Ohren bedeckt ist als Hinweis auf den stets vorhandenen Argwohn und auf das krankhaft lauernde Verhalten, das sich daraus ergibt (…) Redensartliche Vergleiche sind: «Eifersüchtig wie ein Türke», «Eifersüchtig wie ein Tiger», «Eifersüchtig wie ein Wiesel», den Grillparzer verwendet (Sämtl. Werke (1872), VII, 200), der jedoch umgangssprachlich nicht belegt ist.

Vom hwG zum Kaiserwalzer

«Der alte Orgelmann singt» heißt ein Gedicht, das der vielseitige Literat Otto Julius Bierbaum geschrieben hat; die letzte Strophe lautet beziehungsreich: «Kinderzeugen dahingegen / macht Vergnügen und bringt Segen, / wenn's geschieht im Ehebett, / standesamtlich und honett.»

Nicht immer läuft es beim angesprochenen Geschehen notwendig aufs Kinderzeugen hinaus. So wie für das Verb gibt es auch für das Nomen, das die genitale Vereinigung von Mann und Frau bezeichnet, eine Fülle von Ausdrücken. Gustave Flaubert (1821–1880) sagte in seinem (1913 posthum veröffentlichten) *«Dictionnaire des idées reçues»* (*«Wörterbuch der Gemeinplätze»*) über die aus dem Lateinischen stammenden Termini *Coit / Copulation* (*Koitus / Kopu-*

121

lation): «Mots à éviter. Dire: *Ils avaient des rapports (…)*» – «Man vermeide diese Wörter. Man sage: *Sie hatten eine intime Beziehung (…)*»

Die *Begattung* wird beim Menschen in medizinischen, naturwissenschaftlichen, zuweilen auch juristischen Kontexten häufig als *Koitus* (lateinisch *coire* = wörtlich ‹zusammengehen›, ‹begatten›), *Geschlechtsverkehr* und *Geschlechtsakt*, bei den Tieren als *Kopulation* oder *Paarung* bezeichnet. Die Tageszeitung «Die Welt» schrieb im Jahre 2002: «Wenn ein Mann beim *Koitus* zusammenbricht, dann ist Viagra allenfalls indirekt schuld.»

Aber es gibt schon hier Ausnahmen in der Verwendung. Man konnte in der Wochenzeitung «Die Zeit» im Jahre 1999 lesen: «Unter normalen Bedingungen, bei ‹regelmäßiger *Kopulation* mit Orgasmus›, wie Reproduktionsmediziner sagen, besteht in einem weiblichen Zyklus nur eine Wahrscheinlichkeit von maximal dreißig Prozent für eine Schwangerschaft.» In derselben Zeitung hieß es 2002: «Im Karneval, schreibt Bachtin, werden alle wesentlichen Ereignisse des Lebens ins Groteske gesteigert, ‹Essen, Trinken, *Begattung*, Schwangerschaft, Niederkunft, Körperwuchs, Altern, Tod, Zerfetzung, Zerteilung, Verschlingung durch einen anderen Leib›.»

Mit unserer Distinktion ging ein Bericht in der Tageszeitung «*Die Welt*» im Jahre 2000 konform: «Ein Brummen in den Wipfeln verrät die Übeltäter: Tausende Maikäfer fressen sich durch das Laub und legen nach erfolgreicher *Paarung* ihre Eier in der Erde ab.» Interessant ist die Verwendung des gleichen Wortes in derselben Zeitung im Jahre 2001: «Auch wenn alles korrekt wäre, liefern die Ergebnisse noch keinen Beweis für eine multiregionale Entstehung des modernen Menschen und seine *Paarung* mit anderen Hominiden.» Und «*Spiegel Online*» berichtete am 15. Januar 2004 über Leipziger Studentenproteste mit dieser Meldung:

Die jüngste öffentlichkeitswirksame Aktion: Dreharbeiten für einen Softporno mit dem Titel ‹*Die Bildung ist nicht die Hure der Wirtschaft*›. Dozent Dr. Vögler gibt sich als Experte zum Stopfen von Haushalts-, Bildungs- und weiteren Löchern (…) Studentin Chantal bietet sich als Studienobjekt an – und läßt die Hüllen fallen. Unter dem Gejohle der Zuschauer gibt's nackte Tatsachen. Hinter einer Stoffwand folgt Schatten-Sex unter dem Motto ‹*Paaren* statt sparen›.

Bei Goethe läßt sich in vergleichbarem Kontext noch der Ausdruck *sich begehen* finden: «Vögel und Frösch und Tier' und Mucken/*Begehn* sich zu allen Augenblicken/Hinten und vorn, auf Bauch und Rücken» (*Satyros*, Vers 33 ff.: HA 4, 189).

Das Wort *Akt* steht nicht nur für die künstlerische (auch fotografische) Darstellung eines unbekleideten menschlichen Körpers, sondern ist auch die verkürzte Form für *Geschlechtsakt* oder *Geschlechtsverkehr*. Die Internetzeitung «*Sueddeutsche.de*» berichtete kürzlich: «Wenn man aber zehn Literaten bittet, einen *Geschlechtsakt* zu beschreiben, werden viele ihn nicht begreifen.»

Geschlechtsverkehr ist eine unmarkierte, neutrale Bezeichnung, die in Vernehmungsprotokollen gelegentlich sogar zu *GV* gekürzt wird; man kennt dort auch das Kürzel *hwG* für ‹häufig wechselnden Geschlechtsverkehr›. Zwei Beispiele aus der «*Bild*»-Zeitung: «Der Verteidiger weiter: ‹Beim Herumknutschen könne es auch zu einer nicht erkennbaren Sperma-Übertragung gekommen sein – auch ohne *Geschlechtsverkehr*›» (2000); «Da sterben die Leute an Aids, weil sie zu viel *schnackseln* (bayerisch für *Geschlechtsverkehr*)» (2001).

Eine Wortmodifikation ist *Intimverkehr*: «Liegesitze im Bus ungeeignet für *Intimverkehr*?» fragte 1995 die «*Süddeutsche Zeitung*».

Das Verb *beiwohnen* und das Substantiv *Beischlaf* sind die häufig im medizinischen und juristischen Bereich, speziell im Strafrecht, verwendeten Bezeichnungen für die Ausübung des Geschlechtsverkehrs (*conjunctio membrorum*), wobei eine *immissio seminis* nicht zu erfolgen braucht: «Die Verführung eines Mädchens unter 16 Jahren zum *Beischlaf* ist in Deutschland und der Schweiz strafbar und wird auf Antrag verfolgt; in Österreich liegt die Altersgrenze bei 14 Jahren.» Im Jahre 1816 erschien – unter der Autorschaft eines Dr. Becker – in 6. Auflage ein aus heutiger Sicht hoch skurriles medizinisches «*Fachbuch*» zu unserem Thema: «*Der Rathgeber vor, bei und nach dem Beschlafe oder faßliche Anweisung, den Beischlaf so auszüüben, daß der Gesundheit kein Nachtheil zugefügt wird, und die Vermehrung des Geschlechts durch schöne, gesunde und starke Kinder befördert wird*»; darin heißt es u. a., es gäbe «einige Arten der *Beiwohnung*, die in gar keinem Bezuge vorteilhaft, im Gegenteile derselben sehr hinderlich, und dem Körper, oft wiederholt, sehr nachteilig sind. Hierhin gehört denn zuerst der *Beischlaf* im Stehen. Die Muskeln werden dabei ungemein angegriffen: der Körper leidet also dabei doppelt.»

In manchen journalistischen Kommentaren wirkt die Verwendung des Ausdrucks amüsant. «*Die Welt*» schrieb 2001: «Vor dem *Beischlaf* noch ein Bibelspruch, dann geht's in die Betten.» Am 21. August 2003 meldete die Internetseite des Nachrichtenmagazins «*Der Spiegel*» (*spiegel.de*): «Star-Autorin sieht Macht des *Beischlafs* schwinden: ‹Sex ist nicht mehr so eine große Sache›, sagte Candace Bushnell. Der *Beischlaf* eigne sich nicht mehr als Waffe, die Frauen gegen Männer einsetzen könnten, sagte die 44-jährige Blondine, die in ihrem Prada-Kostüm aussah wie eine ihrer Heldinnen.» *Focus Online* verblüffte seine Leser im Jahre 2006 mit folgender Meldung: «Der italienische Ministerpräsident Silvio Berlusconi hat vor der Wahl im April ein ausgesprochen kurioses Versprechen abgegeben. Er wolle bis zu diesem Zeitpunkt nicht dem *Beischlaf* frönen, berichtete die Mailänder Zeitung ‹Il Giornale› am Montag.»

Auch den Begriff *Kohabitation* – er kommt vom lateinischen Verb *cohabitare* (‹zusammenwohnen›) – liest man nicht nur für das ‹Beisammensein verschiedener Kulturen auf einem definierten Raum› oder ‹die Zusammenarbeit eines Staatsoberhauptes mit einer Regierung, die nicht dem gleichen politischen Lager angehört›, sondern (bildungssprachlich) auch als Ausdruck für ‹Geschlechtsverkehr›.

Neben den genannten gibt es eine Reihe weiterer Bezeichnungen, die sich in Komposita mit dem Nomen *Liebe* finden. In «*Die Welt online*» konnte man vor kurzem lesen: «Es gibt keinen Herzschlag, keinen Atem, keine Arbeit, keinen Sport, keinen Krieg, keinen Autoverkehr, keinen *Liebesakt* und erst recht nicht die Musik, die ohne Rhythmus auskäme.» Die «*Stuttgarter Zeitung*» schrieb 1996: «Es handelt sich um die rund 19jährige Zeitspanne zwischen der verbotenen *Liebesvereinigung* mit Meggie an einem einsamen Strand und jenem Tag, an dem das Fernsehpublikum den herangewachsenen Dane kennenlernt.» Und der «*Tagesspiegel*» wußte 1999 zu berichten: «Feurige Liebesschwüre gibt es nicht – energisch fordert Anna den *Liebesvollzug* bei Platonov ein.»

Für den Liebesakt gibt es auch eine Reihe ebenso spaßhafter wie phantasievoller Bezeichnungsvarianten, so u. a.: *Nahkampf*, *Frontalzusammenstoß*, *Tag der offenen Tür*; *Stoßpartie* und *Stoßmaloche*; im Wienerischen finden sich Ausdrücke wie *Gheisa-*

woedsa (Kaiserwalzer); *Gimnasdigschdund* (Gymnastikstunde); *Fuadaloda* (Vorderlader = von vorne) bzw. *Hinddaloda* (Hinterlader = ‹Geschlechtsverkehr von hinten›, seltener zur Bezeichnung des ‹coitus analis› oder des homosexuellen Verkehrs).

To make love heißt die englische Bezeichnung, die wohl auch für die direkte Übersetzung *Liebe machen* Pate gestanden hat, die man heutzutage ebenso im Deutschen hört wie *one-night stand* (Abkürzung: *ONS*), die umgangssprachliche Bezeichnung für den Geschlechtsverkehr, bei dem man sich nur für eine Nacht sieht und dann wieder trennt – im Englischen sagt man dafür auch oft *trick*.

Mit der Basis auf Grundeis

Die Tageszeitung «*Die Welt*» zitierte am 14. Juni 2001 in einem Bericht über die Wahlchancen der Parteien einen Redebeitrag der «Regenbogen»-Abgeordneten Heike Sudmann aus der Hamburgischen Bürgerschaft, dem Landesparlament der Freien und Hansestadt Hamburg: «Der SPD *geht der Allerwerteste auf Grundeis.*»

Man mag der Parlamentarierin den Euphemismus gleichermaßen als vornehme Zurückhaltung zurechnen wie dem Fußballtrainer Willi Reimann, von dem die «*Bild*»-Zeitung 1997 diese Äußerung kolportierte: «Den Kölnern geht *der Hintern auf Grundeis.*» Ähnlich schonend äußerte sich übrigens neun Jahre später Reimanns Fußballkollege Stefan Effenberg:

> Obwohl Effenberg kaum Chancen für die Nationalelf sieht, (bestenfalls) das Viertelfinale zu überstehen, glaubt er dennoch an einen überzeugenden Auftritt im Eröffnungsspiel gegen Costa Rica. «Man muß sich ja mal vorstellen, wie es den Spielern von Costa Rica gehen wird, wenn sie ins Münchner Stadion einlaufen», erläuterte der 35-fache Nationalspieler. «Denen geht doch der *Hintern auf Grundeis,* bei dieser Arena, bei diesem Bewußtsein, Milliarden schauen am TV zu – und dazu eine Wand von deutschen Fans, die sich die Seele aus dem Leib schreien. Das mußt du erst mal packen als Team ohne große internationale Erfahrung und ohne großen Erwartungsdruck.»
>
> (*Focus Online 2006*)

Es gibt Zeitungsredakteure, die noch zurückhaltender sind – so konnte man im Jahre 2000 in der Wochenzeitung «*Die Zeit*» lesen:

«In vielen deutschen Krankenhäusern liegt die ‹Stimmung auf Grundeis›, sagt Jonitz» –, doch andere bekennen sich ohne Scheu zur sprachlichen Wendung, zumindest in Zitaten:

Für diesen Anlaß hat sich Bäcker-Erbe Sebastian Kamps einen Lamborghini ausgesucht – immerhin zu Autos hat Kamps junior eine eigene Meinung. Er steigt aus, zupft sich nervös den schicken Anzug zurecht. Die Haare hat sich der millionenschwere Schmierlappen gründlich nach hinten gegelt – der perfekte Proleten-Auftritt. Unsicher steuert er den Moderator Steven Gätjen an. Und tatsächlich: Er zeigt Gefühle! Bei Sebastian Kamps fällt das allerdings etwas anders aus, als bei anderen Menschen. «*Mir geht der Arsch echt auf Grundeis*», sind die ersten Worte, die man von dem künftigen Ehemann hört. Zu einer Sendezeit, in der vor allem Teenies vor der Glotze hängen, gesteht er ungeniert, daß er schon einen gekippt hat, bevor er in die Luxus-Karre gestiegen ist. Er macht sich halt nicht viele Gedanken. So kennt man ihn – dumm wie Brot.   (*Der Stern Online 2007*)

«Als sich Jovo Stanojevic kurz vor Beginn der Finals das Kreuzband riß, lastete der ganze Druck auf mir», erinnert sich Ford. «Vor dem ersten Finalspiel gegen Köln ging mein *Arsch auf Grundeis*. Junge, war ich aufgeregt. Zwischen meiner Zeit am College und dem Engagement bei Alba hatte ich lediglich in der Summer League und der NBDL (*Nachwuchsliga der NBA, die Red.*) gezockt, also in Ligen, in denen Spiele so gut wie nichts zählen. Nun ging es um eine Meisterschaft, und ich stand als Jovos Ersatz im Rampenlicht.»   (*Spiegel Online 2007*)

Zu Beginn des Konzerts hatte er gestanden, ihm gehe «*der Arsch auf Grundeis*» – schließlich spielt die Band sonst eher vor ein paar Hundert und nicht vor mehr als 2000 Menschen.
          (*Die Welt 2001*)

«Nach der Landung der Alliierten in der Normandie ging ihnen der *Arsch auf Grundeis*!»   (*Junge Welt 1999*)

Wenn Radunski, Hochhuth und Sauerbaum das sehen, geht Ihnen der *Arsch auf Grundeis*.   (*Berliner Zeitung 1997*)

Ein schwarzer Berliner sagt: «Es ist nicht mein Schicksal, daß mein *Arsch auf Grundeis geht*, wenn Glatzen vorbeimarschieren.»   (*Berliner Zeitung 1999*)

Doch wer hielte es für möglich, daß die grobe Redewendung von einem verunglückten Adelsdichter geprägt worden ist!

Bei einer Rückschau auf das Ende des 19. Jahrhunderts zeigt es sich. Die romantisch-nationalen Gedichte, Versepen und Prosawerke des deutschen Dichters Joseph Victor von Scheffel (1826–1886) gehörten damals zum äußerst populären Lesestoff der gebildeten Bürger. Manche von Scheffels Kneip- und Kommersliedern werden noch heute gesungen, so z. B. «Alt-Heidelberg, du feine (…)» und «Als die Römer frech geworden (…)».

Im Jahre 1864 durchforschte der Dichter – gemeinsam mit dem Lehrer Richard Aussfeld – von Seeon aus die Moränenlandschaft zwischen Aare und Reuß. Die Erlebnisse im Verlauf dieses gewagten Unternehmens fanden Eingang in ein Gedicht. Eine einzelne Zeile dieses Gedichts haben die angesprochenen Bürger wegen der Deftigkeit des Vergleichs als schockierend und belustigend zugleich empfunden. Sie wurde – man glaubt es kaum! – prägend für eine uns heute wohlbekannte, allerdings von der kommunikativen Ebene her immer noch als verhältnismäßig derb bis vulgär empfundene, vollidiomatische, nicht dekomponierbare, eher der Jugendsprache zuzuordnende Redensart. Das Gedicht des adligen Dichters, der im Jahre 1865 sogar sächsischer Hofrat wurde, trägt den Titel «Der erratische Block» und lautet so:

Einst ziert' ich, den Aether durchspähend,
Als Spitze des Urgebirgs Stock,
Ruhm, Hoheit und Stellung verschmähend,
Ward ich zum erratischen Block.

Man sagt, wenn's dem Denker zu wohl ist,
So wagt er sich kecklich auf's Eis:
Mir winkten, wo's klüftig und hohl ist,
Schneejungfrau'n, verführend und weiß.

Doch als ich mit Poltern und Lärmen
Abstürzend aufs Firnfeld mich hub,
Verbüßt' ich mein jugendlich Schwärmen
Mit tausendjährigem Schub.

Scharf wies mir der Gletscher die Zähne:
«Hier, Springinsland wirst du poliert,
Und im Schutt meiner großen Moräne
Als Fremder talab transportiert.»

Geritzt und gekritzt und geschoben
Entrollt' ich in spaltige Schluft,

Ward stoßweis nach oben gehoben,
Gewälzt und geknufft und gepufft.

Da bleib' einer sauber und munter
In solchem Gerutsch und Geschlamm;
Ich kam immer tiefer herunter,
Bis der Eiswall ins Urmeer zerschwamm.

Und der spielt die traurigste Rolle,
Dem die Basis mit Grundeis ergeht ...
Ich wurde auf treibender Scholle
In des Ozeans Brandung verweht.

Plimp, plump! Da ging ich zu Grunde,
Lag elend versunken und schief,
Bis in spät erst erlösender Stunde
Sich Gletscher und Sintflut verlief.

Den entwässerten Seegrund verklärte
Die Sonne mit wärmerem Strahl,
Und mit der Rhinozerosherde
Spazierte der Mammut durchs Tal.

Nun lagern wir Eiszeitschubisten
Nutzbringend als steinerne Saat
Und dienen dem Heiden wie Christen
Als Baustoff für Kirche und Staat.

Dies Lied ist zwei Forschern gelungen
Im Gau zwischen Aare und Reuß;
Das Wirtshaus, in dem sie es sungen,
War ganz von erratischem Gneus.

Sie sungen es ernst und dramatisch
In die Findlinglandschaft hinein
Und schoben sich selbst dann erratisch
Mit Holpern und Stolpern vom Wein.

Es gibt zu diesem Gedicht – unter Einbeziehung der Textzeilen –
einen liebevollen Holzstich von Heinz Mayer aus dem Jahre 1878,
dem aus Platzgründen nur der nachfolgende Motivauszug entnommen worden ist.

«Man kann nicht kämpfen, wenn die Hosen voller sind als das
Herz.» Das sagte Carl von Ossietzky in dem eingangs zitierten
Abschnitt «*Professoren, Zeitungsschreiber und verkrachte Existenzen*». Sollten Sie also demnächst in eine schwierige Situation geraten, so spielen Sie nicht den Helden – trösten Sie sich über ihre

Ängstlichkeit mit der Erinnerung an obiges Gedicht hinweg, in dem Victor von Scheffel, aus dessen Feder übrigens auch «*Der Trompeter von Säckingen*» (1854) stammt, uns schildert, wie ihm *der Arsch* – Verzeihung! *die Basis* – *mit Grundeis* geht!

Benötigen Sie noch eine realistische Erläuterung für die Redewendung? Heinz Küpper ([4]1990:46) umschreibt die Bedeutung von *ihm geht der Arsch mit Grundeis* durch ‹er hat lange Befürchtungen› und fügt ergänzend hinzu: «Grundeis ist die untere Eisschicht oberhalb des Bodens; es bricht polternd los und steht hier im Vergleich mit dem Geräusch des abgehenden Durchfalls.»

Kapitel 6

Charaktere

«Ich verbitte es mir, Hans genannt zu werden!»

Werner Mitsch brachte es in seiner Aphorismen-Sammlung, der er den Titel «*Hunde*» gab, auf den Punkt: «Die englische Dampfmaschine geht auf das Konto von James Watt. Die deutsche aber auf das eines gewissen Hans Dampf in allen Gassen.»

Zu den Wörtern der deutschen Sprache, die von Journalisten mit größter Variabilität verwendet und den jeweiligen Kontexten oft mit großem Witz und Verstand angepaßt werden, gehört zweifelsfrei – wie die nachfolgenden Beispiele belegen – der *Hansdampf*.

> Aber als einer, der nichts lieber ist, als provozierender *Hansdampf* in vielen Gassen, hat er noch einiges vor. (*Die Zeit 2001*)

> Zelenka ist das whiz kid unter den jungen Regisseuren, *Hansdampf* auf Draht. (*Die Zeit 2001*)

> Larry LaSalle, *Hansdampf* der Kleinstadtjugend, der die Provinz zum Tanzen brachte. (*Die Zeit 2001*)

> *Hansdampf* in großen Küchen: Braten, grillen, dünsten – die Rational AG aus Landsberg erobert mit ausgefeilten Geräten für Profiköche den gastronomischen Weltmarkt. (*Die Zeit 2002*)

> Den Kontakt zu Ali knüpfte der «*Hansdampf* im Osten» auch mit Hilfe von Axel Schulz. (*Die Welt Online 2002*)

> Der 34 Jahre alte promovierte Philosoph von Düffel ist ein *Hansdampf* in allen Sackgassen: Journalist, Hörspielautor, Dramati-

ker, Übersetzer und Dramaturg – demnächst am Thalia Theater. *(Die Welt 2000)*

Ein *Hansdampf* in allen Boxengassen also und in seiner Funktion als RTL-Dolmetscher vor einem Millionenpublikum mittlerweile eine der wichtigsten Figuren der Branche.
(Die Welt 2000)

Er ist ein *Hansdampf* in allen Sendegassen, er rechnet nach Kontingenten, gibt sich nicht weiter mit Einzelformaten ab, längst auch nicht mehr mit einzelnen Sendern. *(frankenpost.de 2008)*

Höchst lesenswert auch Rembert Hüsers böser und lustiger Text zum Versuch, die Systemtheorie selbst zu popularisieren. Als solchen versteht der Autor die in den Achtzigern von *Theorie-Hansdampf* Hans-Ulrich Gumbrecht veranstaltete Serie von Kolloquien in Dubrovnik. *(taz.de 2008)*

«Modern Talking»-Star Dieter Bohlen (47 – geschätztes Vermögen 250 Millionen), *Hansdampf* in allen Party-Gassen.
(BILD 2001)

Auf der *Intergastra-Messe* 2002 las ich in einem Prospekt über Innovationen in der Küche:

Hygiene ist in der Küche ein wichtiges Thema. Die Reinigung aber kostet viel Zeit, und diese Arbeitszeit ist heute der teuerste Kostenfaktor überhaupt. Deshalb bieten inzwischen zahlreiche Hersteller von Kombidämpfern ihre Geräte mit automatischen Reinigungsprogrammen an. Das heißt: früher Feierabend für die Küchencrew, weil das Gerät sich über Nacht selbst reinigt. Solche Reinigungsprogramme bieten zum Beispiel die Kombidämpfer von Convotherm in Eglfing genauso wie die baugleichen, unter dem Namen *Hans Dampf* vertriebenen Geräte von MKN in Wolfenbüttel. Die Namengeber haben sich natürlich etwas dabei gedacht, als sie den Namen *Hans Dampf* für ihr Produkt gewählt haben. Auch die Werbung, die die «*Bunte Illustrierte*» im Jahre 1978 (Nr. 13/22.3., S. 186) ihren Lesern präsentierte, zeigte die Beliebtheit des zugrunde liegenden sprachlichen Ausdrucks: «*Hans Dampf* der kleinen Klassen: Der Ford Fiesta.»

Dasselbe gilt natürlich für die Anzeigenwerbung der Firma AEG in «*Der Spiegel*» vom 14. Juni 1982 auf S. 207:

Es hat allerlei Spekulationen über die Herkunft dieses Ausdrucks gegeben. Ich will einige Spuren verfolgen und beginne zunächst mit einem Dichter im frühen 19. Jahrhundert:

Im Jahre 1802 unternahm er zusammen mit dem Dramatiker und Novellisten Heinrich von Kleist (1777–1811) und dem Publizisten Ludwig Wieland, dem Sohn des Dichters Christoph Martin Wieland, eine Wanderung, auf der seine Erzählung «*Der zerbrochene Krug*» entstand. Er trat energisch für bürgerliche Freiheitsrechte ein, gründete eine Freimaurerloge, eine Gewerbe- und eine Taubstummenschule sowie eine Sparkasse. Über sein Wirken als erfolgreicher Theaterdichter berichtet Goethe, seine Stücke seien denen Schillers gleichgestellt worden. Ich spreche von dem zu seiner Zeit meistgelesenen deutschen Schriftsteller, von (Johann) Heinrich (Daniel) Zschokke (1771–1848); er ist auch Autor einer im Jahre 1814 veröffentlichten Erzählung mit dem Titel «*Hans Dampf in allen Gassen*», dem die beiden nachfolgenden Stellen entnommen sind:

Nachdem *Hans Dampf* einige äußerst bescheidene Mienen geschnitten, sich weit herum tief verbeugt hatte, bedauerte er ungemein, daß er in die Verlegenheit gesetzt worden sei, der erste reden zu müssen. Denn ihm fehle es an Kenntnis, Beredsamkeit und Erfahrung; ihm wäre angemessener in dieser Versammlung zu schweigen, zu hören und zu lernen, jeder andere übertreffe ihn in den zu einem würdigen Vortrag gehörigen Erfordernissen und daher verbete er sich die Ehre der ersten Stimme.

*

(...) Nun setzte sich die Zunge des edeln *Hans Dampf* in Lauf. Eine halbe Viertelstunde füllte er mit Titulaturen in der Anrede, anderthalb Viertelstunden in Entschuldigungen seiner Unfähigkeit zu reden aus; dann sprach er sehr geläufig von den Tugenden des Seligverstorbenen, dessen Stelle wieder besetzt werden sollte; dann von den Eigenschaften, welche an einer ersten Magistratsperson der Republik nicht fehlen dürfen.

Daß der Ausdruck *ein Hans-Dampf-in-allen-Gassen sein* von dieser Erzählung herrührt, ist höchst unwahrscheinlich. Übrigens: Schon ein paar Jahre zuvor war in «*Des Knaben Wunderhorn*» (1806–1808), der Sammlung deutscher Volkslieder durch Achim von Arnim und Clemens Brentano, unter dem Titel «*Hans in allen Gassen*» dieses nach einem fliegenden Blatt aus dem Jahre 1636 gestaltete Gedicht erschienen:

> Ich will einmal spaziren gehn,
> Und suchen meine Freud,
> Begegnet mir ja alsobald,
> Ha ha, ja ja, ja alsobald,
> Ein Knäblein war schön bekleidt.
>
> Zwei Flüglein thät er tragen,
> Ein Bogen in seiner Hand,
> Er thät gleich zu mir sagen,
> Ha ha, ja ja, ja sagen,
> Schenk mir dein Herz zum Pfand.
>
> Was thust du da, du kleiner Bub?
> Was machst du hier im Wald?
> Du g'hörst nach Haus in deine Ruh,
> Ha ha, ja ja, in deine Ruh,
> Die Nacht ist dir zu kalt.
>
> Seine Aeuglein hat er verbunden,
> Mit einem schwarzen Flor,
> Du machst mir ja viel Wunden,

Ha ha, ja ja, viel Wunden,
Du kleiner Kupido.

Itzt will ich erst recht lieben,
Weils die Leut verdriessen thut,
Ich wills nicht mehr aufschieben,
Ha ha, ja ja, aufschieben,
Wills nehmen für mein Buß.

Auch mit diesem Gedicht dürfte der Ausdruck nichts zu tun haben.

Fest steht zweifellos, daß der Name *Hans* in der Phraseologie der deutschen Sprache eine bedeutende Rolle spielt; deshalb spricht der Schweizer Dichter Hans Manz (1991:185) sogar vom «*Hansentag*»:

Eines Tages geschah es,
daß sich die Hansen zusammentaten:
Hans Guck in die Luft ließ den Kopf hängen,
Großhans duckte sich,
Hanswurst macht ein ernstes Gesicht.
Unglücklich stand *Hans im Glück* herum,
Hansdampf in allen Gassen saß still,
und *Prahlhans* sagte kleinlaut:
«So wär'n wir ja wohl noch schlimmer, nicht?»

Zurück zu unserem *Hans Dampf*. In einem Werbeprospekt stellt eine westdeutsche Ausbildungsstätte kürzlich ihr Konzept wie folgt vor:

Die Kölner Journalistenschule entwickelte 1968 als erste Institution in der Bundesrepublik ein Konzept, das die journalistische Ausbildung mit einem akademischen Studium verband – eine Absage an den Typus des «Allround-Journalisten», dieses *Hans-Dampf-in-allen-Gassen*, der von allem ein bißchen, von nichts aber wirklich etwas versteht. Die Kölner Nachwuchsjournalisten studieren daher parallel zur journalistischen Ausbildung an der Universität – Volkswirtschaft, kombiniert mit Politik oder Soziologie.

Sicherlich ist es in vielen Berufsfeldern heutzutage nötig, sich zu spezialisieren, wenn man Erfolg haben will, gleichwohl muß und wird es immer «Generalisten» geben, die einen (wenn auch vielfach oberflächlichen) fachspezifischen Gesamtüberblick besitzen. Im obigen Zitat wird der *Hans-Dampf-in-allen-Gassen* kritisch gesehen, Heinz Griesbach (2000:44) definiert den Begriff freundlicher, nämlich als ‹jemand, der überall Bescheid weiß›, als ‹jemand, der sehr rege ist und sich überall auskennt›. Entsprechend positiv zu bewerten war daher auch die Jury-Begründung zur Verleihung des Adolf-Grimme-Preises mit Gold im Jahre 2001 an Hans W. Geißendörfer:

> Es ist nicht übertrieben, zu sagen, daß es – abgesehen vom Zuschauererfolg – nach innen insbesondere die vom Gründervater der ‹Lindenstraße› geschaffene familiäre (Produktions-)Atmosphäre ist, die das Team zusammenhält und die Langlebigkeit der Serie ausmacht. Geißendörfer ist dabei *Hans Dampf in allen Gassen* wie warmherziger Pater familias; er ist genau der Spiritus-Rector-Typ, der im positiven Sinne den Geist richtet und aufrichtet.

Auch für Heinz Küpper ([4]1990:327), den Erforscher der deutschen Umgangssprache, ist der *Hans-Dampf-in-allen-Gassen* ein ‹Mensch, der sich in jeder Lebenslage zu helfen weiß›. Küpper deutet in vorsichtiger Form an, Kurt Böttcher et al. ([5]1988:407) und Lutz Röhrich ([2]1995:661) geben sogar in deutlicherer Art einen Hinweis darauf, daß der Ausdruck möglicherweise auf einen real existierenden Namensträger zurückgeht:

> In Gotha wird behauptet, ein Hans Dampf sei dort im 19. Jahrhundert eine stadtbekannte Persönlichkeit gewesen, und man beruft sich dabei auf die 1846 anonym in Gotha erschienene Dichtung: ‹Die Wirkung des Dampfes oder Das Leben auf der Thüringer Eisenbahn (…)›, wo es in der 10. Strophe heißt:
> Nun kommt auch Hans George, genannt der Hans Dampf,
> Hat Abschied genommen, überstanden den Kampf,
> Er will gern mitfahren in die höllische Fremd',
> Mit seinen sieben Sachen, zwei Strümpf und ein Hemd;
> Das Entree bezahlt das Mütterchen fein,
> Und nun fährt der Schlingel über den Rhein. (Röhrich, ibid.)

Doch auch diese Herleitung hat nicht viel für sich. Man muß nämlich wissen, daß Johann Agricola (aus Eisleben; gest. 1566), ein Schüler und Weggenosse Luthers, im Jahre 1529 in Nürnberg die Sammlung «*Dreyhundert gemeyner deutscher Sprüchwörter*» –

die erste hochdeutsche Dokumentation dieser Art – herausgegeben hat, die er in mehreren Folgen bis 1534 auf insgesamt 750 Sprichwörter und Redewendungen erweiterte. Und in dieser Nürnberger Ausgabe findet sich bereits die Wortprägung *Hans-Dampf-in-allen-Gassen*.

Wie unsere eingangs angeführten Presse-Beispiele und die zitierten Bewertungen von Griesbach und Küpper zeigen, ist dem *Hansdampf* eine positive Umtriebigkeit zuzusprechen. Das gilt nicht für den «*Hans von Jena*», den Karl Friedrich Wilhelm Wanders «*Deutsches Sprichwörter-Lexikon*» (1867, Bd. 2:353) wie folgt kennzeichnet:

> Der Volkshumor nannte jeden, der müssig herumläuft, um zu gaffen oder etwas aufzuschnappen einen «*Hans* (auch *Schnapphaus*) *von Jena*». (…) *Schnapphans* oder abgekürzt, *Hans von Jena* ist ein Wahrzeichen der alten Universitätsstadt Jena, das sich, schon im 16. Jahrhundert zum Sprichwort geworden, an dasigen Rathhausthurme auf der Marktseite befindet. Es besteht aus einem Kopfe, welcher im Frontispice des Zifferblattes der Uhr zwischen zwei auf Consolen stehenden Figuren angebracht ist. Der eherne Kopf mit ziemlich kräftigem Mundwerk sowol als die beiden Statuen dienen zum mechanischen Begleitungsspiel des Schlagwerks; der links stehende Engel signalisirt den Stundenschlag, und die Figur rechts, einen bärtigen Mann in kuttenartigem Gewande darstellend, führt mit beiden Händen einen an einem Metallstabs befestigten Apfel nach dem mit dem Ausheben des Glockenschlags sich weit öffnenden Munde des Kopfes und zieht ihn sofort wieder zurück, wenn dieser danach schnappt. Dies allstündlich sich wiederholende Schnappen hat nun dem wachsamen Volkswitze zu der Benennung «*Schnapphans*» oder kurzweg «*Hans von Jena*» Veranlassung gegeben. Schon Luther erwähnt in der dritten Predigt seiner Hauspostille über Matth. 22,1–14 das obige Sprichwort, indem er sagt: «*Wenn ein mächtiger König auf Erden Hochzeit machte, hätte die Mahlzeit herrlich bereitet und lüde viele dazu, da würde ein Zulaufen werden von allen Orten und ‹Hans von Jena› würde auf allen Gassen sein.*»
> Wer zu dem Namen *Hans* Veranlassung gegeben, ob durch den Kopf ein Uhrenbauer Hans Düringer oder nach einer Sage Klaus Narr verewigt worden ist, ist nicht erwiesen. (Vgl, den Artikel *Städtewahrzeichen* in der *Illustrirten Zeitung*, Nr. 709, S. 114, vom 31. Jan. 1857.) Anderwärts hat man übrigens auch einen *Hans in allen Gassen*. So heisst es bei Stoppe (*Parnass*, S. 240):

> «Drum liefen wir, wie Hans in allen Gassen.» Ausser dem «Hans in allen Gassen» hat man noch einen Hans Dampf, Hans Hopp (...)

Neben dem *Hansdampf* und dem *Hans von Jena* gibt es zwei weitere prominente Vertreter dieser Namenssippe, die – von der Wortbildung her – dem kulinarischen Metaphern-Repertoire nahestehen: den *Hans Wurst* (oft auch *Hanswurst* geschrieben) und den *Schmalhans* (als Küchenmeister):

> Ein ganz typisches Bekenntnis lautet: «Ich bin desillusioniert! Am Anfang fand ich dich toll, aber jetzt merke ich, daß ich eigentlich alles besser könnte.» Auch führen? Das können viele Chefs nämlich angeblich auch nicht: «Jemand, der nur mal beim Kaffee holen fragt: ‹Na, alles in Ordnung?› ist kein Chef, sondern ein *Hanswurst*!» Wenn das der *Hanswurst* wüßte (...)
> (*Sueddeutsche.de 2007*)

> Der Mensch, der deutsche jedenfalls, braucht seinen Winter. Ohne Winter ist er nur ein globalisierter, angewärmter *Hanswurst*, der in immerzu «angenehmen» Temperaturen seine kulturelle Eigenart aushaucht. (*Die Welt 2006*)

«Es ist begreiflich,» so schrieb schon Othmar Meisinger in seinem Buch über «*Hinz und Kunz: Deutsche Vornamen in erweiterter Bedeutung*» (1924:29) «daß in den Spielen des Mittelalters der Name *Hans* früh eine Rolle spielte; ihnen verdanken wir vor allem den *Hans Wurst*.» Ludwig Kapeller charakterisiert den *Hanswurst* in seinem «*Schimpfbuch*», das im Jahre 1962 erschienen ist, wie folgt:

> Er gilt als ausgelassener, gutmütiger Mensch, als Schalk, der gern Possen treibt, aber mitunter als Hampelmann, der sich selbst veralbern läßt. Bayerisch, österreichisch *Wurstel*. Ursprünglich *Hans Wurst*, Spitzname für einen *Fettwanst* (dick wie eine Wurst), dann Karnevalsnarr (1550) und bis 1737 ständige Bühnengestalt. In Wien gibt es noch heute den ‹Wurschtl-Prater›, wo *Hanswürste* (Kasperle) auftreten. – *Hans Worst* war auch eine Figur in der niederdeutschen Fassung von Brants ‹Narrenschiff› (1519), bei Brant selbst: *Hans Mist*. Dann *Hans Wurst* 1575 in Fischarts ‹Gargantua›. (S. 76)

Die «Brockhaus-Enzyklopädie» (Bd. 27, [20]1999:93) beschreibt zu Recht, daß nach früherer Vorstellung ein dünner Koch ein Zeichen für schlechte Küche oder geizige Dienstherren war: «Darauf dürfte die Personifizierung *Schmalhans* (= ‹schmaler Hans›) für ‹Hunger› oder ‹Ungastlichkeit› zurückgehen.»

Die umgangssprachliche Wendung, nach der bei jemandem *Schmalhans Küchenmeister ist*, hört man recht häufig; sie besagt, daß es beim Betreffenden äußerst knapp zugeht, so wie bei Ludwig Bechstein in seinem Märchen «*Die sieben Schwaben*» (1845) oder bei Friedrich Spielhagen (1829–1911), dem «deutschen Dickens» in dessen Roman «*Platt Land*» (1878). In letzter Zeit wird diese Wendung häufig vom ernährungsspezifischen Bezug auf den wirtschaftlichen oder kulturpolitischen Bereich ausgeweitet:

> Der Spiegelschwab aber, der ihn wohl kannte und wußte, daß *Schmalhans* in dessen Küche und Keller hauste, legte seinen Plan darauf an, welchen er den Gesellen mitteilte.
> (Ludwig Bechstein – *Das Märchen von den sieben Schwaben*)

> Und ganz unter uns: bei Sallentins ist oft *Schmalhans* Küchenmeister; ich sage immer: damit sie bei anderen Leuten für drei essen können. (Friedrich Spielhagen – *Platt Land*)

> Das war die Zeit, in der *Schmalhans* Küchenmeister war, in der die Menschen Muckefuck tranken, eine Mohrrübe als Delikatesse empfanden, zum Hamstern aufs Land fuhren und sich seltsame Dinge zum Tausch anboten: Brennholz für Kartoffelschalen. (*Berliner Zeitung 1995*)

> Neben der geistigen Askese ist im Berliner Wissenschaftskolleg auch *Schmalhans Küchenmeister* – zumindest beim Frühstück und zumindest bei Gerard Mortier.
> (*Süddeutsche Zeitung 2002*)

> An der Lindenoper ist *Schmalhans Küchenmeister*, die fünf Premieren, zweimal Mozart, zweimal Verdi, einmal Wagner (mit den ubiquitären Kupfers und Langhoffs) zeugen auch von geistiger Verarmung. (*Die Welt 2000*)

> In einer Stadt mit drei Opernhäusern, wo eigentlich die weltweit größtmögliche Vielfalt an Werken angeboten werden müßte, ist lange schon *Schmalhans Küchenmeister* und gebietet über einen öden Eintopf. (*Die Welt 2001*)

Wie heißt es bei Paul Heyse in seinem «*Buch der Freundschaft*» (1883)? «Ich verbitte es mir, noch ferner *Hans* genannt zu werden.»

Dabei ist *Hans* doch die Kurzform des (hebräischen) Namens Johannes – mit der Bedeutung: «Jahwe hat Gnade erwiesen»!

Geiz ist geil? Nein, Geiz ist Gier!

Der Geizhals bleibt im Tode karg;/Zween Blicke wirft er auf den Sarg,/Und tausend wirft er mit Entsetzen/Nach den mit Angst verwahrten Schätzen./ O schwere Last der Eitelkeit!/Um schlecht zu leben, schwer zu sterben,/Sucht man sich Güter zu erwerben;/Verdient ein solches Glück wohl Neid?

Das ist die letzte Strophe des von Christian Fürchtegott Gellert (1715–1769) geschriebenen Gedichts «*Der Hund*»; es findet sich in seiner Sammlung «*Fabeln und Erzählungen*» (1746–1748) – ebenso wie das Gedicht «*Der reiche Geizhals*»:

Ein reicher Greis, vom Tode nicht mehr fern
Und ungeschickt, mehr Schätze zu erwerben,
Ward krank und wollte doch nicht sterben;
Denn welcher Geizhals stirbt wohl gern?
Er wollte nach dem Doktor schicken;
Zum Glücke fiel ihm noch der harte Thaler ein,
Den er genötigt wär', ihm in die Hand zu drücken,
Und also ließ er's lieber sein.

Doch mit dem Tod ist gleichwohl nicht zu scherzen.
Der Alte fühlte neue Schmerzen
Und rief den Priester in sein Haus
Und bat sich zu verschiednen Malen,
Denn dafür durft' er nichts bezahlen,
Trost auf dem Krankenlager aus.
Der Priester wollt' ihn itzt verlassen.
«Ach! bet' Er», sprach der Greis, «Gott wird's zu Herzen fassen;
Und komm' ich von dem Lager auf,
So geb' ich Ihm die Hand darauf,
Ich will mich dankbar finden lassen.»

Ich weiß nicht, bat er für den Alten,
Und wann er bat, bat er mit Recht?
Genug, das menschliche Geschlecht
Sollt' einen Geizhals mehr behalten;
Es besserte sich mit dem Alten.

Der Priester wird geruft. «Ich weiß wohl», sprach der Greis,
«Was ich Ihm einst gered't, wenn Er's gleich nicht mehr weiß.

Hier seh' Er selbst, was ich und meine Frau ersparten;
Ich zeig' Ihm nur die seltnen Arten.
Steht Ihm das große Goldstück an?
Da sind sie noch von größerm Werte;
Doch weil sie Gott mir wunderbar bescherte,
So hab' ich ein Gelübd' gethan,
Nicht eins von allen auszugeben,
Und sollt' ich hundert Jahre leben.

Will Er nunmehr die Silbermünzen sehn?
Ja, lieber Herr, auch die sind schön.
Hier hab' ich, glaub' Er mir's, mehr harte Thaler liegen
Als ich und Er zusammen wiegen;
Allein sie mögen immer liegen,
Sie sollen alle für mein Haus.
Doch laß Er uns noch weiter gehen.
Hier sieht Er die Zweidrittel stehen;
Da les' Er eins für seine Kinder aus
Und bitt' Er Gott um Segen für mein Haus!»

Der österreichische Lyriker Johann Aloys Blumauer (1755–1798), der in seinen satirischen Gedichten mit vielfältigen Gestaltungsmitteln und Überraschungseffekten arbeitete, schrieb u. a. das Gedicht «*Der Geizhals*»:

Ein *Geizhals* fiel in einen Fluß, der tief
Und reißend war. Ein Fischer, der das Leben
Ihm retten wollte, sprang hinein und rief:
Er möchte nur die Hand ihm geben;
Allein der *Geizhals* sprach, indem er untersank:
Ich kann nichts geben, und ertrank.

Doch auch moderne Dichter und Schriftsteller haben sich immer wieder mit dem unangenehmen Zeitgenossen beschäftigt. Bei Theodor Fontane (1819–1898) wird im Roman «*Vor dem Sturm*» (1878) Feldwebel Klemm als «ein *Geizhals* und ein Schuft dazu» charakterisiert; in seinen «*Wanderungen durch die Mark Brandenburg*» (1880) schilderte Fontane den Pastor Johann Andres Moritz als einen «unerquicklichen *Geizhals*», in «*Irrungen, Wirrungen*» (1888) begegnet uns Herr Dörr, «der, wie alle *Geizhälse*, mitunter etwas lächerlich Teures kaufte».

Zwei jiddische Spruchweisheiten lauten – ins Deutsche übertragen: «Der Geizhals liegt auf dem Geld wie der Hund auf dem

Knochen» und «Zeigt der Geizhals ein freundliches Gesicht, verliert der Sehende das Augenlicht».

An allen diesen Stellen wird das Wort *Geizhals* als Kennzeichnung oder Schimpfwort verwendet für einen ‹knauserigen Menschen, der von seinem Besitz nichts abgeben will›. Doch diese Bedeutung des Wortes *Geiz* ist erst seit Martin Luther (1483–1546) geläufig. Heinrich Krauss (1993:67) gibt den richtigen Hinweis:

> Das Wort wurde von Luther zur Kennzeichnung von ‹Habgier› geprägt (Lk 16,14*; 1 Kor 5,10 f. und 6,10), da *Geiz* in seiner ursprünglichen Wortbedeutung nicht ‹Knauserigkeit›, sondern ‹Gier› bedeutete, wie dies noch in *Ehrgeiz* erhalten ist.

> * Lk 16,14: «Als das alles die Pharisäer hörten, die *geizig* waren, spotteten sie über ihn.» Im revidierten Text von 1964 wird von *geldgierig* gesprochen.

In der Tat hat sich die Bedeutung ‹Knauserigkeit› für *Geiz* erst langsam durchgesetzt. So findet man bis ins 18. Jahrhundert bei den deutschen Klassikern eine Fülle von Verwendungen des Wortes *Geiz* im ursprünglichen Sinne von ‹Gier›: Friedrich Schiller (1759–1805) spricht von «des eitlen Ruhmes *Geiz*» («*Maria Stuart*» 2,6), Christian Fürchtegott Gellert vom «*Geiz* nach Siegen», Gotthold Ephraim Lessing vom «*Geiz* nach Gefahren», Johann Gottfried Herder (1744–1803) betrachtet «mit liebevollem *Geiz* das engelgleiche Bild». Christoph Martin Wieland (1733–1813) dichtete in «*Horazens Brief an L. Calpurnius Piso und seine Söhne*»:

> Den Griechen, Freunde! (immer komm ich wieder
> auf dies zurück) den Griechen gab die Muse
> zugleich Genie und feines Kunstgefühl,
> die Gabe der Empfindung und des schönen
> und runden Ausdrucks: aber ihre Seelen kannten
> auch keinen andern *Geiz* als den nach Ruhm.

Vom Dichter Johann Christoph Friedrich Haug (1761–1829) stammt das Gedicht «*Geiz nach dem Tode*»:

> Als nach des Wucherlebens Endung
> Um Harpagon die Höllenflamme schlug,
> Rief er: O teuflische Verschwendung!
> Ein Drittheil heizte schon genug!

Stärker kann man die Schwäche des Geizes wohl nicht charakterisieren; ihr Träger ist der *Geizhals* oder *Geizkragen*, wie man früher sagte.

Beim Wort *Geizhals* handelt es sich hinsichtlich der Wortbildung um einen Spezialfall der Komposition. Bei diesem *Possessivkompositum* ist das Erstglied dem Zweitglied untergeordnet (hypotaktische Relation). Erstglied und Zweitglied zusammen bezeichnen die außersprachliche Realität nach einem spezifischen Merkmal; man spricht daher auch von einem *exozentrischen Kompositum.* Vergleichbare Beispiele im Deutschen sind: *Bücherwurm, Dickbauch, Hasenfuß, Heulsuse, Hinkebein, Jammerlappen, Kaffeetante, Langfinger, Lästermaul, Mauerblümchen, Schreihals, Zechbruder* usw.

Der *Geizhals* als charakteristische Figur findet sich z. B. bei so unterschiedlichen deutschen, österreichischen und Schweizer Schriftstellern wie E. T. A. Hoffmann, Karl von Holtei, Jeremias Gotthelf (1797–1854), Marie von Ebner-Eschenbach, Gerhard Rohlfs (1831–1896), Otto Ernst (1862–1926), Heinrich Federer und Karl Kraus.

Gespielt hat er, wenigstens solange er in Paris ist, niemals, und Ihr dürft Euch nach alledem über das tiefe Erstaunen gar nicht verwundern, in das wir gerieten, als der alte *Geizhals* an den Spieltisch trat.
(E. T. A. Hoffmann – *Die Serapions–Brüder* (1819))

«Das ist gewiß ein höllisch reicher *Geizhals*», murmelte Simeon und ging, die chinesische Teebüchse als Fangball behandelnd, lustig davon.　　　(Karl von Holtei – *Ein Mord in Riga* (1855))

So einem alten *Geizhals* schuldig bleiben, kostet nichts; je mehr man auf diese Weise schuldig bleibt, desto mehr Geld kann man im Handel abträglich anlegen.
(Jeremias Gotthelf – *Uli der Pächter* (1849))

«Ein *Geizhals* würde sich leichter von Hab und Gut trennen als ich mich von einer meiner Uhren.»
(Marie von Ebner-Eschenbach – *Lotti, die Uhrmacherin* (1880))

Das Rätsel löste sich indes, als er fortfuhr: «Und du wirst es nicht glauben, von all dem vielen Geld hat Halim–Bei, der schändliche *Geizhals*, weder dem Kolrassi noch mir je einen Para zukommen lassen!»　　　(Gerhard Rohlfs – *Quer durch Afrika* (1874/75))

Er erinnert in dieser Hinsicht an einen *Geizhals*, der in einer großen Wallung sagt: «Ich zeichne hundert Mark – oder doch fünfzig – oder sagen wir: zehn.»

(Otto Ernst – *Semper der Mann* (1916))

Hatte er schon zu Lebzeiten die Habsucht und das Prassen vermaledeit, um jetzt als Seliger einen *Geizhals* zu segnen?

(Heinrich Federer – *Umbrische Reisegeschichtlein* (1917))

Unter hundert Einwohnern gibt es immer einen *Geizhals*, fünf Trinker, einen Gelehrten, fünf Gescheite und achtundvierzig Verliebte. (Karl Kraus – *Die Fackel* 349,52 (1912))

Karl von Holtei benutzt sowohl *Geizhals* als auch *Geizkragen;* Theodor Fontane, Julius Wolff (1834–1910) und Carl Spitteler (1845–1928) haben offensichtlich eine besondere Vorliebe für den Ausdruck *Geizkragen*:

Dein alter *Geizkragen* sitzt ja im Golde bis über die Ohren.

(Karl von Holtei – *Ein Mord in Riga*)

«Was einer bezahlt, das muß er haben, und ich ärgre mir bloß, daß so'n Mensch, dem es so zuwächst, so'n alter *Geizkragen* is. Aber so sind die Gärtners alle, rapschen und rapschen un können nie genug kriegen.»

(Theodor Fontane – *Irrungen, Wirrungen*)

«Aber Christoph, ich kenn dich gar nicht wieder, hast mir nicht mal einen Trunk angeboten, läßt mich zum erstenmal im Leben durstig vom Hofe ziehen.»
«Komm, sitz ab! ich hol dir einen frisch aus dem Faß, » sprach Christoph schnell.
«Nein, jetzt will ich keinen, du alter *Geizkragen*!» muckte der andere, worauf beide laut lachten.

(Julius Wolff – *Das Wildfangrecht* (1907))

Aber ein räudiger *Geizkragen* bleibt er dennoch, trotz alledem.

(Carl Spitteler – *Friedli, der Kolderi* (1891))

Die beiden Bezeichnungen werden in diesen Romanen und Erzählungen synonym benutzt; so verhält es sich durchgängig auch in den Printmedien:

Andererseits: Wer sagt schon gern, er sei ein Säufer, Kokser, *Geizhals,* Neidhammel. (*tagesspiegel.de 2003*)

Was Hülse-Reutter aber besonderes Vertrauen einflößte, war die Tatsache, daß er unter den Anlegern manch stadtbekannten *Geizhals* erspäht hatte, der sich nur unter Qualen von seinem Gelde trennte.   (*Die Zeit 2003*)

Geizhals, Kriegsgewinnler, Ausbeuter: All das war Cornelius Vanderbilt, den sie Commodore nannten.   (*Die Zeit 2003*)

Mit nach Hause nehmen können Sie die Flasche nur, wenn Sie den Kellnern als elender *Geizhals* in Erinnerung bleiben wollen.
(*Die Zeit 2002*)

So mutierte die Zweite Liga zur Spar-Klasse, in fast allen Vereinen ist *Geizhals* Schatzmeister.   (*Die Welt Online 2002*)

Seine Feinde in den Opfergruppen heißen ihn einen Unmenschen und *Geizhals*; die anderen schimpfen ihn einen Verschwender und morbiden Weihnachtsmann.   (*Die Welt 2002*)

Er ist Banker, ordentlich verheiratet, Vater dreier Kinder, ein großer Kleingeist, ein *Geizkragen* und Rechthaber, seiner Ehefrau vollkommen hörig.   (*Die Zeit 2002*)

Und räumt mit dem alten Klischee auf, daß alle Schotten *Geizkragen* sind: Stimmt ganz und gar nicht – unsere Guinness-Biere, und es waren nicht wenige, gingen allesamt auf seine Rechnung.   (*Die Welt 2001*)

Mit dem Daumen über die Zähne zu fahren, heißt in einigen Ländern, daß man einen anderen für einen *Geizkragen* hält.
(*tagesspiegel.de 2003*)

Die letzten beiden Beispiele führen uns zu Rainer Nitsche (1990: 22 f.), der uns auf die selbstgestellte Frage «*Wie erkenne ich einen Geizhals oder Geizkragen*» in seiner Antwort eine interessante Definition anbietet:

Auf keinen Fall ist der *Geizhals* mit dem Spießer zu verwechseln. Der Spießer ist gutmütiger und vor allem zufriedener. Das mag damit zusammenhängen, daß die durchschnittliche Existenzform eines Spießers nicht die scharfe, prüfende Intelligenz eines *Geizhalses* voraussetzt. Ein Spießer liebt die Gesellschaft von Gleichartigen, ein *Geizhals* ist darauf angewiesen, seine Charaktereigenschaften in einer nicht-geizigen Umgebung zu profilieren. Der Spießer ist eher aufdringlich, der *Geizhals* eher distanziert (weswegen man ihn gelegentlich mit Schüchternen verwechselt).

Der *Geizhals* ist auch zu unterscheiden vom Schmarotzer. Der Schmarotzer nistet sich auf Kosten anderer ein und läßt es sich dabei gut ergehen. Der *Geizhals* vermeidet Umstände, in denen er etwas geben oder zahlen muß, gleichzeitig aber auch Situationen, in denen er sich durch Einladungen oder Geschenke zu späteren Gegenleistungen verpflichtet fühlt. Dieses Schuldgefühl ist dem Schmarotzer völlig fremd.

Die sicherste Methode, einen *Geizhals* zu erkennen, ist ihn zu fragen, ob er einen *Geizhals* kenne. Antwortet er: ‹Natürlich, aber mehr noch kenne ich Verschwender›, so ist er ein *Geizkragen* mittlerer Qualität. Antwortet er mit ‹Nein!›, so ist das keine Lüge, sondern der Beweis, daß man es mit einem kapitalen *Geizkragen* zu tun hat, neben dem alle Welt nur aus Verschwendern besteht.

Somit ist nicht nur deutlich geworden, was man unter einem *Geizhals* versteht, sondern auch, was ein *Geizkragen* ist. Heinrich Raab (1981:56) siniert und spekuliert:

> Er ist knickerig und ‹schindet›, wie der Volksmund sagt, ‹die Laus um den Balg›. Das Wort kommt daher, daß der Geizige sich nicht das nötige Essen gönnt, wodurch er einen dürren Hals bekommt und der Kragen ihm zu weit wird.

Richtig ist freilich, daß die Wörter *Kragen* und *Hals* bis ins 18. Jahrhundert völlig synonym gebraucht wurden; erst später wurde *Kragen* auf die Bekleidung des Halses eingegrenzt (z. B. im Wort *Hemdkragen*).

Klaus Müller (1994:337) weist bezüglich der umgangssprachlichen Wendung *es geht jemandem an den Kragen* (im Sinne von ‹gegen jemanden wird eingeschritten›) zu Recht auf einen gefährlichen Umstand hin:

> Alle Redensarten, in denen eine grobe (Angriffs-)Handlung oder eine Strafe durch den Gebrauch von *Kragen* ausgedrückt wird, beziehen sich daher im Grunde auf den *Hals* und meinen eine konkrete Bedrohung von Leib und Leben, da sie sich auf alte Rechtsstrafen (wie Hängen und Enthaupten) beziehen.

Oben ist darauf hingewiesen worden, daß der *Schreihals* die gleiche morphologische Struktur aufweist wie der *Geizhals*.

Es gibt eine treffsichere Karikatur von Ludwig Rosenberger (1894–1989), der in seinen freien Stunden viel zeichnete, doch, wie er selbst sagte, «nicht um sich mit den großen Vorbildern der hohen Kunst zu messen, sondern aus der reinen Freude des Liebhabers und um eine Antwort zu finden auf das immer fragende Leben, die Natur und die Gedanken». Wie es in dem von Ernst Penzoldt eingeleiteten Band «Das Ei des Columbus» (1937) heißt, haben die Herausgeber gezögert, dieses weltschmerzliche Bild – es trägt den Titel «Der Schreihals» –

mit seiner grausigen Komik mitaufzunehmen, sich aber doch dafür entschieden. Allein der ‹Sportwagen›, wie man dieses Fahrzeug aus dem Ende des neunzehnten Jahrhunderts nannte, aber auch die vom Jammer des Jungen im Matrosenanzug völlig ungerührte Kinderfrau, schien der Mühe wert. Das Bild ist ein lebendiger Protest – wogegen? Vielleicht gegen die rot und weiß gestreiften Kindersocken oder gegen die gedrechselten Säulen des Sportwagens. (S. 76)

Gegen Frauenanmut nicht unempfindlich

Als 1906 in Straßburg und Berlin Otto Ladendorfs «*Historisches Schlagwörterbuch*» erschien, fand sich darin bereits folgender Hinweis:

> *Lebemann* – als schlagende Bezeichnung eines Genußmenschen wird von Hartwig Jeß, *Langbein und seine Verserzählungen* (1902), S. 174, eben diesem populären Belletristen Ernst Langbein zugeschrieben, der im ersten Bande der ‹*Feyerabende*› (1794) S. 217 bemerkt: «Vielen Offizieren hingegen war er (...) nicht *Lebemann* genug.» Daß der Ausdruck tatsächlich als eine Neuprägung empfunden wurde, wird durch eine Auslassung des Kritikers in der *Neuen Allgem. Deutschen Bibliothek*, und zwar im Anhang zum 1.–28. Bd., Abt. 1, S. 177 gezeigt: «Recensent kann ... nicht umhin, dem Verfasser mehr Aufmerksamkeit auf Correctheit des Styls zu empfehlen (...) Was ist (...) ein *Lebemann*?» Später liebt namentlich Goethe das Wort sehr, wie das *Deutsche Wörterbuch* an verschiedenen Belegen veranschaulicht (...) (S. 186 f.)

In der Tat wurde ein aktiver, lebensfreudiger Mann schon bei Goethe verschiedentlich als *Lebemann* bezeichnet. So steht in einem Brief an den Großherzog Carl August vom 20. 7. 1826 (HAB 4, 196): «Man sieht einen überall willkommenen Welt- und *Lebemann* (gemeint: Herzog Bernhard von Weimar), einen wohlunterrichteten geprüften Militär, einen Teilnehmenden an Staats- und bürgerlichen Einrichtungen, bei Gastmahlen und Tänzen an seinem Platz, gegen Frauen-Anmut nicht unempfindlich.» Und an anderer Stelle heißt es: «Sprechen wir es aber aufrichtig aus: ein eigentlicher *Lebemann*, der frei und praktisch atmet, hat kein ästhetisches Gefühl und keinen Geschmack, ihm genügt Realität im Handeln, Genießen, Betrachten ebenso wie im Dichten (...)» («*Westöstlicher Divan/Noten und Abhandlungen/Allgemeines*»: HA 2, 162 f.).

Der *Lebemann* taucht recht häufig in der deutschen Literatur auf: Ab 1842 veröffentlichte Willibald Alexis (1798–1871) zusammen mit Julius Eduard Hitzig eine Sammlung von Kriminalfällen, die «*Geschichten aus dem Neuen Pitaval*» (1927 ff.). Darin findet sich in der Episode über «*Die Marquise von Brinvillier* (1676)» folgende aufschlußreiche Stelle:

Der Marquis, Oberster in königlichen Diensten und Kommandeur des Regiments, welches nach der Normandie den Namen führte, war ein *Lebemann*, Wüstling und Verschwender, wie die Mehrzahl der französischen Edelleute, welche unter den Auspizien eines schwelgerischen Hofes in der Sittenlosigkeit der Hauptstadt Vergessenheit und Ersatz mit vollen Zügen einschlürften für die verlorenen edlern Güter, für die alte Freiheit und die feudale Unabhängigkeit.

Auch bei Eduard Bauernfeld (1802–1890), einem der erfolgreichsten Lustspieldichter Österreichs, findet sich in der Sammlung seiner journalistischen Arbeiten «*Aus Alt- und Neu-Wien*» (1872) diese Erwähnung:

> *Eduard Gans* war ein *Lebemann* und Feinschmecker; als wir uns trennten, schrieb er mir die besten Gasthöfe für die Rückreise bis München auf – ich bewahre den Zettel noch.

Bei Theodor Fontane heißt es an einer Stelle seiner Autobiographie «*Meine Kinderjahre*» (1894):

> Von dieser Anschauung und Richtung war denn auch der neue Schiffahrtsdirektor. Als er sich eingeführt hatte, sah man sofort, daß man ihn falsch taxiert habe, was indessen die Stimmung gegen ihn nicht besserte. Vom grünen Tisch war er nicht, er war umgekehrt *Lebemann* und ganz und gar darauf aus, in kluger Weise die Dinge zu seinem Vorteil zu gestalten. Das war etwas durchaus anderes, aber in den Augen der regierenden Klasse mindestens ebenso gefährlich oder vielleicht noch gefährlicher.

Auch Otto von Bismarck (1815–1898) erwähnt einen *Lebemann* in seinen «*Gedanken und Erinnerungen*» (1905, Bd. 1, 5. Kap.):

> Der einflußreiche, noch heut (1891) lebende langjährige Adjutant des Kaisers Wilhelm, Graf Karl von der Goltz, der einen stets offnen Zugang für seinen Bruder und dessen Freunde abgab, war ursprünglich ein eleganter und gescheiter Garde-Offizier, Stockpreuße und Hofmann, der an dem außerpreußischen Deutschland nur so viel Interesse nahm, als seine Hofstellung es mit sich brachte. Er war ein *Lebemann*, Jagdreiter, sah gut aus, hatte Glück bei Damen und wußte sich auf dem Hofparkett geschickt zu benehmen; aber die Politik stand bei ihm nicht in

erster Linie, sondern galt ihm erst, wenn er ihrer bei Hofe bedurfte.

Gern verwenden noch heute manche Journalisten – zumeist mit einem gewissen Augenzwinkern – das Wort *Lebemann*. So konnte man in *Spiegel Online* im Jahre 2007 über den Fußballspieler Lothar Matthäus lesen: «Der 150-malige Nationalspieler glaubt, daß ihm sein Ruf als flatterhafter *Lebemann* mit Nähe zum Boulevard den ein oder anderen Job gekostet haben könnte.»

Synonym zu *Lebemann* gibt es seit langem die nach jeweiliger Textsorte und Zeitepoche verwendeten Bezeichnungen *Bonvivant* und *Belami*.

Eine der amüsantesten Szenen der deutschen Literatur schildert in diesem Zusammenhang Ferdinand Kürnberger in seiner Erzählung «*Wie ein prosaischer Mann ein poetisches Bräutchen gewinnt*»:

Den bleichen, geistvollen Dichterkopf färbt plötzlich ein höheres Rot – der Mann wäre ihm schon recht – aber Meta! Sein poetisches Töchterlein erträumt sich gewiß einen Heldenliebhaber, und der Buchhändler, alles in allem, ist doch nur ein recht gelungener, wohlkonditionierter *Bonvivant*. Welch eine Kluft zwischen Ideal und Wirklichkeit! Nicht minder verlegen stottert er den Bescheid: «Ihr Antrag ehrt mich, und wenn mein Kind von seiner großen Jugend schon so gut sich beraten findet, einen Mann wie Sie gebührend zu würdigen (...)»
Der Dichter der gewähltesten Worte weiß zum erstenmal nicht: hat er ein Kompliment oder eine Grobheit gesagt. Worauf der Verleger:
«Bitte, bitte. Versichern Sie mich wenigstens Ihrer väterlichen Unterstützung.»
«Von ganzem Herzen.»
Vorletzter Auftritt: Hofrat und Hofrätin – zwei lange Gesichter. Das Glück, das das Kind macht, ist enorm; aber das Kind! Das Kind ist in heller Romantik und eitel Poesie erzogen worden und nun schlägt einem doch das Gewissen. Hat man das Kind je gelehrt, daß das enorme Glück auch die Prosa sein kann?
Letzter Auftritt: Die vorigen, das Kind. Hofrat und Hofrätin stottern zusammen; kaum wagen sie, der jungen Direktrice einen *Bonvivant* als Heldenliebhaber zu offerieren. Aber die junge Direktrice stößt einen Freudenschrei aus, wirft sich in die Mutterarme und ruft: «Mama, ich bin zu glücklich!» Die Eltern sehen sich an – staunend, lächelnd. Gott sei Dank! Aber wer hat das Kind so viel praktischen Sinn gelehrt?

Ein Blick in unsere modernen Printmedien zeigt, daß Paul C. Martin in *bild.de* am 10. August 2006 im Rahmen seines Berichts über das Haus Hohenlohe diese historische Reminiszenz präsentiert:

> Der Charmeur und *Bonvivant* Alfonso von Hohenlohe (1924–2003) hievte den Familiennamen auf die Titelseiten der Illustrierten, erfand den «Jetset» mit Treffpunkt Marbella, heiratete 1955 die 15jährige brünette Schönheit Ira von Fürstenberg, eine Verwandte des italienischen Fiat-Clans Agnelli.

«*Die Welt Online*» schrieb 2007 über zwei prominente SPD-Politiker:

> Gabriel sieht eher Klaus Wowereit aus seiner Generation als Konkurrenten. Zwar begrüßt er wie der Berliner Regierende Bürgermeister Modellbündnisse mit der neuen Linken im Westen. Doch dem einstigen Lehrer in der beruflichen Erwachsenenbildung im Bildungswerk der niedersächsischen Volkshochschulen ist der *Bonvivant* aus der Hauptstadt fremd. Gabriels größtes Hindernis auf der Karriereleiter ist aber Gabriel selbst. Nichts fällt ihm so schwer wie das Abwarten.

Im selben Medium hieß es vor einigen Jahren über den Saarländer SPD-Abtrünnigen: «Lafontaine, der als Politiker den Rückzug der Bundesrepublik aus der NATO forderte und im Wendejahr 1989 von ‹nationaler Besoffenheit› sprach, galt als *Bonvivant*.»

Selbst Benedikt XVI. mußte sich im Jahre 2007 von *Focus Online* die Frage gefallen lassen: «Große Feiern, ein tiefsinniges Opus – ist der Papst ein intellektueller *Bonvivant*?»

Im Jahre 2000 berichtete die «Berliner Zeitung»: «Heinz Bennent (der alte Hugo) ist von allen der Verwundbarste: Ein ehemaliger *Belami*, der noch stolzen Hochmut zeigt, während er körperlich schon völlig hilflos ist.»

Am 10. Januar 1962 lästerte «*Der Spiegel*» (auf S. 77) über Porfirio Rubirosa und nannte ihn einen «alternden *Playboy*». Ein neues Wort war damit in die deutsche Sprache eingedrungen; das «*Anglizismen-Wörterbuch*» (2001, Bd. 3:1072) liefert die Definition: «(…) meist gutaussehender Mann, der aufgrund seiner wirtschaftlichen Unabhängigkeit primär seinem Vergnügen nachgehen kann und sich in Kleidung und Auftreten meist durch verschwenderische

Unbekümmertheit auszeichnet, die Gesellschaft schöner Frauen genießt und sich häufig an mondänen Urlaubsorten aufhält.»

In einem unter dem Titel «Sänger, *Playboy*, Möbelrücker» erschienenen Artikel über Silvio Berlusconi schrieb *Focus Online* im Jahre 2006:

> «Italien ist ein Land der Lebensfreude, und wir sind große *Playboys*.» So witzelte Berlusconi zum Entsetzen der Finnen, als Parma statt Helsinki zum Sitz der EU-Lebensmittelbehörde gekürt worden war: «Ich habe alle meine Künste eingesetzt, um die finnische Präsidentin zu verführen.» Mit voller Überzeugungskunst verteidigt er sein Image als «großer» *Playboy*. Aber im Wahlkampf ließ er die Nation wissen, er werde bis zum Votum enthaltsam leben.

Viele Wochenzeitungen haben sich mit dem *Playboy*-Phänomen beschäftigt; Eduard Kortmann (1968) kommt das Verdienst zu, ihm in seiner Limerick-Sammlung sogar ein Gedicht zu widmen:

> *Playboy aus Gretjarmes*
> Ein Steuermann aus Great Yarmouth
> Hat Glück auf Grund seines Scharmouth.
> Zurück von der Sai
> hat er schon am Quai
> alsbald in den Armen was Warmouth.
> (Kortmann, *ZEIT-Limericks*)

Daß die «*Gesellschaft für deutsche Sprache*» das Wort *Playboy* zu den «Schlüsselbegriffen des 20. Jahrhunderts» zählt, ist nachvollziehbar. Im Buch «*Wörter, die Geschichte machten*» (2001) findet sich indes eine durchaus kritische Bewertung:

> 1972 hielt auch das gleichnamige Männermagazin, das der Amerikaner Hugh Marston Hefner 1953 gegründet hatte, in Deutschland Einzug. Dessen «Playmate des Monats», das Nacktbild einer (mitunter prominenten) weiblichen Schönheit, und das weit verbreitete «Bunny»-Emblem, ein Hasensymbol für leicht zu erobernde Damen, markierten einerseits die wachsende Offenheit der Gesellschaft, andererseits eine eher antiquierte männliche Sicht auf die Frau als williges Sexualobjekt.

Die fortschreitende *Emanzipation,* welcher derselbe Verlag mit dem Zeitschriftenpendant *Playgirl* weniger erfolgreich Rechnung trug, brachte es mit sich, daß der *Playboy* als solcher aus der Mode kam, ja sprachlich als Relikt der Wirtschaftsgeneration empfunden wurde. So wurden Curd Jürgens 1977 als «Alt-Playboy» und der 56-jährige Gunther Sachs 1989 als «alternder Playboy» bezeichnet. Das neue Bild des erfolgreichen Mannes verkörperten jetzt Yuppies und Popper. 1994 stellt der «Focus» dann fest: «*Playboy* ist heute eher Spottname als schmeichelhaft.»

Das «*Focus*»-Urteil ist tröstlich für den Durchschnittsmann, zumal, wie die Regenbogenpresse immer wieder zeigt, zuweilen auch Playboys Hörner aufgesetzt werden. Übrigens bezeichnete noch bei Goethe das Wort *Witwer* sowohl den Ehemann, dessen Frau gestorben, als auch den, dessen Frau ihm davongelaufen ist: «(...) binnen vierundzwanzig Stunden war er Liebhaber, Bräutigam, Ehemann, Hahnrei, Patient und *Witwer*!» («*Wilhelm Meisters Lehrjahre*»/4. Buch/4. Kapitel: HA 7, 219).

Sucht man zu den oben verglichenen männlichen Repräsentanten die weiblichen Entsprechungen, so stößt man auf Schwierigkeiten, wie es schon Hans Weigel (1976:90 f.) so treffend beklagt hat:

Der Bonvivant trank Champagner, der Lebemann trank Sekt, der Playboy trinkt Whisky. Der Bonvivant war ein Herr, der Lebemann war ein Mann, der Playboy ist ein Boy.
Und obwohl es bestimmt auch Frauen gibt, die das Leben ähnlich zu genießen pflegen, kennen wir keine Bonvivante und keine Lebefrau. Auch das *Playgirl* wird viel seltener so genannt als ihr Boy-Pendant (und ist eher abwertend gemeint).
Ein geistreicher Mann hat sich einmal gewünscht, daß es wie Ausrufungszeichen und Fragezeichen auch ein Zeichen geben möge, das Ironie anzeigt.
Gäbe es es, müßte der *Playboy* immer mit diesem Zeichen versehen werden. Er ist ein Kind des Journalismus mit der Literatur und in der Dreidimensionalität, selbst bei künstlichem Licht, nie ganz echt.

Häufig wird noch heute das Wort *Casanova* im Sinne von ‹Frauenheld, Frauenliebling, Herzensbrecher, Schürzenjäger, Weiberheld› benutzt. Unter dem Titel «Hollywoods *Womanizer* wird 70» schrieb *Focus Online* 2007 über den Schauspieler Warren Beatty:

«Zweimal hat er den Oscar gewonnen, 14-mal war er nominiert. Dabei hat Warren Beatty nur 22 Filme gedreht. Nun feiert der einstige *Casanova* seinen 70. Geburtstag.»

Giacomo Girolamo Casanova (1725–1798), in Venedig geboren, schlug mit 17 Jahren, nachdem er die niederen Weihen der katholischen Kirche empfangen und Doktor der Rechte war, seinen Lebensweg als Verführer und Lebenskünstler ein, der ihn kreuz und quer durch Europa, nach Konstantinopel, Paris, London, Berlin, Warschau, St. Petersburg, Moskau, Dresden und Wien führte. Der berühmteste Liebhaber der Weltgeschichte sorgte selbst für seinen Ruhm, indem er seine Memoiren schrieb. In einem 4545seitigen Manuskript schilderte er sein Liebesleben bis zum Sommer 1774, als er 49 Jahre alt war. Das Autorenteam Irving Wallace, Amy Wallace, David Wallechinsky und Sylvia Wallace hat im Jahre 1981 in New York das Buch «*The Intimate Sex Lives of Famous People*» veröffentlicht und darin eine Statistik über die Ehen, Verhältnisse, Amouren und Affären berühmter Frauen und Männer, darunter auch Casanovas sexuelle Aktivitäten, angelegt. Das Ergebnis war sensationell, denn es stellte sich heraus, daß Sarah Bernhardt, Guy de Maupassant, Elvis Presley, Ninon de Lenclos und andere rund zehnmal so viele Sexpartner angegeben hatten wie Casanova. Keine Erwähnung fand übrigens die berüchtigte Dubois, einst Schauspielerin an der Comédie Française, die einen Katalog ihrer Liebhaber angefertigt hatte, der im Jahre 1775 bereits auf die stolze Zahl 16527 kam.

Abgesehen davon, daß die Statistik der Casanova-Amouren, wie erwähnt, nur das Minimum repräsentierte, interessierte ihn offenbar mehr die Qualität jeder Begegnung. Gleichwohl ist ein Blick auf die Aktivitäten des verliebten Casanova aufschlußreich.

Anzahl der Frauen, mit denen er intim wurde: 132 erwähnt
(Da Casanova nicht alle Frauen beschrieb, addieren sich die folgenden Zahlen nicht zur Gesamtsumme)
Geburtsland seiner Geliebten:

Italien	47	England	5	Afrika	1
Frankreich	19	Griechenland	2	Portugal	1
Schweiz	10	Spanien	2	Holland	1
Deutschland	8	Polen	2	Rußland	1

Alter seiner Geliebten:

11–15 Jahre alt	22	21–29 Jahre alt	15
16–20 Jahre alt	29	30–39 Jahre alt	5

Die jüngste Frau, mit der schlief, war 11 Jahre alt; die älteste über 50.

Berufe und Stand der Frauen, mit denen er schlief:

Dienstmädchen	24
wohlhabende Frauen und Damen	18
Adlige	15
Prostituierte	11 und viele weitere
Schauspielerinnen	7
Tänzerinnen	6
Bäuerinnen	6
Kurtisanen	4
Sängerinnen	3
Nonnen	2
Geistliche	1
Sklavinnen	1

Familienstand seiner Frauen:

ledig	85
verheiratet	11
verwitwet	5

Haarfarbe der Frauen:

brünett	12
blond	8
braun	2

Arten der Verführung:

Einvernehmen beider	36
sie verführte ihn	12
er verführte sie	33
sie wies ihn ab	16

Sein Stil:

Geschlechtsverkehr	52
Fellatio	5
Cunnilingus	2
Geschlechtsverkehr, Fellatio und Cunnilingus	4
Impotenz	7
Analverkehr	1
vorzeitiger Samenerguß	3

Masturbation:

er befriedigt sie	10
er befriedigt sich selbst	2
sie befriedigt ihn	5
sie befriedigen sich gegenseitig	1

Allgemeine Exotika:

Entjungferungen	31 und mehr

2 Frauen zugleich	12 Paare
Orgien	1
höchste Zahl der Orgasmen mit ein und derselben Frau innerhalb 24 Stunden	12
der kürzeste Geschlechtsverkehr	15 Minuten
der längste Geschlechtsverkehr	7 Stunden
die höchste Zahl an Orgasmen, die eine Frau während einer Erektion erlebte	14

Was ein *Casanova* ist, ist nun bekannt, doch wie steht's mit dem *Don Juan*? Grete Meisel-Hess schreibt in «*Die sexuelle Krise*» (in: Lehmstedt 2001): «Eine der flachsten Literaturlügen ist die, der es beliebt, Goethe als einen *Don Juan* zu schildern, der von Weib zu Weib eilte.»

Don Juan wird hier gebraucht im Sinne von ‹Frauenheld› oder ‹Schürzenjäger›. Max Christian Graeff (2001:57 f.) weist jedoch prononciert darauf hin, daß die Legende des wirklichen Don Juan de Tenorio

> (...) heute genauso tot (ist) wie jener Oberkellermeister des kastilischen Königs Peter des Grausamen selbst – seit annähernd 600 Jahren. (...) In Wirklichkeit war Don Juan jedoch ein aus der Reihe tanzender psychopathischer Zuhälter und Zeremonienmeister seines durch sadomasochistische Orgien selbst zum Mythos gewordenen Herrn. Apropos Wirklichkeit: Noch immer ist nicht sicher, ob es ihn tatsächlich gab oder ob er nur die Gestalt einer spanischen Sage ist, die erst durch ihre häufige kulturelle Rezeption zum Leben erweckt wurde. Erstmals schriftlich erwähnt wird er in Tirso de Molinas 1624 uraufgeführtem religiösen spanischen Drama ‹Don Juan – der Verführer von Sevilla und der steinerne Gast›. Von nun an ließ ihn keiner mehr untätig in der Ecke sitzen: Von Mozart und da Ponte mit ihrem ‹Don Giovanni›, von Molière und Richard Strauss bis zu Albert Camus, Jean Anouilh und Max Frisch, von E. T. A. Hoffmann, Alexandre Dumas und Victor Hugo bis zu den Lassie-Singers – die Geschichte des Verführers, der glaubt, von den Frauen der Welt vergewaltigt zu werden und sich wehren zu müssen, läßt niemanden unberührt.

Daß der Begriff des *Don Juan* auch für politische Zusammenhänge herhalten muß, beweist die Wertung über den ehemaligen französischen Staatspräsidenten Jacques Chirac in *Focus Online* aus dem Jahre 2007:

Viele werfen dem Präsidenten vor, es sei ihm in seiner langen politischen Karriere zu wenig um Inhalte gegangen: «Chirac ist ein politischer *Don Juan* – immer mehr daran interessiert, Macht zu gewinnen und zu erhalten, als sie zu nutzen», sagt Philippe Seguin, ein langjähriger Weggefährte aus dem konservativen Lager des Präsidenten.

Kapitel 7

Sprechen und Argumentieren

Ein bißchen Spaß muß sein

Viele Leser werden sich erinnern: Im bekannten Märchen der Brüder Grimm «*Der Froschkönig oder der eiserne Heinrich*» («*Kinder- und Hausmärchen*» 1; 1857; vgl. K. Derungs, 1999) mußte die Königstochter auf Geheiß des Königs den Frosch in ihr Gemach einlassen:

> Als der Frosch erst auf dem Stuhl war, wollte er auf den Tisch, und als er da saß, sprach er: ‹Nun schieb mir dein goldenes Tellerlein näher, damit wir zusammen essen›. Das tat sie zwar, aber man sah wohl, daß sie's nicht gerne tat. Der Frosch ließ sich's gut schmecken, aber ihr *blieb fast jedes Bißlein im Halse* (…).

Immer wieder, ob in literarischen oder sachbezogenen Texten, oszilliert die Bedeutung des Bildes, daß jemandem *der Bissen im Halse stecken bleibt*, zwischen der eher wortgetreuen Ausdeutung ‹vor Schreck nicht mehr weiteressen› und dem Sinn ‹verstummen vor Schreck›. In einem Börsenbericht hörte ich:

> Das Mahl beendet haben jetzt definitiv Telekom und France Télécom. Die erst im vergangenen Jahr befestigte insgesamt sieben Jahre während Kooperation hatte Schluckauf bekommen, als Telekom-Chef Ron Sommer vergeblich eine italienische Süßspeise namens Telecom Italia verkosten wollte. Seinem französischen Diner-Partner Michel Bon war *der Bissen im Halse stecken geblieben*, als er von dem außerplanmäßigen Techtel-

mechtel – angeblich zu spät – erfuhr. Späte Rache des Franzosen: früher Verkauf der deutschen T-Aktien. Und außerdem der Versuch, die Deutschen aus dem deutsch-französisch-italienischen Gemeinschaftsunternehmen ‹Wind› hinauszujagen.

Und in der «*Bild*»-Zeitung war am 5. Juni 2000 über die damalige EXPO zu lesen:

> Auch 'ne Art Weltrekord auf der Weltausstellung: Die simple Bratwurst kostet bis zu 9 Mark! Zum Beispiel an der (deutschen) Würstel-Bude vor dem japanischen Pavillon. Der Besitzer hat vorsichtshalber erst gar kein Preisschild angebracht, sein junger Verkäufer entschuldigt sich: ‹Sorry – aber die Preise hab ich doch nicht gemacht.› Tatsache: Beim Expo-Bummel bleibt einem schnell *der Bissen im Halse* stecken.

Ähnlich häufig begegnet uns, wie angedeutet, der Ausdruck in der deutschen Literatur. So heißt es bei Jeremias Gotthelf in seinem realistischen Bauernroman «*Wie Uli der Knecht glücklich wird*» (1841; im 19. Kapitel):

> Es war ein stattlich Essen da, das Beste, was das Haus vermochte, allein es schmeckte heute dem grasgrünen Elisi nicht halb so gut als gestern dem himmelblauen; sobald es Trinette ansah, *stockte ihm der Bissen im Halse*, selbst dem Johannes sein Neuenburger hatte heute einen ganz andern Geschmack als gestern. Es hatte keine Ruhe, bis angespannt war.

In einem frühen Roman Wilhelm Raabes (1831–1910), «*Abu Telfan oder Die Heimkehr vom Mondgebirge*» (1867), hält Leonhard Hagebucher eine kurze Ansprache, in der er ausführt:

> Verehrte Angehörige, wer länger als zehn Jahre mit den Fingern in die Schüssel greifen mußte, der wird sich nur allmählich wieder an den Gebrauch von Messer und Gabel gewöhnen, und wenn man ihm dazu nicht Zeit lassen kann, so wird ihm der beste *Bissen im Halse steckenbleiben*, und er muß jämmerlich daran erwürgen. Wenn ich wüßte, was noch aus mir werden kann, so würde ich es auf der Stelle sagen; aber ich weiß es nicht (…). (5. Kapitel)

Es handelt sich bei dieser Wendung um ein verbreitetes Bild. Die enge Verbindung zwischen der ‹Angst› und dem Bissen, der im Hals stecken bleibt, findet sich schon in sogenannten «*Gottesurteilen*» (mittellateinisch *iudicium Dei, ordalium, Ordal*) altgermanischen Rechts. Peter C. A. Schels führt dazu in seiner «*Kleinen Enzyklopädie des deutschen Mittelalters*», einer «*lexikalischen Materialsammlung zum Mittelalter im deutschsprachigen Raum*»; s.v. «Gottesurteil» aus:

> Eidesunfähigen Personen (Frauen oder unfreie Hintersassen) stand als prozessuales Beweismittel das noch aus der vorkarolingischen Zeit stammende Gottesurteil zur Verfügung, das etwa vom 9. Jh. an mit christlichen Ritualen verbunden wurde. Die Beklagten konnten ihre Unschuld beweisen, indem sie durch göttliche Hilfe eine Probe bestanden (Abwehrordal) oder sie galten bei Nichtbestehen als überführt (Ermittlungsordal).

Neben der *Feuerprobe*, der *Wasserprobe*, der *Giftprobe*, der *Bahr*- oder *Blutprobe* nennt Schels auch das «Elementarordal» der *Bissenprobe*: «Schuldig war, wer sich beim Abschlucken eines trockenen Brot- oder Käsewürfels verschluckte – wem *der Bissen im Halse stecken blieb.*»

Bedeutungserweiterung und Bedeutungsverengung von Wörtern spielen bei der Sprachentwicklung eine große Rolle. Sie merken, daß ich *ein bißchen* (in manchen Landschaften sagt man: *a bisserl*) – ich hätte auch sagen können: *ein wenig* – die historische Entwicklung beleuchte: Ursprünglich redete man nur von einem *Bißchen* im Sinne eines ‹kleinen Bissens›, wo etwas Eßbares abgebissen wurde, z. B. von einem *bißchen Brotes*, später von einem *bißchen Brot*, einem *bißchen Fleisch* usw. Heute umgeht man das Substantiv *Bißchen* durch den Ausdruck *ein kleiner Bissen.*

Zum erstenmal belegt gegen Ende des 17. Jahrhunderts, wird der Ausdruck *ein bißchen* – wie es Christoph Ernst Steinbachs in Breslau 1734 erschienenes «*Vollständiges Deutsches Wörter-Buch*» verzeichnet – bis heute in der allgemeinen Bedeutung ‹ein wenig› auch in anderem Zusammenhang gebraucht, etwa bei Maßangaben für Getränke (*ein bißchen Milch, ein bißchen Schnaps*) und bei Dauerangaben von Tätigkeiten: *ein bißchen zuhören, ein bißchen schlafen.* Neuerdings hat man den Eindruck, daß alle Welt das Wort *bißchen* nicht nur *ein bißchen*, sondern nahezu völlig meidet und es durch *ein Stück (weit)* ersetzt.

Bremens Grünen-Chefin Susann Mittrenga kündigte an, die Grünen würden nun versuchen, «*ein Stück weit* mit der SPD auf Augenhöhe zu verhandeln».   (*Focus Online 2007*)

Wie sagte Karl Kraus (in seiner Sammlung «*Aphorismen*»)? «Ich beherrsche nur die Sprache der andern. Die meinige macht mit mir, was sie will.» Die Politikerin wird es sicher nie zur sprachlichen Meisterschaft eines Karl Kraus bringen – vor allem nicht zu seiner Selbstironie.

Meine uneingeschränkte Solidarität gilt dem Journalisten Axel Hacke, der diese sprachliche Unsitte am 20. Januar 2002 in der Zeitung «*Der Tagesspiegel*» aufs Korn genommen hat:

Es geht einem nicht aus dem Kopf, wie Angela Merkel, als alles entschieden war, an einem Pult stand und sagte, sie glaube, verantwortlich gehandelt zu haben, und sei ‹deshalb auch *ein Stück stolz*›. Ein Stück stolz, hmmm (...) Hatte sie nicht nach dem 11. September erklärt, sie sei ‹*ein Stückweit fassungslos*›? Diese *Stück-Rhetorik* ist eine Mode, nichts wird richtig und ganz gemacht, alles bloß *ein Stück weit*. Der Grüne Oswald Metzger klagte, ‹die globale Wirtschaftsdelle› sei nach dem 11. September ‹*ein Stück weit verlängert* worden›. Der Fußball-Präsident Gerhard Mayer-Vorfelder jammerte nach dem Ausscheiden bei der Europameisterschaft, er habe bei den Deutschen ‹*ein Stück weit die Professionalität vermißt*›. Und beim Öko-Staffellauf von Vorarlberg nach Wien, einer Werbeaktion für Klimabündnis-Kaffee, wurde gebeten: ‹Tragen Sie *ein Stück Fairness* ein Stück weit dem Ziel entgegen!› Ja, so schafft man gewiß ein Stückchen Frieden in der Welt (...)
Aber manchmal möchte man doch das Wort *Stück* nehmen und irgendwo tief vergraben, wo es keiner findet, der bloß *ein Stück weit gräbt*. Es ist nicht mehr anzuhören! Andererseits: Daß Angela *Stückweit-Merkel* (nach einem Frühstück übrigens, wie sie zu erwähnen nicht vergaß) nicht für den Kanzlerposten kandidieren darf – hat es womöglich auch was mit der Art zu tun, wie sie dieses Wörtlein *Stück* verwendet?
Hat man denn, zum Beispiel, je von Helmut Kohl den Begriff in anderen Zusammenhängen vernommen als: ‹Bring mal zwei *Stück Kuchen*, Juliane!› Hat man nicht. Oder hat Schröder, als er an des Kanzleramtes Toren rüttelte, gerufen: ‹Macht mal *ein Stück auf*! Ich möchte hier *ein Stück weit rein*!› Hat er nicht.

Kennen Sie noch das von Curd Jürgens gesungene Lied «*Sechzig Jahre und kein bißchen* weise»? Seitdem ist natürlich an ganzes Stück Zeit vergangen, aber Roberto Blancos Song «*Ein bißchen Spaß muß sein*» kennen Sie doch noch, oder?

Lumpen, die sich das Klima verhunzen

Die heftige (und nach meiner Einschätzung noch keinesfalls abgeschlossene) Kontroverse um die in Deutschland durchgeführte und seit dem 1. August 1999 in Behörden und Schulen verbindliche sogenannte Rechtschreibreform hat durchaus historische Vorläufer. So hat sich schon der Philosoph Arthur Schopenhauer (1788–1860) in einer vergleichbaren Situation zu Wort gemeldet und ist recht schnell zum Grundsätzlichen gekommen:

> Am tollsten treiben es die Zeitungen zumal die süddeutschen, so daß man bisweilen zu glauben anfängt, sie persifflirten und parodirten die grassirende Sprachverbesserung. Allein sie meynen's ehrlich. – Mit welchem Fug und Recht maaßen sich die Zeitungsschreiber und Journalisten einer litterarisch heruntergekommenen Periode an, die Sprache zu reformiren? Sie thun es aber nach dem Maaßstabe ihrer Unwissenheit, Urtheilslosigkeit und Gemeinheit. Aber Gelehrte und Professoren, die ihre Verbesserungen annehmen, stellen sich damit ein Diplom der Unwissenheit und Gemeinheit aus.

Diese Zeilen finden sich in Schopenhauers Kampf- und Schmähschrift «Über die, seit einigen Jahren, methodisch betriebene *Verhunzung* der deutschen Sprache» (vgl. Nachdruck 1997:27).

Gottfried Keller (1819–1890) schrieb in einem Brief vom 15. Oktober 1853 an den Literarhistoriker Hermann Hettner, mit dem er seit seiner Heidelberger Zeit befreundet war:

> Etwas Possierliches ist mir mit meinem Jeremias Gotthelf passiert, den ich, wie Sie wissen, mir zum Dramatisiren aufgespart. Die Berliner sind jetzt plötzlich darüber hergefallen, Einer hat eine Oper gemacht und Ring will ein Lustspiel machen, das nach der *Verhunzung*, die er mir mittheilte, ganz wässerig wird. Ich war ganz verblüfft und verwundert über diese Trüffelhunde, die fortwährend das gute Material aufwühlen und es dann *verhunzen*.

In Kellers Roman «*Martin Salander*» (1886) heißt es: «Das sind ja wahre Lumpen, die sich selbst das Klima *verhunzen*.»

Bei vielen deutschsprachigen Dichtern und Schriftstellern der Hochkultur liest man das Wort – also nicht nur bei Gottfried Keller, sondern z. B. auch bei Gotthold Ephraim Lessing, Friedrich Schiller, Friedrich Hebbel (1813–1863) und Eduard Mörike (1804–1875).

In Lessings «*Nathan der Weise*» (1779) sagt der Tempelherr (V, 5):

Oh! Was wird bei ihm ihr mangeln können! Wird
Das Brüderchen mit Essen und mit Kleidung,
Mit Naschwerk und mit Putz, das Schwesterchen
Nicht reichlich g'nug versorgen? Und was braucht
Ein Schwesterchen denn mehr? – Ei freilich: auch
Noch einen Mann! – Nun, nun, auch den, auch den
Wird ihr das Brüderchen zu seiner Zeit
Schon schaffen; wie er immer nur zu finden!
Der Christlichste der Beste! – Nathan, Nathan!
Welch einen Engel hattet Ihr gebildet,
Den Euch nun andre so *verhunzen* werden!

In Friedrich Schillers «*Die Räuber*» (1781) heißt es (im 1. Akt, 2. Szene) beim Dialog zwischen Karl von Moor und Spiegelberg in der Schenke an den Grenzen von Sachsen:

Spiegelberg (trinkt). Lies den Josephus, ich bitte dich drum.
Moor. Pfui! pfui über das schlappe Kastraten-Jahrhundert, zu nichts nütze, als die Taten der Vorzeit wiederzukäuen und die Helden des Altertums mit Commentationen zu schinden und zu *verhunzen* mit Trauerspielen. Die Kraft seiner Lenden ist versiegen gegangen, und nun muß Bierhefe den Menschen fortpflanzen helfen.

Und im Dialog zwischen Spiegelberg und Razmann (im 5. Akt, 5. Szene) lautet die Aussage:

Spiegelberg: Ich war eben auf dem Sprung, mich beim Magistrat anzugeben, daß die Canaille mir meinen Namen so *verhunzen* soll – wie ich sage, drei Monat drauf hangt er. Ich mußte nachher eine derbe Prise Toback in die Nase reiben, als ich am Galgen vorbeispazierte und den Pseudo-Spiegelberg in seiner

Glorie da paradieren sah – und unterdessen daß Spiegelberg hangt, schleicht sich Spiegelberg ganz sachte aus den Schlingen und deutet der superklugen Gerechtigkeit hinterrücks Eselsohren, daß 's zum Erbarmen ist.

Razmann (lacht): Du bist eben noch immer der Alte.

In Friedrich Hebbels Tragödie «*Judith*» (1841) sagt Holofernes im 1. Akt:

Verflucht sei Nebukadnezar! Verflucht sei er, weil er einen großen Gedanken hatte, einen Gedanken, den er nicht zu Ehren bringen, den er nur *verhunzen* und lächerlich machen kann!

Auch in Eduard Mörikes Novelle «*Mozart auf der Reise nach Prag*» (1856) stößt der Leser auf das Verb *verhunzen*:

Ich wünschte, er wär' selbst dabei, der Erzneidhammel sollte sehen, daß ich nicht nötig hab, einem andern sein Zeug zu *verhunzen*, damit ich immerfort der bleiben möge, der ich bin!

Otto Julius Bierbaum schreibt im Roman «*Die Freiersfahrten und Freiersmeinungen des weiberfeindlichen Herrn Pankrazius Graunzer*» (1896):

Ich sollte ihm sagen, wo Brigitte wäre; das war das Erste.
Ich sagte ihm sehr ruhig und gleichfalls mit dem Biedertone der Gemütlichkeit, daß mir das gar nicht einfiele.
Dann werde er sie suchen, – er!
Das möge er tun, wenn's ihm Spaß mache. Finden werde er sie aber nicht.
Oh! Wenn er nur wollte! Er fände sie schon! Er könne sich schon denken, wo sie stecke. Aber nein: er werde sich gar keine Mühe geben und sich das Zimmerstutzenschießen *verhunzen*, jetzt, wo er wahrscheinlich heut' Abend König sein werde. Nein: ich würde schon ein Einseh'n haben und dem Mädel den Kopf zurecht setzen und sie nach Hause schicken.

Doch das Wort *verhunzen* begegnet einem nicht nur in philosophischen und literarischen Kontexten. Es überrascht nicht, daß uns beim streitbaren Karl Kraus in der «*Fackel*» das Wort *verhunzen* mehrmals begegnet, so auch bei diesen bemerkenswerten Ausführungen:

Einzig unsere Postverwaltung ist von der Identität des neuen Korruptionsbekämpfers mit meiner Person überzeugt und überweist alle von Banken und Aktiengesellschaften abgelehnten roten Hefte an den Verlag der ‹Fackel›. Die Schar dieser Kämpen, die der Korruption durch Lumperei beikommen wollen und für die das «heute rot, morgen tot» eigens erfunden scheint, ist unübersehbar. Unsympathischer sind jene unter meinen Anhängern, die die Übel dieser Welt ausschließlich mit der Waffe überzeugter Geistlosigkeit bekämpfen, meine Terminologie *verhunzen* und am Schlusse des Quartals es glücklich dahin gebracht haben, daß die Leser, zur Abonnementserneuerung aufgefordert, sich nach der in den abschreckendsten Farben geschilderten Korruption sehnen, weil sie bei ihr weniger Langweile zu finden hoffen. «Vorhang auf!» ruft der Herausgeber – «Anhang weg!» antworte ich mit Nachdruck.

*

(F 185, 5 f. (1905))

Sollen die Sprachputzer und -putzerinnen schnell das ihre tun, aber so schnell, daß man ihre Sorgfalt nicht mehr spürt, daß sie schon aus dem Haus draußen sind, wenn man drin wohnen möchte – und sie werden staunen, wie ungastlich ich gegen Fremdwörter bin. Aber sie werden's nicht erleben. Und bis dahin wird es ihnen kaum gelingen, mir einen Satz von mir nachzuweisen, dessen Kraft und Farbe, also dessen Deutsch vom Ersatz des fremden durch das deutsche Wort nicht beeinträchtigt würde. Ich denke da nicht an die ungezählten Fälle, in denen meine Sprache bloß die der Welt nachäfft oder nachspricht. Auch wo sie selbst spricht, dient ihr die vorhandene als Schalltrichter. Würde sie etwa statt der Redakteure die Schriftleiter berufen, so würde der lebendige Haß gegen jene, die die Sprache *verhunzen*, zersplittert an der Vorstellung solcher, die sie gar reinigen wollen. Ich kann eine Polemik tot machen, wenn ich ihr das Fremdwort ausreiße.

Das fremdwörterscheue Mädchen beklagt sich, daß sie immer erst nachschlagen muß. Das macht nichts. Der Atem geht nicht verloren oder stellt sich wieder her, und man empfängt den Gedanken, auch wenn man nicht im Fremdwörterbuch nachschlägt, sondern ungebildet bleibt. Aber welch ein Deutsch wäre das, für das man im Deutschwörterbuch nachschlagen müßte! Die Leute, die mich lesen und mithin wenn schon nicht mein Wort, so doch wenigstens meine Meinung empfangen haben müßten, wissen noch immer nicht, daß ein Satz, der nur aus Fremdwörtern besteht, besser deutsch sein kann, als wenn man ihn verdeutschte, ja daß zwischen meinen Fremdwörtern mehr Deutsch ist als in einem Buch von Eduard Engel. Der oder das verwechselt noch immer die Wortgestalt mit dem Kostüm (Anzug) und meint, es könne auch ein Reformkleid sein. Sie glauben, deutsch sei das, was man entweder in eine fremde Sprache oder in was man diese übersetzen kann. Ich aber sage: Wenn die deutschen Literaturprofessoren lieber ihren Vollbart reinigen wollten, wärs um unsre Sprache besser bestellt.

(F 554,15 (1920))

Es ist jedoch bemerkenswert, daß man in der «Fackel» noch 1925 in einem Gedicht über Wien auch auf das einfache Verb *hunzen* stößt:

> Kinder haben keine Windel.
> Ganz und gar in Seidenwäsche,
> trauert dieses Erzgesindel
> um die Majestät, die fesche.
>
> Frierend läßt um eine Semmel
> eine für ihr Kind sich *hunzen*.
> Vormittag schon frißt bei Demel
> eine pelzgefüllte Funzen.   (F 595,127 (1925))

Literarische Zeugnisse zu Beginn des 20. Jahrhunderts bezeugen, daß *hunzen* damals durchaus noch geläufig war. So heißt es bei Marie von Ebner-Eschenbach in ihrer Erzählung «*Der Erstgeborene*» (1905):

> Die Bäuerin blieb zurück und kaufte allerlei Geschenke für das Gesinde. Vilmas Laune besserte sich nicht, trotz des Gewinns, der ihr noch kurz vor dem Aufbruch zufiel. Sie machte sich an die Versorgung ihres Kastens, zog langsam die Riemen durch die Schnallen und sah manchmal mit gespieltem Staunen seitwärts nach Ilona hin. ‹Was wollt Ihr noch?› fragten ihre tückischen Augen. Plötzlich wandte sie sich, stemmte den Arm in die Seite und sprach:
> «Ihr seid noch da? Wollt Zins einfordern, ich weiß schon. Ich bin ja hier nur geduldet, hinausgeworfen, ich Arme, von euch reichen Leuten. *Hunzen* lasse ich mich aber deshalb nicht, – ich zahle!»
> Sie zog ein Päckchen aus der Tasche, wickelte den Inhalt aus seinen papiernen Hüllen und bot ihn der Bäuerin auf der Hand dar, deren innere Fläche wie bei einer Meerkatzenhand gegen die dunkle äußere hell abstach.
> «Was Euch einfällt,» sagte Ilona; «ich werde doch kein Geschenk von Euch annehmen.»

Und bei der bayrischen Heimatschriftstellerin Lena Christ (1881–1920) lautet es in ihrem Roman *«Die Rumplhanni»* (Erstdruck 1916):

> «Aber daß ma d' Deanstboten fürs Faulenzen zahlt!» – «Durchaus net! Aber so ausnutzerische Leut, wias du oans bist, muaß's ja überhaupts nimmer gebn!» – «Und koa so a ausgschaamte Goschen, wias du hast, aa nimmer!» – «I laß mi ganz oafach net a so *hunzen!»* – «Wer *hunzt* di denn?» – «Naa, sag i! – Wia a Stuck Viech werd ma hergnomma!» In dem Augenblick fährt die keifende Fistelstimme der alten Kollerin drein: «Was gibts da scho wieder! Was möchst du scho wieder, du ausgschaamts Weibsbild, du ganz ausgschaamts du!»

Bei Schriftstellern des 19. Jahrhunderts sind selbst die präfigierten Verben *herumhunzen* und *aushunzen* noch anzutreffen, so etwa bei E. T. A. Hoffmann und Levin Schücking (1814–1883):

> Sie sind daher für jetzt vor meiner Rache völlig sicher, und das um so mehr, weil mir eben keine Mittel zu Gebote stehen. Wäre ich ein Rezensent, so würde ich Ihre Schriften weidlich *herumhunzen* und dem Publikum so klar dartun, wie es Ihnen an allen Eigenschaften eines guten Schriftstellers mangle, daß kein Leser etwas von Ihnen mehr lesen, kein Verleger es mehr verlegen sollte. Aber da war's denn doch nötig, erst Ihre Schriften zu lesen, und dafür soll mich der Himmel behüten, da nichts als bare Ungereimtheiten, die gröbsten Lügen darin enthalten sein sollen. (E.T.A Hoffmann: *Letzte Stücke*: «Die Geheimnisse» (1821))

Levin Schückings Roman *«Eine dunkle Tat»* (1846) hieß ursprünglich *«Das Stiftsfräulein»*. Bei diesem Jugendwerk, bei dem die Freundin *Annette von Droste-Hülshoff* vermutlich mitarbeitete – das sie jedenfalls stark beeinflußte –, heißt es im 5. Kapitel:

> «Seid ganz ruhig,» fuhr er fort, «was ich Euch zu sagen habe, ist immer des Anhörens wert. Ich will sie heiraten, aber sie will aus Eurem Hause nicht fort; daran seid allein Ihr schuld; sonst würde sie das freie fröhliche Ziehen über Berg und Heide nicht aufgeben, um sich einer alten Hexe gegenüber am Feuer zu schmoren und sich wie eine Magd *aushunzen* zu lassen, während sie wie eine Königin im Walde draußen sein kann. Ich schlag' Euch nun einen Handel vor; er soll Euch nur Worte kosten und dafür geb' ich Euch einen Namen, Güter, Land und Leute. Wollt Ihr?»

In heutigen Tageszeitungen und Wochenmagazinen ist nur noch vom *Verhunzen* die Rede:

> Theaterskandale sind heutzutage schwer zu inszenieren. Wenn Regisseure Klassiker *verhunzen*, wenn ein Mann die Iphigenie spielt, wenn Schauspieler auf der Bühne urinieren, onanieren, kopulieren und statt Kostümen nur ihre Haut zeigen, wenn Autoren nur geplündert statt gespielt werden, regt sich kaum mehr jemand auf. Solche Deformationen gehören zum erwarteten Repertoire. *(Focus 2006)*

> «Ich würde gerne auf Spanisch antworten, aber ich möchte diese schöne Sprache nicht *verhunzen*», entschuldigt sich Gouverneur George W. Bush. *(Die Zeit 2000)*

> Hoffentlich *verhunzen* sie es mir diesen Samstag nicht wieder mit der glubschäugigen roten Tomate! *(Die Welt 2001)*

> Da schwellen Orgelklänge zu monströser Imposanz, schleppt das Schlagwerk stets einen halben Schritt hinter den Kumpanen her und lassen die Akteure sich ihre Rockshow nicht einfach von einem Choreografen *verhunzen*. *(Die Welt 2001)*

> Die Amis, die es schon überfordert, von zwei Leuten einen zum Präsidenten zu wählen, ausgerechnet die wollen uns unsere Currywurst *verhunzen*. *(Die Welt 2000)*

> Denn ab einem gewissen Alter warten die Mitschüler in der Klasse doch nur darauf, den Namen zu *verhunzen*. *(Sueddeutsche.de 2007)*

Kürzlich las ich in einem Werbeprospekt für Erfolgs-Management: «Es gilt heute leider als schick, die Schulmedizin zu *verhunzen*.» Im Jahre 1994 erschien die kritische Analyse des Buches von Karl Hugo Pruys «*Im Vorfeld wird zurückgeschossen...*: Wie Politiker und Medien die deutsche Sprache *verhunzen*».

Eine *verhunzte* Sprache ist also eine ‹verdorbene›, ‹geschundene›, eine ‹auf den Hund gekommene› Sprache; wer eine Arbeit *verhunzt* hat, dem ist sie ‹mißlungen›. Haben Sie schon eine Idee, woher das Wort stammt? Hat es tatsächlich etwas mit dem Wort *Hund* zu tun? Die Lösung ist ebenso einfach wie verblüffend: Das Wort ist relativ jung und wurde tatsächlich erst in neuhochdeutscher Zeit von *Hund* abgeleitet. Es ist ähnlich gebildet wie *duzen* für ‹du sagen›; unser heutiges *verhunzen* entstammt nämlich der oben zitierten älteren Form *hunzen* mit der ursprünglichen Bedeutung ‹wie einen

Hund ausschimpfen oder behandeln, schinden, plagen› und der späteren Bedeutung ‹verderben›. In Anlehnung an Jacob und Wilhelm Grimm («*Deutsches Wörterbuch*») schrieb Herman Schrader in seinem Werk «*Der Bilderschmuck der deutschen Sprache in Tausenden volkstümlicher Redensarten*» ([7]1912:142): «*Hunzen* ist eine Frequentativbildung von *Hund* auf *zen* und könnte deswegen auch *hundzen* geschrieben werden.»

Somit war es bei der etymologischen Betrachtung des Wortes *hunzen* letztlich nicht zu vermeiden, doch noch auf den *Hund* zu kommen. Vor mir liegt ein Büchlein mit dem Titel «*Manfred Hofmanns interessanter Quatsch*» (1986). Darin heißt es: «An und für sich sind Hunde ja ziemlich blöde. Auch dem allereinfältigsten Menschen gelingt es schon in relativ kurzer Zeit, seinem Vierbeiner einfache Kommandos beizubringen: ‹Faß!› – und der Hund apportiert ein Faß, ‹Fuß!› – und er beißt in den Fuß, ‹Aus!› – und er pinkelt ans nächste Haus.»

Wenn die Lästerzunge sticht

«Wenn Deine Gegenwart makellos ist, so untersucht man deine Vergangenheit.» Das sagte Georg Christoph Lichtenberg (1742–1799), denn es wurde zu allen Zeiten viel gelästert.

Früher galt das *Lästern* – es ist abgeleitet von *Laster* – als ein ‹höherer Grad der Ehrenschändung› als das Verleumden. Der Begriff der Ehrenschändung wurde zur Gegenwart hin abgeschwächt zu ‹tratschen›, ausgedrückt in der festen Wendung, die man gegenüber dem hinzukommenden Geschmähten mit den Worten ausdrückt: «Wir haben gerade über dich *gelästert*.»

Die Stadt Düsseldorf wirbt für ihre schöne Umgebung und will Laufbegeisterte ansprechen. Sie stellt ihnen dafür im Internet eine Strecke von Unterbach bis an den Rhein vor und erklärt Sehenswürdigkeiten, die die Läufer auf diesem Kurs passieren – u. a. die Universität Düsseldorf; über diese Bildungsstätte heißt es:

> Entstanden 1965 aus der Medizinischen Akademie. Erhielt 1988 nach langem Tauziehen den Namen Heinrich-Heine-Universität. Das Denkmal des größten Düsseldorfer Schriftstellers vor der Universitätsbibliothek (rund 1 Mio. Bände) zeigt einen nachdenklichen Heinrich Heine, wohl ahnend, daß ihm bestimmte Kreise eines nie verzeihen würden: seine lose *Lästerzunge* mit

der er vor allem dumpfen Nationalismus und kleinkariertes Spießertum anprangerte.

Hier wird auf Heines *lästernde Zunge*, seine *Lästerzunge* abgestellt. Goethe hat es (in: «*Xenien und Votivtafeln*») ähnlich ausgedrückt: «Ist das Knie nur geschmeidig, so darf die Zunge schon *lästern.*/ Was darf der nicht begehn, der sich zu kriechen nicht schämt!» Auch Gottfried August Bürger (1747–1794) hat das Wort *Lästerzunge* in einem Epigramm mit dem Titel «*Trost*» in gleicher Funktion verwendet:

Wenn die *Lästerzunge* sticht,
So laß dir dies zum Troste sagen:
Die schlechtesten Früchte sind es nicht,
Woran die Wespen nagen.

Eine solche Verwendung des Wortes *Lästerzunge* ist heute eigentlich selten; im Jahre 2006 konnte man allerdings im *Focus Online* über den Modeschöpfer Karl Lagerfeld lesen:

Aber nicht nur auf das deutsche Model hat es Lagerfeld abgesehen, der für seine unerbittliche *Lästerzunge* bekannt ist.

Spiegel Online schilderte im selben Jahr denselben Modeschöpfer so:

Der exzentrische Modedesigner Lagerfeld, nach eigenen Angaben 67 Jahre alt, ist als *Lästerzunge* berühmt und berüchtigt. In den vergangenen Jahren plazierte er zahlreiche Verbalattakken gegen Prominente.

Hier wird das Wort *Lästerzunge*, wie in den meisten Medien, metonymisch für einen ‹lästernden Menschen› gebraucht. Dies geschieht schon seit geraumer Zeit auch in literarischen Werken. So formulierte der Lyriker und Fabeldichter Friedrich von Hagedorn (1708–1754):

Den frechen Lügner trifft Verwirrung Furcht und Tod;
Doch dieses Beispiel schreckt nur wenig *Lästerzungen*.

Ähnlich klingt Gotthold Ephraim Lessing im Gedicht «*Für wen ich singe*»:

Ich singe nicht, durch Stolz gedrungen,
für dich, mein deutsches Vaterland,
ich fürchte jene *Lästerzungen*,
die dich bis an den Pol verbannt.

Gegen 1460 entstand ein berühmtes Werk des französischen Dichters François Villon (1431–nach 1463), von Paul Zech (1881–1946) kongenial übersetzt:

DIE BALLADE VON DEN *LÄSTERZUNGEN*
In Kalk, noch ungelöscht, in Eisenbrei,
in Salz, Salpeter, Phosphorgluten,
in dem Urin von rossigen Eselsstuten,
in Schlangengift und in Altweiberspei,
in Rattenschiß und Wasser aus den Badewannen,
im Saft von einem Krötenbauch und Drachenblut,
in Wolfsmilch und dem sauren Rest der Rotweinkannen,
in Ochsengalle und Latrinenflut:
In diesem Saft soll man die *Lästerzungen* schmoren.

In eines Katers Hirn, der nicht mehr fischt,
im Geifer, der aus den Gebissen
toller Hunde träuft, mit Affenpiß vermischt,
mit Stacheln, einem Igel ausgerissen,
im Regenfaß, drin schon die Würmer schwimmen,
krepierte Ratten und der grüne Schleim
von Pilzen, die des Nachts wie Feuer glimmen,
in Pferderotz und heißem Leim:
In diesem Saft soll man die *Lästerzungen* schmoren.

In dem Gefäß, drin alles reingerät,
was so ein Medikus herausholt aus dem schwieren
Gedärm an Eiter und verpestetem Sekret,
in Salben, die sie in den Schlitz sich schmieren,
die Hurenmenscher, um sich kalt zu halten,
in all dem Schmodder, den die Lust
zurückläßt in den Spitzen und den Spalten;
wer hätte nicht durch solchen Schiet hindurchgemußt!
In diesem Saft soll man die *Lästerzungen* schmoren.

Die Zeitschrift «*Der Spiegel*» berichtete am 19. Februar 2001 in einer historisch-politischen Bewertung des sogenannten «*Pleven-Plans*» im Zusammenhang mit der westdeutschen Remilitarisierung:

Von Washington aus gab Acheson diplomatisch-verbrämt der Pariser Konferenz denselben Leitspruch: «Die Vereinigten Staaten beabsichtigen nicht, die deutsche Bundesrepublik zur Teilnahme an der westeuropäischen Verteidigung zu drängen.» Und, derb abgewandelt, meinte Drew Pearson, Washingtons wohlinformierte politische *Lästerzunge*, über etliche US-Sender: «Nun werden wir warten, bis die Deutschen gekrochen kommen. In Washington hat man es aufgegeben, um die deutsche Wiederaufrüstung zu buhlen.»

Im Jahre 2007 konnte man in *Spiegel Online* lesen:

> In der Tat: Peter Glotz, der intellektuelle Bundesgeschäftsführer der SPD, war unmittelbar begeistert von dem Personalvorschlag. Indes: Alle anderen waren es nicht. Selbst treue Brandt-Gefährten wie Horst Ehmke und Egon Bahr verstanden ihren Meister nicht mehr. Ehmke sprach gar von einer «Narretei». Und das *Lästermaul* Hans Apel lancierte das flapsige Kürzel «BMW: Brandt-Muß-Weg».

Die metonymischen Verwendungsweisen von *Lästerzunge* und *Lästermaul* sind Prägungen Luthers: «Damit ist nun das Maul gestopft den Zungenwäschern und etlichen *Lästerzungen*, die da geifern wider uns.» Man vergleiche auch die «Sprüche Salomos (Sprichwörter)» 4,24: «Tu von dir die Falschheit des Mundes und sei kein *Lästermaul*.»

Als *Lästermaul* mußte sich indessen auch Luther selbst von seinem Gegenspieler Thomas Müntzer (1489–1525) beschimpfen lassen; dies beweist ein Blick in dessen «*Hochverursachte Schutzrede und Antwort wider das geistlose, sanftlebende Fleisch zu Wittenberg, welches mit verkehrter Weise durch den Diebstahl der Heiligen Schrift die erbärmliche Christenheit also ganz jämmerlichen besudelt hat*»:

> Du sagst, ich sei drei Jahr vertrieben und herumhergelaufen, und sprichst, ich klag von viel Leiden. Sieh, wie es zusammenstimmt! Du hast mich mit deiner Federn gegen manchem Biedermanne belogen und geschmähet, wie ich dir's kann nachbringen. Du hast mich mit deinem *Lästermaul* öffentlich einen Teufel gescholten. Ja, du tust allen Widersachern also. Was kannst du anders denn der Kolkrabe, schreit auch nur seinen eigen Namen aus.

Ist jetzt genug *gelästert* worden? Man könnte geneigt sein zu fragen: Ist das Wort *lästern* nunmehr *zerlästert* worden? Nur: das Wort *zerlästern* ist heute nicht mehr im Gebrauch. Goethe hat es – im Sinne von ‹verstümmeln› – noch benutzt: «Unterm reinsten Himmel der unsicherste Boden. Trümmern undenkbarer Wohlhäbigkeit, *zerlästert* und unerfreulich.» («Italienische Reise»/Neapel/1. März 1787:HA 11, 187)

Que cela n'arrive plus!

Bei Franz Grillparzer (1791–1872) heißt es in seiner 1847 veröffentlichten Erzählung «*Der arme Spielmann*»:

> «Es wird spät» sprach ich, «und Sie wollen nach Hause. Auf Wiedersehen denn!» und dabei fuhr ich in die Tasche, um das früher gereichte gar zu kleine Geldgeschenk allenfalls zu verdoppeln. Er aber hatte mit der einen Hand das Notenpult, mit der andern seine Violine angefaßt und rief hastig: «Was ich devotest *verbitten* muß (…) Das Honorarium für mein Spiel ist mir bereits in Fülle zuteil geworden, eines andern Verdienstes aber bin ich mir zur Zeit nicht bewußt.» Dabei machte er mir mit einer Abart vornehmer Leichtigkeit einen ziemlich linkischen Kratzfuß und entfernte sich, so schnell ihn seine alten Beine trugen.

In seinem 1848 entstandenen Trauerspiel in fünf Aufzügen, das den Titel «*Libussa*» trägt und das erst zwei Jahre nach seinem Tode uraufgeführt wurde, heißt es hingegen an einer Stelle:

> Primislaus: Du bist kein Weib, um das man werben könnte?
> Libussa: Du hast's erraten.
> Primislaus: Und, *verbeut's* dein Stand, sind's andre Gründe, die's *verbieten*?
> Libussa: Beides. Nun noch einmal: gedenke deines Worts/Und führe mich aus dieses Waldes Schlünden/Zum Ziele meines Weges, das du kennst.

Hier werden offenbar die Verben *verbitten* und *verbieten* (in transitiver Form) von einem Schriftsteller synonym verwendet. Das ist äußerst ungewöhnlich. Die transitive Verwendung von *verbitten* begegnet uns allerdings auch bei Christoph Martin Wieland und Karl Ferdinand Gutzkow.

Genug, er leistete sie uns, und meine Mutter fand sich ihm zu sehr verpflichtet, um seine Besuche, da er sie auch nach Endigung unsers Prozesses fortsetzte, *verbitten* zu können.
(Christoph Martin Wieland – *Menander und Glycerion* (1803))

Ich würde eine Portraitähnlichkeit überall da *verbitten*, wo es sich um kein Portrait handelt.
(Karl Ferdinand Gutzkow – *Die Ritter vom Geiste* (1851))

Bei Gutzkow wiederum fällt auf, daß er im selben Roman auch das Verb in der Form *sich verbitten* verwendet – wie es durchgängig bei deutschen Schriftstellern unterschiedlichster Provenienz geschieht:

Nur einen Nepomuk auf die Zugbrücke, sagte er zu Rudhard, der ihn von Brüssel oft besuchte, nur den würd' ich *mir verbitten*; dieser Heilige macht mir bei jeder Brücke erst recht den Schwindel, den er vertreiben soll.
(Karl Ferdinand Gutzkow – *Die Ritter vom Geiste*)

Das ist aber ein sehr zweideutiger Titel, den ich *mir verbitten* möchte.
(Johann Peter Eckermann (1792–1854) – *Gespräche mit Goethe in den letzten Jahren seines Lebens 1823–1862* (1836–1848)/III. Teil, 4. 1. 1824)

«Sie haben wohl recht», sagte Goethe. «Lessing soll selbst einmal geäußert haben, daß, wenn Gott ihm die Wahrheit geben wolle, er *sich* dieses Geschenk *verbitten*, vielmehr die Mühe vorziehen würde, sie selber zu suchen.
(Johann Peter Eckermann – *Gespräche mit Goethe in den letzten Jahren seines Lebens 1823–1862*/I. Teil, 11. 4. 1827)

Aus der Stadt kamen ihm von Seiten des Magistrats Deputierte entgegen, *sich* die Besatzung zu *verbitten*, weil die protestantische Bürgerschaft, als der überlegene Theil, sich dawider erklärt habe.
(Friedrich Schiller – *Geschichte des Abfalls der vereinigten Niederlande von der spanischen Regierung* (1788))

Sie *verbitten sich* diese Verdächtigung?
(Otto Julius Bierbaum – *Stilpe. Ein Roman aus der Froschperspektive* (1897))

Das müßte ich *mir* denn doch *verbitten*!
(Otto Julius Bierbaum – *Zäpfel Kerns Abenteuer* (1905))

Die Macht ihres Blickes wird auf eine Weise bezeichnet, die nur in einer künstlerischen Zeit erklärlich ist, und die man *sich* jetzt *verbitten* würde.
(Jacob Burckhardt (1818–1897) – *Die Kultur der Renaissance in Italien* (1860))

«Der Herr sucht hier vielleicht Händel,» sagte der Wirt, und trat auf die Seite der Streitenden: «aber mein Haus ist ein ehrliches Haus, und ich will *mir* dergleichen *verbitten*.»
(Ludwig Tieck (1773–1853) – *Peter Lebrecht: Eine Geschichte ohne Abenteuerlichkeiten* (1795–1796))

Aber dann hätte man mich doch besser verjagen können und meine Fragen *sich verbitten*.
(Franz Kafka (1883–1924) – *Forschungen eines Hundes* (1922))

«Das würde ich *mir* auch *verbitten*.»
(Theodor Fontane – *Effi Briest* (1895))

Es war unmöglich für sie, *sich* seine Gegenwart zu *verbitten*.
(Theodor Fontane – *Effi Briest*)

Sie spielt mit Dir, und anstatt *Dir* das zu *verbitten*, küssest Du ihr die Hand und lässest Dich einfangen wie die Gimpel.
(Theodor Fontane – *Frau Jenny Treibel* (1892))

Steht er wirklich als Geist an Eurem Bette, so daß ich ihn mit diesen meinen Augen sehe, so ist es meine Ritterpflicht, *mir* in Eurem Namen diese ganz zwecklosen und unbequemen Nachtbesuche zu *verbitten*.
(Paul Heyse (1830–1914) – *Die Witwe von Pisa* (1865))

Das werden wir *uns verbitten*!
(Karl May (1842–1912) – *Tokvi-tey* (1887))

Das Lachen aber muß ich *mir verbitten*!
(Karl May – *Oiht-e-keh-fa-wakon* (1887))

Ludwig Semper brauchte *sich* solche Gespräche nicht zu *verbitten*; in seiner Gegenwart schwieg all dergleichen von selbst.
(Otto Ernst – *Asmus Sempers Jugendland* (1905))

Wir *verbitten uns* das.
(Wilhelm Raabe (1831–1910) – *Höxter und Corvey* (1875))

Wir könnten *uns* das Wort mit einer gewissen, gottlob nur selten von uns selber an uns selbst bemerkten Aufregung *verbitten*.
(Wilhelm Raabe – *Deutscher Adel* (1880))

«Ich rede durchaus nicht saudumm daher (…) und überhaupts möchte ich *mir* das *verbitten*… net wahr…»
(Ludwig Thoma (1867–1921) *Nachbarsleute*/Kleinstadtgeschichten: *Junker Hans* (1913))

Und wenn es zum Schlimmsten kam, wenn das Verderben unaufhaltsam war und die Katastrophe hereinbrach – nun denn, der Löwe ist ein königliches Geschöpf und würde *sich* das Mitleid *verbitten*; und durfte er sich's gestehen?
(Friedrich Spielhagen (1829–1911) – *Platt Land* (1878))

«Herr Pastor, das muß ich *mir* doch sehr von dem Boxer *verbitten*.»
(Ernst Eckstein (1845–1900) – *Gesammelte Schulhumoresken: Aus den Privataufzeichnungen des Sekundaners Heppenheimer* (1907))

Wäre ich der König dieses Landes, oder Garibaldi, oder der Kronprinz, so würde ich es *mir verbitten*, meinen Namen so zu mißbrauchen.
(Ferdinand Gregorovius – *Wanderjahre in Italien: Manfredonia* (1856/1857))

Das muß ich *mir* höflichst *verbitten*!
(Ida Gräfin von Hahn-Hahn (1805–1880) – *Peregrin* (1864))

Also, wie gesagt, erkläre ihm in aller Form, daß mir jede Absicht einer Beleidigung ferngelegen hat, daß ich mir aber das Recht vorbehalten müßte, *mir* unberufene Fragen zu *verbitten*, und er sich in bezug hierauf zunächst selbst zu entschuldigen hätte.
(Kurd Laßwitz (1848–1910) – *Auf zwei Planeten* (1897))

Einer von ihnen hackte nach einem Hund, als ob er *sich* das wütende Gebell *verbitten* wollte.
(Friedrich Gerstäcker (1816–1872) – *Im Busch* (1864))

Regula richtete sich kerzengerade auf; murmelte etwas von Anmaßung und Tyrannei, die sie *sich verbitten* müsse, und machte eine verabschiedende Handbewegung.
(Marie von Ebner-Eschenbach – *Bozena* (1875))

Wie die ersten sechs Literaturstellen im Vergleich zu den folgenden belegen, liegt hier offensichtlich ein grammatikalisch-stilistisches Problem vor: Ein Blick in den «*Duden: Deutsches Universalwörterbuch*» ([6]2006:1793–1794) klärt die Diskrepanz der Verwendungsweisen.

So wird s. v. *verbieten* ausgeführt:

1 a) *etw. für nicht erlaubt erklären; etwas zu unterlassen ge-
bieten; untersagen;* jmdm. etwas (ausdrücklich) v.; ich verbiete
dir, ihn zu besuchen; du hast mir gar nichts zu v.; sie hat ihm das
Haus verboten *(hat ihm verboten, es zu betreten)*; ein verbote-
ner Weg *(ein Weg, der von Fremden, Unbefugten nicht benutzt
werden darf)*; (in formelhaften Aufschriften:) Betreten (des Ra-
sens) verboten!; Rauchen (polizeilich) verboten!; Durchfahrt
verboten!; (Unbefugten) Zutritt verboten; das verbietet mir
mein Ehrgefühl; b) *(eine Sache) durch ein Gesetz o. Ä. für unzu-
lässig erklären:* eine Partei, eine Demonstration, ein Medika-
ment, ein Buch, Kampfhunde v.; so viel Ignoranz müsste verboten werden (scherzhaft: *ist kaum noch zu tolerieren*); c) (v. +
sich) *auf etw. verzichten, von etw. absehen, es sich versagen,
nicht zugestehen:* ich verbot es mir, diesem Traum noch länger
nachzuhängen. 2. (v. + sich) *ausgeschlossen, nicht möglich sein:*
eine solche Reaktion verbietet sich (von selbst).

Und s. v. *verbitten* heißt es:

sich ~ (st. V.) (urspr. = (höfl.) erbitten): *mit Nachdruck zu unterlassen verlangen:* ich verbitte mir diesen Ton.

Aufschlußreich ist in diesem Zusammenhang ein kurzer historischer Rückblick. Grimms «*Deutsches Wörterbuch*» (Bd. 25, S. 126 f.)
weist aus, daß das Verb *verbitten* erst im Neuhochdeutschen belegt
ist, u. a. auch in der Bedeutung, die heute *verbieten* hat: In Schillers
1784 entstandenem republikanischen Trauerspiel «*Die Verschwö-
rung des Fiesco zu Genua*» (I, 9) ruft Mohr aus: «Herr, einen Schur-
ken könnt Ihr mich schimpfen, aber einen Dummkopf verbitt' ich.»
In Goethes Gedicht «*Ilmenau – am 3. September 1783*» heißt es:
«O frage nicht! denn ich bin nicht bereit,/Des Fremden Neugier
leicht zu stillen;/Sogar *verbitt* ich deinen guten Willen;/Hier ist zu
schweigen und zu leiden Zeit.»
   «Besonders beliebt und in der heutigen Sprache geläufig» – so die
Brüder Grimm – sei die Wendung *sich etwas verbitten*:
   In Friedrich Schillers «*Geschichte des Abfalls der vereinigten
Niederlande von der spanischen Regierung*» (1788) heißt es:

«Zwischen zehn und elf Uhr erschien die spanische Wache im
Zimmer des Grafen; sie war mit Strängen versehen, ihm, der Ge-
wohnheit nach, die Hände damit zu binden. Er *verbat* sich dieses und erklärte, daß er willig und bereit sei, zu sterben.»

Und in Lessings «*Nathan der Weise*» (V,3) sagt der Tempelherr:

> Ins Haus nun will ich einmal nicht. – Er wird
> Sich endlich doch wohl sehen lassen! – Man
> Bemerkte mich ja sonst so bald, so gern! –
> Will's noch erleben, daß *er sich's verbittet*,
> Vor seinem Hause mich so fleißig finden
> Zu lassen.

Unpräzise sprachliche Verwendungsweisen waren natürlich gerade einem Meister des Stils wie Karl Kraus stets ein Dorn im Auge. Er schrieb im Jahre 1927 zum Problem «verbieten» und «verbitten»:

> Es geht und geht halt nicht. Da rufen einander – nach einer Zeitung und dennoch glaubhaft – zwei Anwälte zu:
> «Ich *verbiete* mir eine solche Äußerung!» «Sie haben mir gar nichts zu *verbieten*!»
> Das ist fast von Nestroy, wurde jedoch von dem Gerichtssaalmann einer andern Redaktion, in der die «Sprachlehre» Unruhe hervorgerufen hat, wie folgt geändert:
> «Ich *verbitte mir* eine solche Äußerung!» «Sie haben mir gar nichts zu *verbieten*!»
> Eine halbe Sache, der zweite hätte dann sagen müssen: «Sie haben *sich* gar nichts zu *verbitten*!» Ein unverwüstlicher Schmock erkannte, daß da ein Problem sei, entschied aber so:
> Wie lange ist es her (…) daß man überhaupt wegen der «ernsten Zeit» jedes Vergnügen *verbat*.
> Ja, wenn man das Reden und das Schreiben durch *Verbitten* unterdrücken könnte, wär's auch schon ein Erfolg. Ich bete, daß es besser werde, ich *bitte* um Gehör und *biete* einen Rat: zu unterscheiden und entsprechend abzuwandeln: *bat, betete, bot; gebeten, gebetet, geboten.* Leicht ist's ja nicht, aber es wird sich lohnen.   («*Die Sprache*»; vgl. 1987:56 f.)

Es verwundert also nicht, daß sich in Karl Kraus' «*Die Fackel*» ein für das Jahr 1905 datiertes Beispiel findet, das mit der vorgenannten kritischen Evaluation kompatibel ist:

> Aber selbst die anerkannte fachmännische Tüchtigkeit eines Hafenbaudirektors bietet nicht unbedingt die Gewähr dafür, daß den Schülern des Herrn Arnau eine Karriere auf dem Theater winkt. Warum erfahren wir also von der Mitwirkung der drei Herren an der Vorstellung? Immer wieder wird mir, wenn

ich die Belästigung des öffentlichen Interesses mit widerwär-
tigen Personalien erörtere, eingewendet, den Herren selbst sei
die Nennung ihrer Namen unerwünscht. Zum Teufel, warum er-
lassen sie dann nicht ein- für allemal eine Erklärung, warum haben sie nicht den Mut, der ‹Neuen Freien Presse› zu schreiben,
daß sie sich ihres Wertes als tüchtige Fachleute und gute Esser
zwar bewußt sind, aber die fortwährende Erwähnung der Ak-
tionen ihres Privatlebens *sich verbitten*?   (F 179,24)

Karl Kraus war in seinen zitierten sprachkritischen Ausführungen
zur Distinktion von *(sich etw.) verbitten* und *verbieten* zwar un-
zweideutig, aber gegenüber anderen Stellen im Ton von geradezu
verblüffender Milde. Wesentlich deutlicher und ironischer äußerte
sich zum selben Thema Kurt Tucholsky, der (unter dem Pseudonym Ignaz Wrobel) am 23. Dezember 1926 in «*Die Weltbühne*»
(Nr. 52, S. 959) folgende Glosse publizierte:

Die Übersetzung
Verbinden, verbindlich, Verbindung, verbissen, *verbitten* … *ver-
bittern* … *Verbitten*? Gibts das überhaupt auf Französisch? Was
steht da? «*Verbitten*, sich etwas von einem *verbitten*: prier q. de
ne pas faire qc.» Und: «Das *verbitte* ich mir! Que cela n'arrive
plus!» Das ist gar keine Übersetzung. Denn diesen deutschen
Satz gibt es in keiner Sprache der Welt.
Wenn der Gerichtsschreiber Renkelstedt sonntags mit seiner
Frau ausgeht, und wenn Herr Renkelstedt draußen auf der
Plattform der Elektrischen stehen bleibt, weil er neben Frau
Renkelstedt keinen Platz mehr gefunden hat, und wenn dann
ein «fremder Kerl» (auch ein Gerichtsschreiber – aber ein fremder – also: ein Kerl) Herrn Renkelstedt auf die Plattfüße tritt,
dann rollt Herr Renkelstedt die Augen, umgürtet sich mit Würde
und einem Panzer und «*verbittet sich das*». *Verbitten* ist das Gegenteil von *bitten*. Es bittet der Bettler um eine kleine Gabe,
der Untergebene den Vorgesetzten um Berücksichtigung beim
Weihnachtsurlaub, der Zivilist den Beamten, ihn nicht in die
Backzähne zu schlagen, und so bittet einer den andern: aber es
verbittet sich der Passant die Belästigung des – wahrscheinlich
kommunistischen – Bettlers, der Vorgesetzte die Quengeleien
seines Untergebenen und der Beamte den «Ton» des Zivilisten.
(Für «Ton» stehen drei Bedeutungen im Lexikon und keine.)
Verbitten heißt: die Zugbrücke aufziehen, die Mauerscharten
besetzen und mit dem Schwert am Schilde rasseln. In «*Ich verbitte mir das*» ist so viel Armee, Offizierskasino und ähnlicher

Unfug. «*Ich verbitte mir das*» heißt: Ich bin viel zu dumm, um dir vernünftig auseinanderzusetzen, daß ich recht habe; viel zu unhöflich, es dir in netter Weise zu sagen; viel zu lümmelhaft, um es auch nur zu versuchen. «*Ich verbitte mir ...*»: das ist ein schöner deutscher Satz.

Die Franzosen, diese schlappen Kerle, haben nicht einmal eine anständige Übersetzung dieses Satzes: «Que cela n'arrive plus!» Daß mir das nicht mehr vorkommt! Das ist gar nichts. Das ist das ohnmächtige Gewimmer eines armen Hascherls. Bei uns wackelt die Wand! Das wäre ja jelacht! Wie heißen Sie? Nehmen Sie mal erst die Hand aus der Tasche, wenn Sie mit mir sprechen! Sie haben hier überhaupt nicht ... verstanden! Was fällt Ihnen ein? Ich *verbitte* mir ... Mit drei t.

Solange aber das Volk unter sich es *sich verbittet*, solange einer den andern – höchstes Ideal – so behandeln möchte wie Schmutz am Absatz, so daß der Geschurigelte stumm und verbissen dazustehen hat, die Hände an der (innern) Hosennaht, schweigsam, dösig und vollkommen wehrlos: so lange wird es die regierende Schicht eben dieses Landes leicht haben, die Untergebenen, diese durch Geldmangel, Position und fehlende Bildung unterlegene Gruppe anzupfeifen, daß es die Englein im Himmel hören, und sie, mit dem unangenehmen Kneifer ganz nah am Gesicht des andern, anzubrüllen, wenn jene auch einmal das Recht zum hungerlosen Leben reklamieren: «Scheren Sie sich raus! *Ich verbitte mir das!*»

Bis – ewige Hoffnung – eine erwachte Nation den Herrn Verbittere am Kragen nimmt, ihm Hundert aufzählt und Tausend wegnimmt und leise sagt: «Damit mir das nicht mehr vorkommt – !»

In niveauvollen Tages- und Wochenzeitungen wird heute durchgängig korrekt zwischen *sich verbitten* und *verbieten* unterschieden:

> So offen sich die CDU im Kleinen für die Ideen der Opposition zeigt, so beharrlich *verbitten sich* die obersten Umweltpolitiker Hamburgs, Axel Gedaschko und Herlind Gundelach, bei den wirklich großen Klimafragen eine Einmischung.
> (*Hamburger Abendblatt Online 2007*)

> Es ist doch unredlich, daß ein russischer Unternehmer erst dann im Westen ernst genommen wird, wenn er sich von seinem Präsidenten distanziert. Ich würde es *mir* umgekehrt auch *verbitten*.
> (*Die Welt Online 2007*)

> Viele Eltern sehen nicht ein, warum die Zukunft ihrer Kinder vom Losglück abhängen soll. Sie haben die Schulkarriere ihrer

Söhne und Töchter Jahre im Voraus geplant und *verbitten sich jede Form der staatlichen Einmischung.* (*Spiegel Online 2007*)

Die Wissenschaft hat viele Plagen eingeschränkt, sterblich und erlösungsbedürftig ist Homo sapiens sapiens geblieben. Der Mitmensch sollte also glauben dürfen, was er mag; wenn ihm Gott hilft, desto besser. Wir anderen mögen zusehen, wie wir ohne ihn klarkommen. Mit einem gerechtfertigten modernen Reflex *verbitten wir uns,* missioniert zu werden, aber wir sollten auch niemanden mit unserem Atheismus missionieren, dessen Überlebensfähigkeit, ich wiederhole mich, nicht bewiesen ist.

(*Focus Online 2006*)

Im deutschen Parlament erlebt man derzeit kaum noch rhetorische Glanzleistungen; es ist hingegen schon erfreulich, wenn man bei einer spontanen Wortmeldung angemessenes Deutsch erleben darf: So entgegnete Barbara Hendricks, Parlamentarische Staatssekretärin beim Bundesminister der Finanzen, in der 191. Sitzung des Deutschen Bundestages am 10. Oktober 2001 auf eine Frage des Abgeordnetenkollegen Michelbach (CDU/CSU) inhaltlich und sprachlich korrekt:

«Ich glaube, es liegt auch nicht im Interesse des Steuerbürgers, in einem Atemzug mit Terroristen genannt zu werden, wie Sie es in Ihrer Frage getan haben. Ich würde mir das als Staatsbürger *verbeten haben.*»

Kapitel 8

Metaphern aus der Küche

«Ja, was moanst denn, wiar i Kohldampf schiab!»

«Die Religion des Hungers ist Essen, sei es erarbeitet, erbettelt oder gestohlen.» So heißt es bei Bettina von Arnim (1785–1859) in ihrem «Armenbuch». Ob man einen Bauernroman von Ludwig Thoma aufschlägt oder die Tagespresse – vom *Kohldampf* ist häufig die Rede:

> «Ja, was moanst denn, wiar i *Kohldampf* schiab!»
> (Ludwig Thoma – *Andreas Vöst* (1906))

> Wie spricht nun der gemeine junge Mensch heute? Lesefrüchte aus dem Evangelium nach Matthäus & Dreyer mögen einen Eindruck vermitteln. Das dezente, aber schwer veraltete «Und er erkannte sie nicht» wird zu «Maria und er aber schliefen nicht miteinander». Als Jesus vierzig Tage und Nächte gefastet hatte, hungerte ihn, was sich in der Volxbibel so liest: «Vierzig Tage und Nächte bekam er nichts zu fressen, er hatte tierischen *Kohldampf*, einen Hunger, der schon wehtat.»
> (*Sueddeutsche.de 2006*)

> Tees aus Heilkräutern wie Enzianwurzel, Tausendgüldenkraut, Schafgarbe oder Wermut sorgen durch ihren bitteren Geschmack für die Ausschüttung von Verdauungssäften in Magen und Darm und damit für *Kohldampf*.   (*Die Welt Online 2002*)

> Sie mochten aus Nordafrika oder dem vorderen Orient stammen; jedenfalls schien die erste Hälfte ihres Arbeitstages einen kaum zu bändigenden *Kohldampf* hervorgerufen zu haben.
> (*Berliner Zeitung 2001*)

Die Bereitschaftspolizei hatte ihren Küchenwagen mit, andere Beamte schoben dagegen *Kohldampf.* (*Mopo.de 1999*)

Sie kommt ungeschminkt und stöhnt: «Ich habe *Kohldampf.*»
(*Bild 2000*)

Kohldampf macht auch knallharte Onliner weich – ich rief an und gab den Auftrag durch. 45 Minuten später klingelte es an der Tür. (*Die Zeit 2000*)

Die studentische Verbindung des «*Corps Slesvico-Holsatia*» wirbt im Internet für ihr «Haus» mit den Worten: «Ein leerer Bauch studiert nicht gern, daher haben wir auch eine ausreichend große Küche mit einer Menge Platz und mehreren Kühlschränken und privaten Staufächern. Es braucht bei uns niemand Angst zu haben, daß er *Kohldampf schieben* muß, weil die Küche zu klein oder überfüllt sei.»

Jedermann kennt diesen umgangssprachlichen Ausdruck für ‹starkes Hungergefühl›. Es gibt für ihn die verrücktesten Erklärungsversuche. Man hat das russische Wort *golod* (‹Hunger›) bemüht, ja Hermann Fischer brachte in seinem «*Schwäbischen Wörterbuch*» (1904–1936) für die Entstehung sogar das Wort *Cholera* ins Spiel. Und obwohl es seine oberflächliche Bildung nahelegt, ist es auch blühender Unsinn, den Ausdruck *Kohldampf* zu dampfendem Kohl in Beziehung zu setzen.

Gemüse und siedendes Wasser spielen bei der Wortbildung von *Kohldampf* keine Rolle. *Kohldampf schieben* entstammt nämlich der Soldatensprache, in die es aus der Gaunersprache – dem Rotwelschen – gelangt ist; dort ist es erstmals 1835 als *Kolldampf* belegt.

Was meint eigentlich der Sammelbegriff *Rotwelsch*, so fragt Helmut Henne im Nachwort zu Friedrich Kluges Buch «*Rotwelsch*» (1901; 1987:505) und antwortet: «*Rot* ist im Rotwelschen der ‹(gewohnheitsmäßige) Bettler› (Wolf (1993) belegt es noch für 1939), und *welsch* bezog sich ursprünglich auf keltische, dann vor allem auf romanische Sprachen und bekam allmählich die Bedeutung ‹unverständliche Sprache›.»

Im Rotwelschen hat *Dampf* ebenso die Bedeutung ‹Hunger› wie *Kohler*, dem wahrscheinlich das zigeunersprachliche Wort *kālo* (mit der Bedeutung ‹schwarz, arm, mittellos›, daher ‹hungrig›) zugrunde liegt. Es drängt sich also die Vermutung auf, hier als Wortbildungsphänomen ein tautologisches Kompositum (vergleichbar dem *weißen Schimmel*) zur Intensivierung des Ausdrucks anzunehmen; daher *Kohldampf* für ‹großen Hunger›!

Es bleibt zu klären, was das Verb *schieben* in diesem Zusammenhang bedeutet. Es soll aus dem rotwelschen Wort *scheff(t)en* (‹sich befinden, sein, gehen, machen, tun›), das auf hebräischem *jaschab* (‹sitzen bleiben›) fußt, volksetymologisch «eingedeutscht» worden sein (vgl. hierzu u. a. Lutz Röhrich ²1995:864).

«*Essen und Trinken* hält in Österreich Staat und Gesellschaft zusammen.» schrieb die Wochenzeitung «*Die Zeit*» im Jahre 2000 und bezog sich damit auf ein in Prosa umgesetztes geflügeltes Wort, das jeder kennt: «*Essen und Trinken hält Leib und Seele zusammen.*» Es entstammt dem in Hamburg entstandenen Singspiel «*Der irrende Ritter D(on) Quixotte De la Mancia*» (1690) des Komponisten Johann Philipp Förtsch (1652–1732), für das Hinrich Hinsch das Libretto geschrieben hat – dort hieß es ursprünglich: «*Weil Speis und Trank in dieser Welt/doch Leib und Seel' zusammenhält.*»

Ein weiteres Sprichwort, das in leicht abgewandelter Form gern zitiert wird, hat seinen Ursprung in Hamburg. Es wurde von dem als antihöfischer Satiriker bekannt gewordenen protestantischen Pastor Johann Balthasar Schupp (1610–1661) geprägt, den die patrizische Oberschicht der Hansestadt einen «*lukianischen Schreivogel*» nannte. Aus Schupps Werk «*Salomo oder Regentenspiegel*» (1658) stammen die Verse:

> Nach dem Essen sollst du stehn (*zitiert*: ruhn)
> Oder tausend Schritte gehen (*zitiert*: tun).

Im 2. Brief an die Thessalonicher (3,10) redet Paulus den Müßiggängern, die in Erwartung des Weltendes keine Arbeit mehr verrichten wollen, ins Gewissen: «*Und als wir bei euch waren, geboten wir euch dies, daß, so jemand nicht will arbeiten, der soll auch nicht essen.*»

Der nordamerikanische Erzähler und Publizist Ambrose Bierce (1842–1914) veröffentlichte in der Zeit von 1881 bis 1906 in verschiedenen Zeitungen und Zeitschriften zahlreiche Beiträge, die 1906 in Buchform unter dem Titel «*The Cynic Word Book*» erschienen; im Jahre 1911 publizierte er sie als erweiterte Sammlung, die er

«*The Devil's Dictionary*» nannte. Gisbert Haefs gab seiner kongenialen Übersetzung den Titel «*Des Teufels Wörterbuch*»; darin findet sich folgender Eintrag zum Verb *essen*:

> Nacheinander (und mit Erfolg) die Verfahren der Nahrungszerkleinerung, -bespeichelung und -verschluckung durchführen.
> ‹Ich befand mich im Salon, allwo ich mich meines Mahles ergötzte›, sagte Brillat-Savarin zu Beginn einer Anekdote. ‹Was!› unterbrach ihn Rochebriant, ‹in einem Salon speisen?› – ‹Ich darf Sie bitten, Monsieur, festzuhalten›, erläuterte der große Gastronom, ‹daß ich nicht gesagt habe, ich hätte mein Mahl zu mir genommen, sondern mich seiner ergötzt. Gespiesen hatte ich eine Stunde zuvor.›

Für die Nahrungsaufnahme gibt es eine Vielzahl umgangssprachlicher Ausdrücke und Regionalismen. Klaus Laubenthal, Ordinarius für Kriminologie und Strafrecht an der Juristischen Fakultät der Universität Würzburg, weist in seinem «*Lexikon der Knastsprache*» (2001:199) auf folgende Varianten hin: *einpfeifen; napfen* (für ‹Essen fassen›); *Abkübeln, Abkellen* (beide für ‹Essensausgabe›).

Berühmt-berüchtigt ist der Satz: *Der Mensch ist, was er ißt.* Ursprünglich hat der Philosoph Ludwig Feuerbach (1804–1872) mit ihm in den «*Blättern für literarische Unterhaltung*» vom 12. November 1850 (auf Seite 1082) das Buch «*Lehre der Nahrungsmittel. Für das Volk*» (1850) angekündigt, das der niederländische Physiologe und Philosoph Jakob Moleschott (1822–1893), ein Vertreter des mechanischen Materialismus, veröffentlicht hatte. Der Satz wurde zum abgedroschenen Klischee, so daß Feuerbach sich in einer besonderen Schrift mit dem Titel «*Das Geheimnis des Opfers, oder Der Mensch ist, was er ißt*» (1851) gegen vulgarisierende Deutungen seines Ausspruchs zur Wehr setzen mußte. Schon der berühmte französische Schriftsteller, Jurist und Gastronom Jean Anthelme Brillat-Savarin (1755–1826) hatte 1825 in seiner «*Physiologie du goût*» («*Physiologie des Geschmacks*») behauptet: «*Dismoi ce que tu manges,/je te dirai ce que tu es.* (‹Sag mir, was du ißt,/und ich sage dir, wer du bist.›)»

Es liegt nahe, daß dieser Ausspruch fortlaufend persifliert worden ist. So schrieb Gabriel Laub (1928–1998): «*Der Mensch ist, was er ißt. Aber er ißt je nach dem, was er ist.*» (1979:25) Und Ulrich Erckenbrecht (1991:169) gelangte zu der Abwandlung: «*Der*

Mensch ist, was er liest», die diesem Buch als Motto vorangestellt wurde.

Wolf Uecker (2000:75), der kulinarische Vorlieben berühmter Menschen mit unnachahmlichem Humor in seinem Buch «*Das Püree in der Kniekehle der Geliebten*» beleuchtete, hat dortselbst unter der Kapitelüberschrift «*Der Mensch ist, was er ißt*» trefflich eine Begebenheit mit Heinrich Heine geschildert:

> Heine muß so um die 25 Jahre alt gewesen sein, als er bei einer Veranstaltung des Vereins für Kultur und Wissenschaft der Juden einer Hamburger Reedersgattin vorgestellt wurde, deren literarischer Salon großen Ruf hatte. Oft lud sie aufstrebende musische Talente in ihr Haus an der Elbchaussee zur Tafel – Heine war nie unter den Eingeladenen. ‹Seiner jüdischen Abstammung wegen›, vermutete man. Überraschend sagte die Mäzenin zu ihm: ‹Kommen Sie doch am Freitag zu einer Tasse Kaffee.› Heine antwortete: ‹Leider kann ich Ihre Einladung nicht annehmen. Ich trinke meinen Kaffee nur dort, wo ich gegessen habe.› Ob diese Geschichte wahr ist oder nur von Heine gut erfunden wurde, die Pointe paßt zu ihm.

Was den *Esser* betrifft, gilt es festzuhalten, daß die Maßlosigkeit schon vom frühen Christentum verdammt wurde. Der hingebungsvolle Schlemmer und Fresser macht seinen eigenen Bauch zum Götzen. Der lateinische Kirchenschriftsteller Aurelius Augustinus (354–430) entwirft in seinen selbstverleugnenden «*Confessiones*» (‹Bekenntnisse›, 10. Buch, 31. Kapitel) ein Bild vom *gottgefälligen Esser*:

> Du lehrtest mich, guter Vater: ‹Es ist zwar alles rein; aber es ist nicht gut dem, der es isset nur einem Anstoß seines Gewissens.› Und ‹alle Kreatur Gottes ist gut und nichts verwerflich, das mit Danksagung empfangen wird›; und: ‹die Speise fördert uns nicht vor Gott›; und: ‹so lasset nun niemand uns Gewissen machen über Speise oder über Trank›; und: ‹welcher isset, der verachte den nicht, der da nicht isset; und welcher nicht isset, der richte den nicht, der da isset.› Ich lernte dies; Lob dir, Dank dir, meinem Gott, meinem Lehrer, der du mein Ohr getroffen, mein Herz erleuchtet: entreiße mich aller Versuchung. Nicht fürchte ich die Unreinigkeit der Speise, sondern die Unreinigkeit der Begierde. Ich weiß, daß dem Noah alles Fleisch, das zur Speise diente, zu essen erlaubt war; daß Elias durch Fleischspeise gekräftigt wurde; daß Johannes infolge seiner wunderbaren Ent-

haltsamkeit, durch Essen von Tieren, nämlich von Heuschrecken, nicht befleckt worden ist. Ich weiß aber auch, daß Esau durch sein Begehr nach Linsen betrogen wurde, daß David einst wegen seiner Sehnsucht nach Wasser sich selbst tadelte und daß unser König (des Himmels) nicht mit Fleisch, sondern mit Brot versucht ward. Daher erwarb sich das Volk in der Wüste Mißgunst, nicht weil es nach Fleisch trachtete, sondern weil es aus Eßgier wider Gott murrte.

In diese Versuchungen gestellt, kämpfe ich täglich gegen die Begier zu essen und zu trinken: denn nicht ist es möglich, daß ich es ein für allemal abschneiden kann und es nicht mehr zu berühren beschließe, so wie ich's beim Beischlaf vermocht habe. Daher muß ich die Zügel meiner Kehle bald locker lassen, bald fester anziehen. Und wer ist, Herr, der sich nicht etwas über das Maß des Notwendigen hinreißen ließe? Wer es auch ist, er steht groß da; er erhöhe deinen Namen. Ich aber bin es nicht, denn ich bin ein sündiger Mensch. Aber auch ich preise deinen Namen; und es bittet vor dir für meine Sünden, der die Welt überwand, mich aufnehmend unter die schwachen Glieder seines Leibes, denn deine Augen sahen mich, da ich noch unbereitet war; und waren alle Tage auf dein Buch geschrieben, die noch werden sollten. (Aus dem Lateinischen von Otto F. Lachmann.)

Unter den modernen Schriftstellern wußte der Dramatiker Carl Zuckmayer (1896–1977), der ein guter Beobachter war, den Menschen beim Essen zu porträtieren:

Das Essen
Ein Mensch beim Essen ist ein gut Gesicht,
wenn er nichts denkt und nur die Kiefer mahlen,
die Zähne malmen und die Blicke strahlen
von einem sonderbaren Urweltlicht.

Vorspeisen sind wie Segel über Buchten,
schlank und zum Hafen schnellend in erregter Fahrt,
indes die schweren Fleischgerichte wuchten
gewaltig über Wiesen und Gemüsen zart.
Welch ein entzückendes Spiel: zu hohen Festen
erlesener Bissen Liebreiz zu erflehen,
und welche Lust: sich mächtig vollzumästen
satt und mit Saft gefüllt vom Hals bis zu den Zeh'n.

Fischfleisch ist weiß und heilig oder rosen,
und manchmal rauchgebeizt und lauchgewürzt.

Auch kleine Fische gibt's in blanken Dosen,
die man wie Schnäpse jach hinunterstürzt.

Wildbret: Du Perle Cumberlands, von edler Fäule,
und nackter Horden rohgebratner Fraß!
Wohl dem, der Schneehuhn oder Rentierkeule
(gespickt mit Sahne) hoch im Norden aß.

Beefsteak tatare ist fast so stark an Gnade
wie ein am Grill gebratnes Lendenstück
und viele Götter leben im Salate,
saftrot und samenkerngeschwellt das Weib Tomate,
die kühlen Wässer und den warmen Mist.

Laßt mich hier schweigen vom Besoffensein,
vom tiefsten, tödlichsten Hinübergleiten,
vom hellsten, wachsten Indiewindereiten,
die Welt ist groß und unser Wort ist klein.

Laßt mich hier schweigen von dem Blutgericht
geheimster Liebe in verrauschten Zeiten –
laßt mich nur essen, dankbar und bescheiden –
ein Mensch beim Essen ist ein gut Gesicht.

Ein Toast auf einen guten Mann

Bei Goethe heißt es: «Jeder Bruder trinke, trinke! / *Toastet* frisch ein
Tinke, Tinke!» («*Faust II*» / Kaiserliche Pfalz / V. 5291 f., HA 3,165).
Bei *Spiegel Online* konnte man im Jahre 2006 lesen:

> Zudem wird Ahmadinedschad zwar erwartet, doch zu Bushs
> Glück sagt er in letzter Minute ab. Als gläubiger Muslim, läßt er
> ausrichten, stoße er sich daran, daß Wein serviert werde.
> So kann Bush ungehemmt einen *Toast* auf Annan *ausbringen*.
> «Erheben wir das Glas auf zehn Jahre außerordentlichen Dien-
> stes», sagt er über den Uno-Chef neben ihm, den er all die Jahre
> so bitter bekämpft hat. «Ein *Toast* auf einen guten Mann und
> einen guten Freund.» Annan lächelt starr. Gerade hat er sich
> unter Tränen von der Vollversammlung verabschiedet und das
> Lunch mit einem melancholischen «Je vous remercie» eröffnet:
> «Ich danke Ihnen.» Im Flur hängen schon die Klemmen für sein
> Amtsporträt in der Ahnengalerie gewesener Generalsekretäre.

Vielfach hört man die Frage «Warum nennt man eigentlich einen
Trinkspruch *Toast*?» Christine und Richard Kerler (1993:24) halten

eine einleuchtende, von Kulturhistorikern häufig vorgebrachte, aber offensichtlich umstrittene Antwort parat: «*Toast* ist die Bezeichnung für ‹geröstetes Brot› und tatsächlich auch der Grund für die Namengebung. Früher sind solche Toasts in die gefüllten Gläser getaucht worden, um den Geschmack der Getränke zu verbessern. Als die Getränke aromatischer wurden, kam das Eintunken aus der Mode, die begleitenden Trinksprüche blieben aber und wurden *Toast* genannt.»

Schon für E. Charlotte Werthenau war der hier diskutierte Begriff so faszinierend, daß sie ihm in ihrem Werk über «Interessante Wörter» im Jahre 1910 einen Abschnitt widmete:

> Das Gesundheittrinken ist ein bei allen Völkern schon in frühestem Altertume geübter heiliger Brauch. Die Germanen ehrten ihre Götter durch den Minnetrunk, d. h. Gedächtnistrunk, eine Sitte, die zum Christentume Übergegangene bewahrten, indem sie zur Ehre Gottes, der Dreieinigkeit und der Heiligen nicht minder eifrig die Becher leerten, ja so eifrig, daß die Bischöfe sich schließlich veranlaßt fühlten, die Zahl der Heiligen etwas zu beschränken. Bekannt ist die alte Sitte, den Becher oder das Trinkhorn von einem Gaste zum andern herumwandern zu lassen; dabei pflegte man in England eine geröstete Brotschnitte, *toast*, in den Becher zu legen, die der zuletzt Trinkende, nachdem er eine kleine Rede gehalten hatte, aufessen mußte. So ist der Ausdruck Toast auf eine Tischrede, mit der ein Tischgenosse den andern oder die andern ehren will, übertragen worden.
> (Werthenau 1910:102)

William und Mary Morris ziehen in ihrem «*Dictionary of Word and Phrase Origins*» ([2]1988:578) nicht in Zweifel, daß Toasts in gefüllte Gefäße getaucht worden sind, argumentieren jedoch, dies sei nicht geschehen, um den Geschmack des Getränks zu verbessern, sondern, um Verunreinigungen und Sedimente aus dem Trinkgefäß zu entfernen: «*Its chief purpose was to clarify the drink by collecting all sediment and impurities at the bottom of the cup.*» Ergänzend weisen sie uns darauf hin, daß in England derjenige, der große Popularität erlangt hatte und auf den häufig ein Toast ausgebracht wurde, früher selbst als *toast* bezeichnet wurde. Noch heute gibt es übrigens im Englischen die Wendung *to be toast of the town* mit der Bedeutung ‹von der ganzen Stadt gefeiert werden›.

Klaus Bartels (1996:57 f.) bietet uns fürs Englische und Deutsche einen aufschlußreichen etymologischen Rückblick: «Hinter dem englischen *toast* steht ein lateinisches Partizip Perfekt Passiv *tostus*, ‹geröstet›, und dahinter wieder das lateinische Verb *torrere*, ‹rösten›, das mit unserem Verb *dörren* und der *Darre*, mit unserem Adjektiv *dürr* und der *Dürre* verwandt ist; zur weiteren Verwandtschaft gehören noch die lateinische *terra*, das ‹trockene Land›, und unser *Durst*, die ‹trockene Kehle› (…).»

Der *Toast* und das *Toasten* als ‹feierlicher Trinkspruch› sind im Deutschen seit Ende des 18. Jahrhunderts bei Jean Paul belegt. So heißt es in der 32. Summula seines Romans «*Dr. Katzenbergers Badereise*» (1809):

> Als dies alles bekannt wurde – und dem Brunnenarzt zuerst –, so brachte dieser jeden Abgrund versilbernde Mondschein sogleich zwei laute Toasts aus: ‹Einen *Toast* auf den Mathematiker von Theudobach! – Einen *Toast* auf den Dichter Theudobach von Nieß!› rief er. – So tanzte der frohe Mann nicht nur nach jeder Flöte, sondern wie H–n nach jeder Flötenuhr, die eben ausschlägt, und auf die vorige schnelle Anrede des Hauptmanns an ihn, welche, aus der Tafelsprache in die Schlachtsprache übersetzt, doch nur sagen wollte: krepiere! – – versetzte er freudig: auf Ihr langes Leben! – –

Und in seiner Aufsatzsammlung «*Museum*» (1814) schreibt Jean Paul in «*Des Geburtshelfers Walther Vierneissel Nachtgedanken über seine verlornen Fötus-Ideale, indem er nichts geworden als ein Mensch*»: «In einem Laxier- oder Kindersäftchen bracht' ich den ersten *Toast* oder die Gesundheit aufs Leben aus.»

Auch bei Willibald Alexis heißt es an einer Stelle seines 1832 erschienenen Romans «*Cabanis*»:

> In dem gräflichen Witwenhause beurlaubte sich der Graf erst nach Mitternacht von den Damen. Er hatte beim Abendtisch den heitersten Wirt gemacht und selbst *einen Toast* auf den Sieger der nächsten Bataille *ausgebracht*. Die Einquartierten nannten ihn einen charmanten Mann. Auch jetzt, als er Eugenie auf den Scheitel küßte, strahlte sein Gesicht von Freudigkeit.

In Theodor Fontanes Werken werden fortlaufend *Toasts ausgebracht* – so in seinen Romanen «*Wanderungen durch die Mark*

Brandenburg» (1862–1888, Kap. 74), «*Vor dem Sturm*» (1878, Kap. 67), «*Schach von Wuthenow*» (1883, Kap. 19), «*Cécile*» (1887, Kap. 20), «*Stine*» (1890, Kap. 4), «*Unwiederbringlich*» (1891, Kap. 32), «*Frau Jenny Treibel*» (1892, Kap. 4), «*Effi Briest*» (1894/1895, Kap. 38), «*Der Stechlin*» (1898, Kap. 33), in der Autobiographie «*Von Zwanzig bis Dreißig*» (1898, Kap. 16) sowie in den Novellen «*Die Poggenpuhls*» (1896, Kap. 6) und «*Mathilde Möhring*» (1907 posthum erschienen, Kap. 11).

Eine der amüsantesten Stellen findet sich in Julius Stindes Roman «*Die Familie Buchholz. Aus dem Leben der Hauptstadt*» (1884–1895):

> Auguste hatte ein sehr gutes Essen bereitet. Es schmeckte uns Allen, und als wir schon ein bißchen in Stimmung waren, *ging das Toasten los*. Herr Krause ließ die Eltern leben, mein Karl sehr hübsch den alten Weigelt, und der wieder die Gevattern. Onkel Fritz ließ die vier Franzen leben: den Täufling, den Vater, den Großvater und Dr. Wrenzchen, der auch Franz heißt, und meinte, wenn es so weiter ginge, würde es noch ein ganzes Kaiser Franz-Regiment in der Familie geben, worüber wir Alle in ein lautes Gelächter ausbrachen und Dr. Wrenzchen stark errötete. Der Doktor unterhielt sich zwar mit meiner Emmi, aber, wie mir schien, ein bißchen reserviert und kühl. Ich war sehr unruhig darüber. («Taufe»)

Erich Kästner (1899–1974) entbot kurz und bündig diesen «*Damentoast im Obstgarten*» ([6]1999:36):

> Casanova sprach lächelnd zu seinen Gästen:
> «Mit den Frauen ist es,
> ich hoffe, ihr wißt es,
> wie mit den Äpfeln rings an den Ästen.
> Die schönsten schmecken nicht immer am besten.»

Der *Toast*, das *Toasten* im Sinne des ‹Brotröstens› und der *Toaster* begegnen uns im Deutschen erheblich später. Das «*Deutsche Brotmuseum*» veranstaltete vom 15. September bis 11. November 2001 in Ulm eine Ausstellung zu Technikgeschichte und Design der *Toaster* und zur Geschichte des *Toast*brotes. In einer Pressemitteilung wurde darauf hingewiesen, daß es das *Toast*brot – so wie man es heute kennt – seit Mitte der 1950er Jahre in Deutschland gibt. Mit

Hilfe einer Vermarktungsorganisation amerikanischer Weizenproduzenten und deutscher Toastgerätehersteller wurde *Toast* als «gehobene und praktische Brotmahlzeit» nach dem Zweiten Weltkrieg in Deutschland mit hohem Werbeaufwand populär gemacht.

Im angloamerikanischen Raum gibt es den *Toast* in verschiedenen Varianten. So versteht man in Großbritannien – ich habe in meinem Buch «*Lauter böhmische Dörfer*» ([8]2006:71) bereits kurz darauf hingewiesen – unter einem *French toast* eine ‹einseitig geröstete Toastscheibe›, in den USA jedoch jenes kalorienreiche Frühstücksangebot, das man in Frankreich vergeblich suchen wird, nämlich ‹*slices of bread dipped in a mixture of egg and milk or a batter and then fried usually in very little fat, often served with syrup*› (‹Brotscheiben, die in eine Mischung aus Ei und Milch oder einen geschlagenen dünnen Eierteig getaucht, dann in wenig Fett gebacken und oft mit Sirup serviert werden›).

In der Computerbranche, auch das wurde in der genannten Ulmer Ausstellung hervorgehoben, hat das Wort *Toaster* eine neue Bedeutung erhalten. Werden größere Datenmengen auf Computerdisks gespeichert – *gebrannt* –, so wird dieser Vorgang immer häufiger *toasten* genannt. Folgerichtig ist nun auch der CD-Brenner ein *Toaster*.

«Sauregurkenzeit, Herr Gevatter!»

Es muß im Jahre 2005 gewesen sein, als ich auf diesen Reklametext einer in Hamburg wohlbekannten Firma stieß:

> Kühne – endlich *Saure-Gurken-Zeit*!
>
> Qualität und Vertrauen sind die wichtigsten Argumente beim Kauf von Markenartikeln. Und genau das bietet die Marke Kühne. Denn die über 100 Jahre lange Erfahrung und Liebe zu sauren Gurken ist mit jedem knackigen Bissen erlebbar – ob zum Sonntagsbrunch, beim Abendessen oder auf dem Party-Buffet. Ab August 2005 verführen drei neue, interessante Geschmacksrichtungen zu noch mehr Genuß, und das appetitliche Packungsdesign läßt überzeugt ins Gurkenregal greifen.

Bei der Lektüre fiel mir ein: Als Deutschland im Sommer 1963 seine Grenze markttechnisch gegenüber holländischen Gurkenexporten abriegelte, erschien am 10. August desselben Jahres eine Karika-

tur von Lex Metz in der Wochenzeitschrift «*De Groene Amster-dammer*»:

Das holländische Wort *Komkommertijd* – wörtlich übersetzt *Gurkenzeit* – deutet auf die spärlichen Nachrichtenberichte während des sogenannten *Sommerlochs*, die man inhaltlich oft als dünn und wäßrig empfindet, so daß der Vergleich mit einer *sauren Gurke* keineswegs fehl am Platze ist.

Auch im Norwegischen und Dänischen verwendet man den entsprechenden Ausdruck *agurktid*. Im Französischen heißt die an echten Nachrichten arme Sommerzeit *la morte-saison*, im Schwedischen nennt man die Nachrichtendürre die *nyhetstorka*, im Englischen spricht man von der *dead season*, der *silly season*, der *big gooseberry time*, von *the August doldrums* oder eben – analog zum Deutschen – auch von der *cucumber time*. Ursprünglich bedeutete *cucumber time* im Englischen freilich: ‹the dull season in the tailoring trade›. Daher rührt der ironische Ausspruch über die armen Schneider, die Gurken essen müssen, wenn sie arbeitslos sind und

Kohl, wenn sie viel zu tun haben: «Tailors are vegetarians, because they live on *cucumber* when without work, and on *cabbage* when in full employ.»

Das Wort *sauer* hatte im Mittelhochdeutschen, im Barock, ja selbst noch in der Klassik die Bedeutung ‹mühsam›. «*Daz muoz der sele werden sûr*» heißt es im «*Parzival*» des Wolfram von Eschenbach; «saur erwerben» muß man den Erfolg bei Andreas Gryphius, und in Goethes «*Schatzgräber*» begegnen uns die Zeilen «Saure Wochen! frohe Feste! Sei dein künftig Zauberwort.»

Das Wort *sauer* taucht, auf Menschen bezogen, in der Bedeutung ‹mürrisch, ärgerlich› zuerst im Jahre 1696 schriftlich auf: *ein saur gesichte*; danach bedeutet die umgangssprachliche Wendung *sauer sein* schlicht ‹übelgelaunt sein›. Möglicherweise hat die Wendung *auf etwas sauer reagieren* einen schülersprachlichen Ausgangspunkt, der sich aus dem allbekannten chemischen Versuch mit dem Lackmuspapier herleitet.

Willibald Alexis, der Wegbereiter für den kritisch-realistischen deutschen Gesellschaftsroman, veröffentlichte 1852 sein Werk «*Ruhe ist die erste Bürgerpflicht oder Vor fünfzig Jahren*». Darin schildert er im vierten Buch eine Szene, in der ein junger Mann seine «*Blicke aus eines Ministers Fenster ins Volksleben*» richtet – so der Titel des dreizehnten Kapitels:

Feder und Papier waren zurechtgelegt, aber Gedanken sollen dem Schreiben voraufgehen. Sie im Promenieren zu sammeln, war die Stube zu klein. Und es war drückend heiß. Er lehnte sich aus dem Fenster, um Luft zu schöpfen. Die Nachmittagssonne brannte von dem wolkenlosen Horizont auf die breiten Straßen Berlins. Die geputzten Spaziergänger, die nach dem Tiergarten eilten, suchten die schmale Schattenseite. Er hörte ihre Gespräche. Nicht einen, der nicht dem andern zurief: «Das ist mal heiß!» Jener machte die Bemerkung: «Anno 99 wäre es doch noch heißer gewesen.» – «Ja, ja, so geht's!» schlossen zwei Bekannte mit einem deutschen, vielsagenden Händedruck ein Gespräch, in welchem sie sich eben nichts zu sagen gewußt. – «Schlechte Zeiten!» – «Wenn nur Friede bleibt!» – «Meinen Sie? – Ja, ja – wer weiß!» – «Hab ich's Ihnen nicht immer gesagt, es geht, oder es geht nicht.» – «Ja, wenn nicht der Bonaparte wäre!» – «Ne sappermente Wirtschaft!» – «Na, man wird ja sehen.» – «Und das Bier auch immer schlechter.» – «*Sauregurkenzeit*, Herr Gevatter!» – «Die armen Komödianten!» rief eine geputzte Dame. «Nein, an solchem Tage spielen zu müssen!» – «Und, *Belmonte und Konstanze*!» – «Und in Pelzen, hu, einem schaudert!» – «Und wie leer wird es sein!» – «Vor leeren Bänken spielen müssen! Ich kann mir gar nichts Schauderhafteres denken. Das ruiniert ja die Kunst!» –

In der deutschen Presse spricht man heute im Blick auf die (oft ferienbedingte) nachrichten- oder ereignisarme Zeit in Politik und Wirtschaft von der *Sauregurkenzeit*.

Wenn im Sommer ganz Deutschland im Fußballfieber liegt, meinen Kritiker, beginnt für deutsche Reiseanbieter eine *Sauregurkenzeit*. (*Die Welt Online 2006*)

Dankbar griff man die Tragödie des gesunkenen Atom-U-Bootes «Kursk» in der «*Sauregurkenzeit*» auf. (*Junge Welt 2000*)

In der sommerlichen *Sauregurkenzeit* wächst offenbar auch der Mut zum Tabubruch. (*Berliner Zeitung 1998*)

Dafür aber Bruce Willis, der zur Zeit wegen privater Huddeleien verhindert ist. Er und seine Noch-Ehefrau Demi Moore helfen gerade den Kollegen von den bunten Blättern mit ihrer Trennungsgeschichte über die *Sauregurkenzeit*.
(*Berliner Zeitung 1998*)

Alle Jahre wieder, besonders in der «*Sauregurkenzeit*», tauchen in den Nachrichtenagenturen Meldungen über gerade entdeckte Völker auf, die von jeglicher Zivilisation völlig unberührt seien. (*Spektrum der Wissenschaft 1998*)

Bemerkenswert, daß die meisten neuen Ideen dazu immer in der *Sauregurkenzeit* ihre schönsten, garantiert folgefreien Blüten treiben. (*Berliner Zeitung 1997*)

Neben der permanenten kulturpolitischen *Sauregurkenzeit* läßt sich der relative Erfolg dieser Propaganda auch dadurch verstehen, daß sie bewußt auf die vielleicht letzte unversehrte amerikanische Tugend, nämlich den Nonkonformismus, abzielt.
(*Frankfurter Rundschau 1993*)

Dennoch sprechen Wertpapierhändler von einer *Sauregurkenzeit*. (*Die Zeit 1996*)

Als *Sauregurkenzeit* bezeichnete man – zuerst in Berlin im Jahre 1780 – die stille Geschäftszeit des Hochsommers (wenn die Gurken eingelegt werden). Der berühmte Etymologe Friedrich Kluge, Pro-

fessor an der Universität Freiburg i. Br., schrieb in seinem Sammel-
werk zur «*Wortforschung und Wortgeschichte*» (1912:115 f.):

> (...) es ist noch nicht bemerkt worden, daß es Berliner Zeitun-
> gen gewesen sein müssen, denen das Wort seinen Erfolg ver-
> dankt. *Sauregurkenzeit* war nämlich um 1800 ein Wort der Ber-
> liner Kaufmannssprache. Zwar weiß «*Der richtige Berliner*»
> (1. Aufl., 1878) nichts über unser Wort, aber Trachsel (1873,
> «*Glossarium d. berlinischen Redensarten*») bemerkt wenigstens
> S. 20: «Saure Gurken können wohl als ein National-Gericht des
> Berliners betrachtet werden.»
> Zufrühst kann ich unser Wort bei einem Schriftsteller nach-
> weisen, der aus Berlin stammte und seine Jugend in Berlin ver-
> lebte (...). Im Briefwechsel mit Goethe gebraucht dann auch der
> in Berlin geborene und seßhafte Zelter wiederholt unser Wort
> (...); am lehrreichsten ist die folgende Stelle vom 19. Juli 1828:
> «Hier zu Lande geht es eben etwas mager her; die Kaufleute
> nennen's die *Sauregurkenzeit*.» (...) Wenn unser Wort somit ur-
> sprünglich in der Berliner Kaufmannssprache der 2. Hälfte des
> 18. Jahrhunderts heimisch ist, so wären wir eigentlich mit un-
> serm Worte im reinen. Aber der von H. Schröder (*Zachers Zeit-
> schr.* 38, 524) bemerkte Anklang an das sinnverwandte eng-
> lische *cucumber-time* gibt doch zu denken. Damit bezeichnet
> der Engländer die Zeit, in welcher die städtischen Schneider
> nichts zu tun haben, weil sich die Vornehmen auf dem Lande
> aufhalten. Die deutschen Seeleute des 18. Jahrhunderts deutsch-
> ten den englischen Ausdruck in *Kummertage* um. Aber es läßt
> sich doch nicht wahrscheinlich machen, daß der englische Aus-
> druck seinen Weg über Hamburg nach Berlin genommen hätte.
> Eine solche Vermutung könnte erst zur Gewißheit werden,
> wenn unser Wort im 18. Jahrhundert bei hamburgischen Schrift-
> stellern nachgewiesen würde.»

Schon Otto Ladendorfs «*Historisches Schlagwörterbuch*» (1906:276)
verzeichnet den Ausdruck:

> *Sauregurkenzeit*, zunächst die geschäftsstille, dann besonders
> die an politischen Ereignissen arme Zeit des Hochsommers. So
> schrieb Zelter am 31. Juli 1821 an Goethe: «Unser Theater ist
> jetzt wieder lavirend, wie immer in der *Sauregurkenzeit*.» Oder
> am 19. Juli 1828: «Hier zu Lande geht es eben etwas mager her;
> die Kaufleute nennen's: die *Sauregurkenzeit*.» Demnach scheint
> dieses Scherzwort seit den ersten Jahrzehnten des 19. Jahrhun-
> derts gebräuchlich zu sein. Eine besondere Rolle spielt es später

im Kladderadatsch, z. B. 1856,151 (Briefkasten): «Hat etwas starken Beigeschmack der *Sauregurkenzeit*.» Hier also schon eine humoristische Anspielung auf die Verlegenheitsberichte der Zeitungen an den stoffarmen Hundstagen. Siehe auch 1857,129: «Beglückt der Mann,/der, von Geschäften fern,/In dieser Zeit des *sauren Gurkenthums*/Hinaus kann eilen.»

Viele Zitate, viele Erläuterungen – doch bisher keine Erklärung des Ausdrucks *Sauregurkenzeit*. Allein Salcia Landmann ([2]1965:86) führt uns auf die richtige Spur: «Dieser Ausdruck ist Rotwelsch. Mit Gurken hat er nichts zu tun, sondern ursprünglich hieß es: *zóress und jókresszeit*, das ist ‹die Zeit der Leiden und der Teuerung› (von hebräisch *zarót* und *jakrút*).» Vergleichbar argumentiert auch Günter Puchner in seinem Buch über das Rotwelsch und die deutsche Sprache (1974:280), dem er den Titel gab: «*Kundenschall – das Gekasper der Kirschenpflücker im Winter.*» Wolf (1993:275) verweist s. v. *Saurejurkenzeit* auf die jiddischen Wörter *zoro* (‹Not›) und *joker* (‹schwer›).

Amüsant ist die in der *Berliner Zeitung* vom 20. Mai 1995 unter dem Titel «*Öljötze* kann von *Jott* kommen» erschienene Buchrezension zu Andreas Nachamas «*Jiddisch im Berliner Jargon*»:

> Nett is ooch die *Saurejurkenzeit*, in der – wie wa ja wissen – keen Jeschäft looft. Wat aba hat jene Zeit mit den einjelechten Feldfrüchten zu tun, die in Tonne oda Glas anjeboten werden, frachte sich der Buchfritze. *Zorot jerakot* sind uff hebräisch die Sorjen um die Teuerung. Da läje et nahe, jene *Saurejurkenzeit* als eene Zeit anzusehen, in der man nischt vakoofen kann, weil man sich nach 'nem Preisanstiech nur noch Sorjen machen kann.

Das etymologische Fazit lautet: In der *Sauregurkenzeit* sorgten sich die jüdischen Kaufleute also ursprünglich über Inflation und Preise. Zumindest ist dieser Herleitungsversuch weniger düster als jener, den «*Das Berlin Lexikon*» von Horst Bosetzky und Jan Eik (2002:207) offeriert: «Wie wäre es mit Jiddisch *zoredik jorzeit* – die beklagenswerte Wiederkehr des Todestages?»

Das faule Ei des Columbus

Der polnische Satiriker und Aphoristiker Gabriel Laub verkündete
in seinem Buch «*Unordnung ist das ganze Leben*» (1994:181), man
könne jedes Problem leicht lösen, wenn man die richtige wissen-
schaftliche Methode anwende.

> Die richtige Methode ist eben *das Ei des Kolumbus*. (Um Miß-
> verständnisse auszuräumen, muß man daran erinnern, daß es
> sich damals selbstverständlich um ein Hühnerei aus dem Besitz
> von Kolumbus handelte.) Als man bei einem Gelage Kolumbus
> sagte, daß seine Entdeckungen naheliegend waren und jeder
> sie hätte machen können, bat er die Herren zu versuchen, auf
> einem glatten Tisch ein Ei aufrecht zu stellen. Niemand schaffte
> es – Kolumbus aber drückte die Spitze ein, und das Ei stand. Das
> hätten die anderen auch tun können, er aber hat es getan. Ge-
> wußt wie.

Der Ausspruch *Das ist das Ei des Kolumbus!* – gebraucht für ‹die
überraschend einfache Lösung einer schwierigen Frage› – ist zu
einem geflügelten Wort geworden, das nicht nur Dichter, Humoristen, Satiriker und Werbestrategen immer wieder fasziniert hat,
sondern auch den sozialkritischen Maler und Grafiker William Hogarth (1697–1764), der als Vorläufer der modernen Karikaturisten
gelten kann, weil er die Sitten und Gebräuche seiner Zeit mit bei-
ßender Ironie anprangerte.

Peter Bexte (1995) schreibt zum Kupferstich von William Hogarth:

> Der Weg vom Malen zum Schreiben (und vom Betrachten zum
> Lesen) führt bei Hogarth über ein (...) Bild: den Kupferstich *Das
> Ei des Kolumbus* (*Columbus Breaking the Egg*, April 1752), wel-
> cher ein Jahr vor dem Erscheinen der *Analysis* als Subskriptions-
> blatt herauskam (vgl. Abbildung). Jeder Subskribent erhielt es
> als Quittung für eine Vorauszahlung von 5 Schillingen. Die Dar-
> stellung ist in einer für Hogarth typischen Weise humoristisch,
> wenn nicht gar blasphemisch angelegt. Der Bildaufbau zeigt
> eine Parodie auf Leonardos *Abendmahl*: Christus wurde durch
> Kolumbus ersetzt, aus den verwunderten Jüngern sind wütend
> überrumpelte Gelehrte geworden. Das sprichwörtliche Ei des
> Kolumbus aber, das Hogarth in Sachen Kunst gefunden haben
> will, ist in einer Schale auf dem Tisch zu sehen. Dort winden sich

William Hogarth: «Columbus Breaking the Egg», 1752

zwei Aale in Gestalt der *LINE of BEAUTY And GRACE*. Die Message dieses Stichs war deutlich: Hogarth beanspruchte erstens, die Lösung eines Fundamentalproblems gefunden zu haben, und zweitens machte er sich vorab schon über seine Gegner lustig.

Aufschlußreich ist natürlich, in welch hintergründiger und amüsanter Art Lichtenberg selbst das Blatt kommentiert hat, von dem er sagt, daß Herr Riepenhausen es so kopiert habe, «daß schlechterdings nichts zu wünschen übrig bleibt». Es sei in der Kopie, trotz der Verkleinerung, auch nicht ein Funken von dem Geist des Originals verloren gegangen:

Wir müssen hier nothwendig annehmen, daß unsern Lesern diese Geschichte von dem Entdecker der neuen Welt, für den er hier erkannt werden muß, geläufig ist. Es ist wenigstens für uns die sicherste Partey bey einem gefährlichen Dilemma. Diese Geschichte hier umständlich erzählen zu wollen, hieße, bei dem Publicum in diesen goldnen Tagen der Pädagogik und der Allbelesenheit, eine Ignoranz voraussetzen, die, wenn sie auch möglich wäre, doch kaum mehr als möglich vorausgesetzt werden kann, ohne sich einer weit größern, nämlich der in der Geschichte der gegenwärtigen Zeit und des Lichts der Erkenntniß, das dieselbe erleuchtet und erwärmt, schuldig zu machen. ‹Auch erinnere ich mich, noch aus meiner eigenen Jugend her, daß man damahls schon mit Recht in der Geschichte auf alles was von Eyern vorkam, vorzüglich aufmerksam machte›.

(Promies 1999:233)

Friedrich Schiller schrieb 1795 in seiner Schrift «*Über naive und sentimentalische Dichtung*»: «Die verwickeltsten Aufgaben muß das Genie mit anspruchloser Simplicität und Leichtigkeit lösen; das *Ei des Columbus* gilt von jeder genialischen Entscheidung.»

In der Erzählung «*Abdias*» (1842) des österreichischen Schriftstellers Adalbert Stifter (1805–1868) heißt es in einer Szene: «Dann sprachen sie noch über die Zitronen-Presse aus Glas, das ‹*Ei des Columbus*›, wie er es nannte.»

Bei Max Eyth (1836–1906) findet sich in seinem historischen Roman «*Der Kampf um die Cheopspyramide*» (1902) im 15. Kapitel dieser Dialog:

«Das ist alles wunderschön, lieber Herr Thinker», sagte ich nachdenklich. «Aber was mag es kosten? Und wer wird für Ihren Garten bezahlen?»

«Was er kostet ist ganz gleichgültig, wenn Sie gütigst berechnen wollen, was er einbringt», antwortete Thinker munter. «Ich gehe gern darauf ein, denn jetzt kommen wir auf meinen glänzendsten Gedanken: *das reinste Ei des Columbus*!»

Er faßte mich wieder am Rockknopf, um jedem Fluchtversuch vorzubeugen, denn er fühlte wohl, daß er einem kritischen Augenblick entgegensehe. Der Bau eines völlig neuen Stauwerks würde allerdings eine hübsche Summe erfordern, gab er zu, aber die Hälfte – zwei Drittel war schon getan. Das gesamte Baumaterial und mehr als man brauchte, lag in prächtigen Steinquadern am Ufer des Nils, bereit, versenkt zu werden.

Und auch bei Rainer Maria Rilke (1876–1926) ist der Titelheld in der Erzählung «*Ewald Tragy*» (1898) verblüfft über die Leichtigkeit, mit der ein Bekannter argumentiert:

Was ihn aber am meisten überrascht, das ist das Fertige aller dieser Überzeugungen, die sorglose Leichtigkeit, womit Kranz

> eine Erkenntnis neben die andere setzt, lauter *Eier des Kolumbus:* wenn eines nicht gleich aufrecht bleiben will, ein Schlag auf die Tischplatte und – es steht.

Hier wird noch auf das eigentliche Aufstellen des Eis verwiesen, «doch muten die ‹Eier des Kolumbus› mit Nennung des Entdeckers schon recht redensartlich an» – so Wolfgang Mieder (1995:141), der an gleicher Stelle auf den Anfangsparagraphen des Kapitels «Volk und Rasse» von Adolf Hitlers «*Mein Kampf*» (1925/26) verweist, in dem «der Manipulateur der Volkssprache und der Volksmeinung (…) zudem die ‹Binsenwahrheit› der inzwischen allgemein verbreiteten Redensart (betont)»:

> Es gibt Wahrheiten, die so sehr auf der Straße liegen, daß sie gerade deshalb von der gewöhnlichen Welt nicht gesehen oder wenigstens nicht erkannt werden. Sie geht an solchen Binsenweisheiten manchmal wie blind vorbei und ist auf das höchste erstaunt, wenn plötzlich jemand entdeckt, was doch alle wissen müßten. Es liegen die *Eier des Kolumbus* zu Hunderttausenden herum, nur die Kolumbusse sind eben seltener zu treffen.
> (Adolf Hitler, *Mein Kampf,* München 1934, Bd. 1, S. 311)

Mieder kommentiert (1995:142): «Darauf folgen im Text die bekannten rassistischen ‹Kuckuckseier›, die Hitler hier als *Kolumbuseier* bezeichnet, um sich als Verfechter einer krankhaften Rassenideologie zu profilieren.»

Mieder (ibid.:140 f.) hat im Blick auf Christian Weises (1642–1708) Roman «*Die drei ärgsten Erznarren*» (1673), auf Georg Christoph Lichtenbergs «*Schriften und Briefe*» sowie auf zwei Belege aus Briefen von Goethe an Carl Friedrich Zelter (vom 17. 8. 1827 und 15. 11. 1827) nachgewiesen, daß bei Hinweisen auf das Ei des Columbus zunächst eher die Anspielung auf die geschichtliche Anekdote vorherrschte. Nur langsam vollzog sich offenbar die Reduzierung der längeren Anekdote zur metaphorisch verwendeten redensartlichen Kurzform. Den Endpunkt dieser Entwicklung markiert beispielsweise die Titelgebung der deutsch-sprachigen Übersetzung von Melvyn Braggs «*On Giants' Shoulders*»: sie lautet, ohne daß auch nur mit einer einzigen Zeile auf Kolumbus eingegangen wird: «*Das Ei des Kolumbus – 12 Wissenschaftler und ihre bahnbrechenden Entdeckungen*».

Als philologische Leistung kann man es nicht betrachten, aber amüsant ist es doch – das «*Forschungsergebnis*», mit dem Heinz Erhardt (1909–1979) zu unserer Redewendung aufwartet (1974:14):

Kolumbus
Als Kolumbus von seiner Amerikafahrt
nach Spanien heimkam mit Gold und mit Bart
und, hochgeehrt und umjubelt, schritt
durch die Hauptstadt des Landes, nämlich Madrid,
entdeckte er plötzlich da drüben rechts
eine hübsche Person femininen Geschlechts.
Bei ihrem Anblick – was war schon dabei? –
entschlüpfte ihm was, und zwar das Wort «ei» (…).
Seitdem sind die Forscher sich darüber klar,
daß das das «Ei» des Kolumbus war!

Wie die von der «Gesellschaft für deutsche Sprache» edierte (hier auszugweise zitierte) Sammlung Wolfgang Mieders (1999:64 ff.) beweist, hat sich kaum ein Satiriker das *Ei des Columbus* thematisch entgehen lassen, wobei *Columbus* häufig zu *Kolumbus* mutiert ist:

Kolumbuseier sind selten frisch.
(Felix Joseph Klein – *Gedanken* (1927:5))

Der neue Kolumbus segelt durch Lichtzeittiefen.
(Heinrich Wiesner – *Lakonische Zeilen* (1965:23))

Wer bricht das Ei? Kolumbus, der Anfeuerer, klopft auf den Tisch, wir starren aufs Ei, keiner bricht es. Will einer mir erklären, feuert Kolumbus an, warum er das Ei nicht zu brechen vermag, dann ist das Ei gebrochen!
Nichts. Die Schwierigkeiten, das Ei zu brechen, scheinen enorm; nicht einmal die Spitze des Eisberges wird sichtbar, ehe das Ei nicht gebrochen wird; und wer bricht schon das Ei, wenn unter der Last des Südpols nicht einmal die klirrendste Fahne oder der eiseste Busen auftaut? Ich habe leicht reden jetzt, wenn wir unter uns sind, unter unserem eigenen hin- und hergletschernden Schweigen, das keiner bricht, eisern, es könnte zerbrechen.
(Oskar Pastior (1927–2006) – *Fleischeslust* (1976:62))

das ei des kolumbus
ist immer ein knick-ei.
(Volker Erhardt – *Kannibale* (1979:115))

Eines Tages wurde dem Kolumbus ein Ei untergeschoben, aus dem er dann Amerika ausgebrütet hat.

(Werner Mitsch – *Fische* (1979:105))

In dem Wort Eitelkleit steckt das Ei des Kolumbus. –

(Gerhard Uhlenbruck – *Einfach* (1979:34))

Das Ei des Kolumbus
Ist die geniale Erkenntnis,
daß wir einer runden Sache
erst mit Gewalt
eine Delle schlagen müssen,
damit sie endlich
auf dem Standpunkt *steht*,
der uns genehm ist.

(Helmut A. Köhler – *Gästebuch* (1982:95))

Kolumbus schreibt seine Memoiren
wort auf wort, ab und zu
eine kurze pause,
zum beknabbern des füllers.
verliert kein sterbenswörtchen über amerika,
sondern macht das ei weltberühmt.
eine kleine rache,
vespucci.

(Rolf Bossert – *Milchstraße* (1986:29))

Ein schneller Brüter
ist noch lange nicht
das Ei des Kolumbus.
Wer weiß schon,
was der ausbrütet.
Das Gelbe vom Ei
Ist das sicher nicht.

(Hans Hunfeldt – *Sprichwörtlich* (1989:72))

Ei ist Ei. Was soll uns also Kolumbus?

(Wolfgang Funke – *Wendehals* (1990:60))

Wer Kolumbuseier zustande bringen will, muß Gewalt anwenden.

(Ulrich Erckenbrecht – *Maximen* (1991:104))

das ei des kolumbus wurde von hammurapi entworfen und in keilschrift an alleinunterhalter vermittelt, es ist somit jünger als sodom, aber älter als carmen von sevilla.

(H. C. Artmann – *Register* (1994:19))

Das Ei des Kolumbus war ein Rotationsellipsoid.
(Ulrich Erckenbrecht – *Katzenköppe* (1995:15))

Manche möchten selbst das *Ei des Columbus* noch weich serviert bekommen.
(Manfred Strahl (1992))

Auch bei Kabarett-Nummern oder Titeln von Theaterstücken sind Abwandlungen von Redewendungen natürlich erlaubt, wenn nicht sogar gefordert, wie in diesem Beispiel:

Das Collage-Theater spielt am heutigen Mittwoch um 21 Uhr im Hof des Historischen Museums eine satirische Entdeckungsrevue mit dem Titel «Das Faule *Ei des Columbus*».
(*Frankfurter Rundschau 1992*)

Bewußt nutzt natürlich auch ein brillanter Stilist und «Fachler» wie Willy Sanders in seinen «*Sprachkritikastereien*» (1992:71) die Wendung für eine Zwischenüberschrift: «*Das stilkritische Ei des Kolumbus: Fremdwörter-ei?*»

In manchen deutschen Tageszeitungen und sonstigen Presseorganen finden sich jedoch zuweilen Vergleiche, die man, gelinde gesagt, als recht gewagt klassifizieren darf:

87 x 44 x 27 Millimeter klein, 93 Gramm leicht und handlicher, als je ein Mobiltelefon zuvor: Das Samsung SGH-E800 ist das ergonomische *Ei des Columbus*.   (*Focus Online* 2007)

Adrett und schlau – ein Mann, wie aus dem *Ei des Columbus* gepellt.   (*Die Welt 2001*)

Medizinbürokraten werden einige Tage Verschnaufpause benötigen, um dann vielleicht mit dem *Ei des Columbus* aufzuwarten, mit dem sich die Wogen glätten lassen.
(*Der niedergelassene Chirurg 1998*)

Das *Ei des Columbus* in der Bettenbranche? (*Tagesspiegel 1999*)

Denn Kiefer glaubt, das *Ei des Columbus* entdeckt zu haben: Ein ausgedientes Gebäude der Bundesbahn, Nutzfläche schätzungsweise 600 Quadratmeter und bereits ab April diesen Jahres zu mieten.   (*Frankfurter Rundschau 1993*)

Noch kein iranisches *Ei des Motor-Columbus*.
(*Die Weltwoche 1987*)

Das *Ei des Tyrannen*.   (*Die Zeit 1977*)

Die internationale Vermögensverwaltungsgesellschaft «*Internatio-nal Commercial Advice*» wirbt mit der Frage: «*Kennen Sie jemand in Ihrer Umgebung, der ein finanzielles Ei des Kolumbus erfunden hat?*» Sie stellt heraus, daß die Anekdote vom *Ei des Kolumbus* sehr anschaulich illustriere, daß eine Entwicklung oft einer einfachen, aber ganz unerwarteten Idee zu verdanken sei; einzig dieser «krea-tive Funke» könne das Unmögliche möglich machen. Die Anzeige ist mit einer belehrenden Erläuterung versehen:

> Die Geschichte vom Ei des Kolumbus geht zurück auf eine Her-ausforderung von Kolumbus an spanische Edelleute. Die schein-bar unmögliche Aufgabe, ein Ei senkrecht auf den Tisch zu stel-len, konnte keiner der Adligen lösen. Kolumbus jedoch setzte einfach das Ei so kräftig hin, daß die Spitze zerbrach.

Nun stellt sich die kritische Frage, ob Kolumbus den nach ihm be-nannten Trick mit dem Ei tatsächlich erfunden hat. Der polnische Aphoristiker Stanisław Jerzy Lec (1909–1966) brachte es nämlich satirisch auf den Punkt: «*Nicht jedem Ei entschlüpft sogleich ein Kolumbus.*» (1976:30)

Es ist wahrlich schwierig, die Entstehung dieses geflügelten Wor-tes zu belegen. Wahrscheinlich geht es auf eine Erzählung des Bota-nikers und Amerikareisenden Girolamo Benzoni (geb. 1522) über die Geschichte der Neuen Welt zurück, die als «*Historia del Mondo Nuovo*» 1565 in Venedig erschienen ist. Danach soll Kolumbus nach seiner ersten Amerikareise bei einem Gastmahl, das Kardinal Mendoza im Jahre 1493 ihm zu Ehren ausgerichtet hatte, auf die allgemein vorgetragene Behauptung, seine Entdeckung sei gar nicht so schwierig gewesen, ein Ei genommen und die Tafelrunde gefragt haben, wer es auf eine seiner Spitzen stellen könne. Als dies nie-mandem gelang, nahm Kolumbus das Ei und schlug das eine Ende auf den Tisch, so daß es stand.

Benzoni räumte ein, diese Begebenheit auch nur vom Hören-sagen zu kennen. Von einer ähnlichen Geschichte wußte nämlich schon Giorgio Vasari (1511–1574) in seiner «*Vite de' più eccellenti pittori, scultori e architetti*», erschienen 1550, über den Florentiner Renaissance-Baumeister Filippo Brunelleschi (gest. 1444) zu be-richten; der flüchtete sich nämlich offenbar in den «*Eierbeweis*», als es bei einer Architektenversammlung um die beste Konstruktion für den Domkuppelbau seiner Heimatstadt ging. Auf Brunelleschi

Quelle: Thyrso A. Brisolla, *Das Ei des Kolumbus und andere deutsche Redensarten.* Buch a. Ammersee 1983: Dussa Verlag, S. 1.

paßt die Anekdote mit dem Ei deshalb so besonders gut, weil die Kuppel des Doms zu Florenz in der Tat die Form eines an der Spitze eingedrückten Eis aufweist.

Es steht zu vermuten, daß Benzoni die Brunelleschi-Geschichte lediglich auf Kolumbus übertragen hat – und das posthum, als ihn der Entdecker nicht mehr zur Rede stellen konnte. Neuere Forschungsergebnisse – so schreibt auch Lutz Röhrich ([2]1995:357) – weisen darauf hin, daß die Erzählung vom stehenden Ei orientalischen Ursprungs ist.

Ins Deutsche ist die Anekdote vom *Ei des Kolumbus* vermutlich durch Calderón de la Barcas (1600–1681) Komödie «*La dama duende*» (1629; dt. «*Dame Kobold*») gelangt, denn darin wird die Geschichte so erklärt:

> (…) Das andere kennst du doch, mit Hänschens Ei? Womit viele hoch erhabne Geister sich umsonst bemühten, um auf einen Tisch von Jaspis solches aufrecht hinzustellen; aber Hänschen kam und gab ihm einen Knicks nur, und es stand.

Zu unserer Abbildung paßt eher der Ausspruch von Stanisław Jerzy Lec (1976:8): «*Ein richtiger Kolumbus sollte zwei Eier beanspruchen dürfen.*»

Anmerkungen

1 Nibelungenlied: Handschrift A: 017 772/017 773; *helmevaz = Helm.*

2 Johann Christian Günther (1695–1723): *Und des morschen Leibes Hütte/Kann so lange nicht mehr stehn.*

3 Faust zu Mephisto: *Hat sich dir was im Kopf verschoben?*

4 Gegensatz: *unverrückt: In unverrückter Ordnung bleiben/Das alles macht bei kluger Müh'/Aus Fischern Nobili.* (Günther)

5 Zu neuen Wörtern und Wortbedeutungen in der deutschen Gegenwartssprache vgl. Uwe Quasthoff (2007), Lothar Lemnitzer (2007) und insbesondere «*Die Wortwarte*», eine von Lothar Lemnitzer und Tylman Ule laufend aktualisierte Neologismen-Sammlung – einzusehen unter: http://www.sfs.uni-tuebingen.de/~lothar/nw/. Um nicht mit Zufallsfunden zu kokettieren, habe ich deutschsprachige Presse-Erzeugnisse verschiedener Jahrgänge ausgewertet – teils in der gedruckten Ausgabe, teils in der jeweiligen Online-Version. Die Beispiele wurden folgenden Medien entnommen: *AZ-web.de* (2008), *Berliner Zeitung* (1995, 1996, 1997, 1998, 1999, 2000, 2001); *Bild* (1996, 2000, 2001); *Bild.de* (2008); *Der niedergelassene Chirurg* (1998); *Der Stern Online* (2006); *Deutsches Allgemeines Sonntagsblatt* (2000); *Die Welt* (1998, 1999, 2000, 2001, 2002, 2006); *Die Welt Online* (2002, 2006, 2007); *Die Welt am Sonntag* (2006); *Die Weltwoche* (1987); *Die Zeit* (1977, 1996, 1999, 2000, 2001, 2002, 2003, 2005); *Echo Online* (2007); *Focus* (2006); *Focus Online* (2005, 2006, 2007); *Frankfurter Rundschau* (1992, 1993); *fr-aktuell.de* (2005), *frankenpost.de* (2008), *Hamburger Abendblatt* (2003, 2006); *Hamburger Abendblatt Online* (2007); *Israel heute* (2005); *Junge Freiheit* (1999); *Junge Welt* (1999, 2000, 2008); *radsport-forum.de* (2008); *Rhein-Zeitung Online* (2006); *Spektrum der Wissenschaft* (1998); *Spiegel Online* (2003, 2006, 2007, 2008); *Stuttgarter Zeitung* (1995, 1996); *Süddeutsche Zeitung* (1995, 2001, 2002); *Sueddeutsche.de* (2003, 2005, 2006, 2007); *Tagesspiegel* (1998, 2000); *tagesspiegel.de* (2003), *taz* (1988, 1996, 1997); *taz.de* (2006, 2008); *Wiener Zeitung* (2003). Zu weiteren Belegen vgl. das *Wortschatz-Portal* d. Univ. Leipzig, Inst. f. Informatik: Abtlg. Sprachverarbeitung.

6 Droste 2007:12.

7 Kunert 1979:309.

8 Droste (im MDR am 9. 3. 2007).

9 Mangold 2007:11.

10 M. Heine 2007:10.

11 Droste (im MDR am 2. 2. 2007).

12 Weigel 1976:9.

13 von Hase 1898:261.

14 Weigel 1976:7.

15 Lichnowsky 1949:319

16 Die ganze Welt hängt von der spitzen Zunge ab.

17 Zur Geschichte des ersten «Schachcomputers» vgl. Bernhard Koerber (2004) – mit einer Ergänzung zum «Schachtürken» unter: http://www. log-in-verlag.de/service/2004/Schachautomat.pdf

18 Tucholsky fand (u.a. als Peter Panter am 1. 9. 1923) noch eine Steigerung: *«Manoli linksrum –!»*. Zu seinen Leuchtreklame-Visionen vgl. Ilgen/ Schindelbach 2006:108 ff.

Literaturverzeichnis
(benutzte und weiterführende Werke)

Adelung, Johann Christoph: *Versuch eines vollständigen grammatisch-kritischen Wörterbuches der hochdeutschen Mundarten.* T. 4. Leipzig 1780.

Adorno, Theodor W.: *Minima Moralia. Reflexionen aus dem beschädigten Leben.* Berlin/Frankfurt a. M. 1951.

Alexis, Willibald: *Geschichten aus dem Neuen Pitaval: Interessante Kriminalfälle aller Länder aus älterer u. neuerer Zeit.* Begr. von J. E. Hitzig; W. Häring; Willibald Alexis. Fortges. von A. Vollert. Ausgew. u. überarb. von Karl Martin Schiller. Leipzig 1927.

Cabanis. Roman in sechs Büchern. Berlin 1832.

Ruhe ist die erste Bürgerpflicht. 2 Bde. Recklinghausen 1996.

Allen, Irving Lewis: «You Are What You Eat. Dietarry Stereotypes and Ethnic Epithets.» In: *Maledicta* 7 (1983): 21–30.

Altenberg, Peter: *Neues Altes.* Berlin 1911.

Sonnenuntergang im Prater. Fünfundfünfzig Prosastücke. Stuttgart 1979.

Anglizismen-Wörterbuch. Der Einfluß des Englischen auf den deutschen Wortschatz nach 1945. Begründet v. Broder Carstensen, fortgeführt v. Ulrich Busse. 3 Bde. Berlin/New York 2001.

Arnim, Bettina von: *Ein Lesebuch für unsere Zeit.* Berlin/Weimar 1967.

Bettina von Arnims Armenbuch. Frankfurt a. M. ²1985.

Arnim, L. Achim von u. Clemens Brentano: *Des Knaben Wunderhorn.* Alte deutsche Lieder. Vollst. Ausgabe n. d. Text der Erstausg. v. 1806/1808. München 1966.

Artmann, H. C.: *Register der Sommermonde und Wintersonnen.* Salzburg 1994.

Augustin, Christian Friedrich Bernhard: *Idiotikon der Burschensprache.* In: *Bemerkungen eines Akademikers über Halle und dessen Bewohner in Briefen.* Germanien (Halle) 1795.

Augustinus (Aurelius Augustinus): *Die Bekenntnisse des heiligen Augustinus.* Übersetzung v. Otto F. Lachmann. Leipzig 1888 (u. ö.).

Ball, Hugo: *Zur Kritik der deutschen Intelligenz,* hrsg. v. Gerd-Klaus Kaltenbrunner. München 1970.

Baranzke, Heike, Franz-Theo Gottwald u. Hans Werner Ingensiep (Hrsg.): *Leben – Töten – Essen. Anthropologische Dimensionen.* Stuttgart 2000.

Bartels, Klaus: *Wie Berenike auf die Vernissage kam. 77 Wortgeschichten.* Darmstadt 1996.

Bauernfeld, Eduard: *Aus Alt- und Neu-Wien.* Mit e. Nachw. von Rudolf Latzke. Wien 1923.

Bechstein, Ludwig: *Gesammelte Werke,* Bd. 2: *Deutsches Märchenbuch.* Leipzig 1845; Reprint Hildesheim 2003, hrsg. v. W. Möhrig-Marothi u. H. Rölleke.

Becker, Dr.: *Der Rathgeber vor, bei und nach dem Beischlafe oder faßliche Anweisung, den Beischlaf so auszuüben, daß der Gesundheit kein Nachtheil zugefügt, und die Vermehrung des Geschlechts durch schöne, gesunde und starke Kinder befördert wird.* Wiesbaden [6]1816.

Berning, Cornelia: *Vom «Abstammungsnachweis» zum «Zuchtwart»: Vokabular des Nationalsozialismus.* Mit einem Vorwort von Werner Betz. Berlin 1964.

Bemmann, Helga: *Berliner Musenkinder-Memoiren. Eine heitere Chronik von 1900–1930.* Berlin 1981.

Beutler, Ernst (Hrsg.): *Artemis-Gedenkausgabe von Goethes Werken, Briefen und Gesprächen.* Zürich 1948 ff. (AGA)

Bexte, Peter: «Die Schönheit der Analyse» (Nachwort zu William Hogarth: *Die Analyse der Schönheit.*) Dresden 1995, S. 212–228.

Bierbaum, Otto Julius: *In Rixdorf kennt mir jedermann.* Berlin 1969.
Die Yankeedoodle-Fahrt und andere Reisegeschichten: Neue Beiträge zur Kunst des Reisens. München [2]1910.
Die Freiersfahrten und Freiersmeinungen des weiberfeindlichen Herrn Pankrazius Graunzer, der schönen Wissenschaften Doktor, nebst einem Anhange wie schließlich alles ausgelaufen. Berlin 1896.
Zäpfel Kerns Abenteuer. Hamburg 1966.
Stilpe. Ein Roman aus der Froschperspektive. Berlin 1897.

Bierce, Ambrose: *Des Teufels Wörterbuch.* Neu übersetzt und benachwortet von Gisbert Haefs. Zürich [2]1986.

Bismarck, Otto von: *Gedanken und Erinnerungen.* Mit einem Essay von Lothar Gall. Stuttgart 1905, Berlin 1998.

Blumauer, Johann Aloys: *Gedichte.* 2 Bde. Wien 1787.
Sämtliche Werke, hrsg. v. K. L. M. Müller. 8 Bde. Leipzig 1801–1803.

Böttcher, Kurt et al.: *Geflügelte Worte.* Leipzig 1981, [5]1988.

Boller, Paul F. u. John George: *They Never Said It. A Book of Fake Quotes, Misquotes, and Misleading Attributions.* New York 1989.

Bosetzky, Horst u. Jan Eik: *Das Berlin Lexikon.* München 2002.

Bossert, Rolf: *Auf der Milchstraße wieder kein Licht.* Gedichte. Berlin 1986.

Brackmann, Karl-Heinz u. Renate Birkenhauer: *NS-Deutsch. «Selbstverständliche» Begriffe und Schlagwörter aus der Zeit des Nationalsozialismus.* Straelen/Niederrhein 1988.

Bragg, Melvyn: *Das Ei des Kolumbus. 12 Wissenschaftler und ihre bahn-brechenden Entdeckungen.* St. Gallen/Zürich 1999.

Brant, Sebastian: *Narrenschiff.* Unveränd. Reprograf. Nachdr. d. Ausg. Leipzig 1854. Darmstadt 1973.

Braun, J. M.: *Sechstausend deutsche Sprichwörter und Redensarten.* Stuttgart 1840.

Brendicke, Hans: *Berliner Wortschatz zu den Zeiten Kaiser Wilhelms I. Auf Grund der Sammlungen des Oberpredigers C. Kollatz und des Kapitäns a. D. Paul Adam bearbeitet.* (Separatum aus: *Schriften des Vereins für die Geschichte Berlins*, Heft 33.) Berlin 1897.

Brentano, Clemens: *Baron Hüpfenstich.* Wiesbaden 1951.

Brillat-Savarin, Jean-Anthelme: *Physiologie du goût ou Méditations de gastronomie transcendante; ouvrage théorique, historique et à l'ordre du jour, dédié aux gastronomes parisiens.* Paris 1826. (Dt.: *Physiologie des Geschmacks oder Physiologische Anleitung zum Studium der Tafelge-nüsse*, hrsg. v. Carl Vogt. Braunschweig, 1865; Reprint Berlin 1991.)

Brisolla, Thyrso A.: *Das Ei des Kolumbus und andere deutsche Redensar-ten.* Buch a. Ammersee 1983.

Brockhaus. *Die Enzyklopädie*, in 24 Bänden. Bd. 27: *Zitate und Redewen-dungen.* Leipzig u. a.[20] 1999.

Büchle, Karin: «Schimpfwörter im DaF-Unterricht – Tabuthema, Rander-scheinung oder doch mehr?» In: *Beiträge zur Fremdsprachenvermittlung* 27 (1994): 18–36.
«Negativ(be)wertung im Deutschen und Spanischen. Sprachsystemati-sche Bewertungsindikatoren.» In: *Beiträge zur Fremdsprachenvermitt-lung* 29 (1995): 53–70.

Büchmann, Georg: *Geflügelte Worte.* München 1959. Neue Ausgabe Mün-chen 1977.
Geflügelte Worte. Fortges. von Walter Roberttornow. Bearb. u. weitergef. v. Eberhard Urban. Niedernhausen/Ts. 1994. (= *Der neue Büchmann*)
Geflügelte Worte. Der klassische Zitatenschatz. 40. Aufl. Neu bearbeitet von Winfried Hofmann. Frankfurt a. M. u. a. 1995.

Bürger, Gottfried August: *Sämtliche Werke*, hrsg. v. Günter u. Hiltrud Häntzschel. München, 1987.

Burckhardt, Jacob: *Die Kultur der Renaissance in Italien.* Stuttgart 1994.

Burdach, Konrad: *Studentensprache und Studentenlied in Halle vor 100 Jahren.* Halle 1894. (Vorwort v. Konrad Burdach, iii–xxxix; Augu-stin, *Idiotikon der Burschensprache*, Germanien (= Quedlinburg) 1795: 1–117; *Kindleben, Studentenlieder*, 1781: i–viii + 1–127)

Calderón de la Barca, Pedro: *Dame Kobold.* Dt. v. Hans Schlegel. Stuttgart 1995 (Nachdr.).

Chaval: *Mein Name ist Hase.* Zürich 1958.

Chiavacci, Vinzenz: *Seltsame Reisen des Herrn Adabei und Anderes.* Wien 1908.

Christ, Lena: *Die Rumplhanni.* Neu überarb. Aufl. Rosenheim 2003.

Dauthendey, Max: *Raubmenschen.* München 1911.

Derungs, Kurt (Hrsg.): *Die ursprünglichen Märchen der Brüder Grimm.* Bern 1999.

Deutsches Lesebuch. Eine Auswahl zweckmäßiger Lesestücke zur Übung im richtigen und schönen Vortrag und zum Unterricht in der deutschen Sprache. Zunächst für die obere Classe der Vorschule und die Handelsschule zu Bremen. Zweiter Theil. Vierte sorgfältig durchgesehene u. vermehrte Aufl. Bremen 1837.

Die Bibel in Auswahl für Schule und Heim. Unter besonderer Berücksichtigung von Dr. Martin Luthers Übersetzung, hrsg. v. Edv. Lehmann und P. Petersen. Hamburg u. a.[6/7]1912.

Die Bibel. Nach der deutschen Übersetzung D. Martin Luthers. (Revidierter Text 1964). Köln 1996.

Die heilige Schrift. Übersetzt u. neu bearb. v. Hermann Menge. Stuttgart [13]1954.

Die oberen Zehntausend. Kulturbilder aus dem Simplicissimus. München 1905.

Die Volx Bibel – Neues Testament. Ein neuer Vertrag zwischen Gott und den Menschen. Frei übersetzt von Martin Dreyer. Dormagen [2]2006.

Dijk, Teun A. van: *Communicating Racism. Ethnic Prejudice in Thought and Talk.* Newbury Park 1987.

Dilley, Hans: «Bruder Straubinger. Das Leben auf der Landstraße. Nichts für Mucker, nichts für Pedanten!». In: Künstlerhaus Bethanien (Hrsg.), *Wohnsitz: Nirgendwo,* Berlin 1982: 55–58.

Domma, Ottokar (d. i. Otto Häuser): *Ottokar, die Spottdrossel.* Berlin 1993.

Droste, Wiglaf: «Kümmeltürken.» In: *Junge Welt* (6. 7. 2007, S. 12).

«Wenn der Eckpunkt zeitnah Sinn macht.» In: *Sprachglosse* – MDR Figaro v. 2. 2. 2007.

«Gibt es bedrohte Wörter?» In: *Sprachglosse* – MDR Figaro v. 9. 3. 2007.

dtv-Lexikon. Ein Konversationslexikon in 20 Bänden. München 1978.

Duden. *Das große Buch der Zitate und Redewendungen.* Mannheim u. a. 2002.

Duden: *Deutsches Universalwörterbuch.* Mannheim u. a. [6]2006.

Duden (Bd. 7): *Etymologie. Herkunftswörterbuch der deutschen Sprache.* Mannheim u. a. [2]1997 (= Überarb. Nachdr. d. 2. Aufl. 1989).

(Bd. 7): *Das Herkunftswörterbuch*. Etymologie der deutschen Sprache. Mannheim u. a. [2]1989.

(Bd. 7): *Herkunftswörterbuch*. Etymologie der deutschen Sprache. Mannheim u. a. [3]2001.

(Bd. 11): *Redewendungen und sprichwörtliche Redensarten. Wörterbuch der deutschen Idiomatik*. Mannheim u. a. 1992.

Duden Oxford Großwörterbuch Englisch. Mannheim u. a. 1990.

Dürr, Thomas: «‹Du Kümmeltürke, du!› Zur Bedeutung von Schimpf- und Tabuwörtern in der fremdkulturellen Sprachvermittlung.» In: Krause, Burkhardt (Hrsg.): *Präludien: Kanadisch-deutsche Dialoge*, München 1992, S. 121 ff.

Ebner-Eschenbach, Marie von: *Aphorismen. Sämtliche Werke*. 1. Bd. Berlin 1920.

Bozena. In: *Sämtliche Werke*. 1. Bd. Berlin 1920.

Lotti, die Uhrmacherin. Berlin [19]1922.

Der Erstgeborene. Leipzig 1942.

Eckermann, Johann Peter: *Gespräche mit Goethe in den letzten Jahren seines Lebens*. Frankfurt a. M. 1981.

Eckstein, Ernst: *Gesammelte Schulhumoresken, enthaltend die früheren Sammlungen: Besuch im Karzer* (u. a.). Neudamm [6]ca. 1920.

Edel, Gottfried: *Mehr Tierliebe für die Menschen. Aphorismen*. München 1964.

Eichrodt, Ludwig: *Hortus deliciarum für deutschen Humor*. 1.–6. Spaziergang. Lahr 1877–1879.

Eisiminger, Sterling: «A Glossary of Ethnic Slurs in American English.» In: *Maledicta* 3/2 (1979):153–174.

Engin, Osman: *Alles getürkt! Neue Geschichten zum Lachen*. Reinbek b. Hamburg 1992.

Getürkte Weihnacht. München [2]2007.

Erckenbrecht, Ulrich: *Maximen und Moritzimen: Bemerkungen über dies und jenes*. Göttingen 1991.

Katzenköppe. Aphorismen/Epigramme. Göttingen 1995.

Erhardt, Heinz: *Das große Heinz Erhardt Buch*. Reinbek 1974.

Erhardt, Volker: «*Auch der Kannibale schätzt den Menschen am höchsten.» Aphorismen*. Köln 1979.

Ernst, Otto: *Asmus Sempers Jugendland*. Leipzig 1905.

Semper der Mann – Eine Künstler- und Kämpfergeschichte. Leipzig 1917.

Gesammelte Werke. 12 Bde. Leipzig 1922–1923.

Etymologisches Wörterbuch des Deutschen. 2 Bde. Durchges. u. ergänzt v. Wolfgang Pfeifer. Berlin [2]1993. (Ungek., durchges. Ausg. auch München 1995.)

Eyth, Max: *Der Kampf um die Cheops-Pyramide.* Bergisch-Gladbach 1999.

Federer, Heinrich: *Jungfer Therese. Eine Erzählung aus Lachweiler.* Berlin 1913.

Umbrische Reisegeschichtlein. Luzern [4]1977.

Feuerbach, Ludwig: «Das Geheimnis des Opfers oder Der Mensch ist, was er ißt». In: *Kleinere Schriften IV* (1851–1866), bearb. v. Wolfgang Harich (= Gesammelte Werke, hrsg. von Werner Scheffenhauer, Band 11), Berlin 1982: 28 f.

Fischer, Hermann: *Schwäbisches Wörterbuch.* Auf Grund der von Adelbert v. Keller begonnenen Sammlungen. Bearb. von Hermann Fischer (Bde. 2 ff: unter Mitw. von Wilhelm Pfleiderer). Tübingen 1904–1936.

Flaubert, Gustave: *Das Wörterbuch der Gemeinplätze.* Aus d. Französischen v. Gisberth Haefs, Irene Riesen, Thomas Bodmer u. Gerd Haffmans. München 2000.

Fontane, Theodor: *Mathilde Möhring. Die Poggenpuhls. Stine.* Berlin 1964.
Von zwanzig bis dreißig: Autobiographisches; nebst anderen selbstbiographischen Zeugnissen, hrsg. v. Kurt Schreinert u. Jutta Neuendorff-Fürstenau. München 1967.
Cécile. Berlin 1971.
Der Stechlin. Zürich 1975.
Meine Kinderjahre. Berlin u. a. 1984.
Schach von Wuthenow. Erzählung aus der Zeit des Regiments Gensdarmes. Ditzingen 1986.
Irrungen, Wirrungen. Ditzingen 1986.
L'Adultera. Die Ehebrecherin. Novelle. Rudolstadt [4]1988.
Effi Briest. München 1997.
Unwiederbringlich. München [2]2003.
Vor dem Sturm. Roman aus dem Winter 1812 auf 13. Frankfurt a. M. [7]2003.
Wanderungen durch die Mark Brandenburg. Vollständige, kommentierte Ausgabe in 3 Bänden. München 2006.
Frau Jenny Treibel. München 2007.

Fumian, Josef u. Lothar Meggendorfer: *Bruder Straubinger.* Straubing 1910. (Nachdruck zur Kinderbuch-Ausstellung 2002, Straubing.)

Funke, Wolfgang: *Der Wendehals und andere Mitmenschen. Satirische Epigramme und Kurzgeschichten.* Berlin 1990.

Geibel, Emanuel: *Gesammelte Werke.* Krit. durchges. u. erl. Ausg, hrsg. v. W. Stammler. 3 Bde. Leipzig o. J.

Gellert, Christian Fürchtegott: *Fabeln und Erzählungen.* Hanau 1989.

Gerstäcker, Friedrich: *Im Busch.* Stuttgart 1990.

Gesellschaft für deutsche Sprache (Hrsg.)/Wolfgang Mieder: *Phrasen verdreschen. Antiredensarten aus Literatur und Medien.* Heidelberg 1999.

Gesellschaft für deutsche Sprache (Hrsg.): *Wörter, die Geschichte machten. Schlüsselbegriffe des 20. Jahrhunderts.* Gütersloh/München 2001.

Glaßbrenner, Adolf: *Unsterblicher Volkswitz.* Werk in Auswahl, hrsg. v. Klaus Gysi u. Kurt Böttcher unter Mitarb. v. J. Schubert. Berlin o. J. (1954).

Goethe, Johann Wolfgang: *Werke*, hrsg. im Auftrage der Großherzogin Sophie von Sachsen, Weimar 1908. Bd. 43, Bd. 49.

Werke. Hamburger Ausgabe in 14 Bänden, hrsg. v. Erich Trunz. München [15]1993 f. (Hamburger Ausgabe = HA).

Werke. Weimarer Ausgabe (Sophienausgabe). Neuausgabe mit einem Supplementband. 143 Bde. Stuttgart 1999.

Goethes Briefe und Briefe an Goethe. Hamburger Ausgabe in 6 Bänden, hrsg. v. Karl Robert Mandelkow unter Mitarbeit von Bodo Morawe, München [4]1988.

Gotthelf, Jeremias: *Uli der Pächter.* Erlenbach/Zürich 1962.

Graeff, Max Christian: *Vokabeln der Lust.* München 2001.

Grauls, Marcel: *Mijn Naam Is Haas: Hoe Historische Figuren in Het Woordenboek Belandden.* Leuven u. a. 2001.

Gregorovius, Ferdinand: *Geschichte der Stadt Rom im Mittelalter.* 4 Bde. München 1978.

Wanderjahre in Italien. München [5]1997.

Griesbach, Heinz: *Das geht auf keine Kuhhaut. Was bedeutet das? Redensarten mit Erklärungen.* Bayerisch-Gmain 2000.

Grillparzer, Franz: *Werke.* Dortmund 1982.

Grimm, Jacob u. Wilhelm: *Deutsches Wörterbuch.* 16 Bde. (in 32 Teilbänden). Leipzig 1854–1960.

Die Märchen der Brüder Grimm (1812–1815). Vollständige Ausgabe, Berlin 1984 [S. 618 f. (Schlaraffenland).].

Grimmelshausen, Hans Jakob Christoffel von: *Der abenteuerliche Simplicissimus.* Düsseldorf [15]2000.

Gutknecht, Christoph (Hrsg.): *Grundbegriffe und Hauptströmungen der Linguistik.* Hamburg 1977.

(Hrsg.): *Lauter Worte über Worte. Runde und spitze Gedanken über Sprache und Literatur.* München 1999.

Lauter spitze Zungen. Geflügelte Worte und ihre Geschichte. München [3]2001.

«*Translation*». In: Mark Aronoff und Janie Rees-Miller, *The Handbook of Linguistics*, Malden, MA (USA)/Oxford (UK) 2001: 692–703.

«Worte sind Taten. Was die Sprache von Politikern im Krisenfall verrät.» In: *Welt am Sonntag* v. 23. 9. 2001.

Lauter blühender Unsinn. Erstaunliche Wortgeschichten: Von «Aberwitz» bis «Wischiwaschi». München [3]2003.

Ich mach's dir mexikanisch. Lauter erotische Wortgeschichten. München 2004.

Pustekuchen! Lauter kulinarische Wortgeschichten. München [3]2005.

«‹Die Lehre vom Konjunktiv ist auf rassistischer Grundlage aufzubauen› – Bemerkungen zur Sprache in deutschen anglistischen Beiträgen der NS-Zeit». In: Wolfgang Thiele, Joachim Schwend u. Christian Todenhagen (Hrsg.): *Political Discourse: Different Media – Different Intentions – New Reflections.* Tübingen 2005: 125–136.

Lauter böhmische Dörfer. Wie die Wörter zu ihrer Bedeutung kamen. München [8]2006.

u. Lutz J. Rölle: «*Die multifaktorielle Translationssituation bei den Modalverben des Sprachenpaares Deutsch-Englisch*». In: G. Quast (Hrsg.): *Einheit in der Vielfalt. Festschrift für P. Lang z. 60. Geburtstag.* Bern 1988: S. 154–215.

u. Lutz J. Rölle: *Translating by Factors.* Albany/New York 1996.

u. Lutz J. Rölle: «Translation factors». In: Wolfgang Thiele, Albrecht Neubert u. Christian Todenhagen (Hrsg.): *Text – Varieties – Translation (= ZAA Studies No. 5).* Tübingen 2001: S. 25–42.

u. Klaus-Uwe Panther: *Lingüística generativa: moderna investigación del lenguaje.* Madrid 1978.

Gutzkow, Karl F.: *Lebensbilder.* Stuttgart 1870–1872. (Mikrofiche-Ausg. München u. a. 1994.)

Die Ritter vom Geiste. Roman in 9 Büchern. Bd. I: 1.–3. Buch; Bd. II: 4.–6. Buch; Bd. III: 7.–9. Buch; Bd. IV: Materialien. Frankfurt a. M. 1998.

Haft, Fritjof: *Aus der Waagschale der Justitia. Ein Lesebuch aus 2000 Jahren Rechtsgeschichte.* München [2]1990.

Hagedorn, Friedrich von: *Versuch in poetischen Fabeln und Erzehlungen (Erzählungen).* Im Faksimiledr. hrsg. von Horst Steinmetz. Stuttgart 1974.

Hahn-Hahn, Ida Gräfin von: *Peregrin. Ein Roman.* Mainz 1864.

Halem, G(erhard) A(nton) von: *Poesie und Prosa.* Hamburg 1789.

Gedichte. Wien 1918.

Harder, Franz: *Werden und Wandern unserer Wörter.* Berlin [5]1925.

Harms, Wolfgang (Hrsg.): *Illustrierte Flugblätter aus den Jahrhunderten der Reformation und der Glaubenskämpfe.* Ausstellungskatalog (Kataloge der Kunstsammlung der Veste Coburg). Coburg 1983; Nr. 125, S. 256 f.

Hase, Karl Alfred von: *Unsere Hauschronik. Geschichte der Familie Hase in vier Jahrhunderten.* Leipzig 1898.

Hasenbeck, Maja: *Wege ins Schlaraffenland.* Offenbach 1999.

Hayn, Hugo u. Alfred N. Gotendorf: *Bibliotheca Germanorum Erotica et Curiosa.* 9 Bde. (incl. Ergänzungsbd.). München 1912–1929.

Hebbel, Friedrich: *Judith. Eine Tragödie in 5 Akten.* Frankfurt a. M. 1966.

Heine, Heinrich: *Englische Fragmente.* (Heinrich Heine's sämtliche Werke, Bd. 3), Hamburg 1861.

Heine, Matthias: «Ein Gesicht ist verstummt.» In: *Die Welt* v. 24. 9. 2007, S. 10.

Herman, Ursula: *Herkunftswörterbuch. Etymologie, Geschichte, Bedeutung.* Gütersloh 1998.

Hertslet, William Lewis u. Winfried Hofmann: *Der Treppenwitz der Weltgeschichte. Geschichtliche Irrtümer, Entstellungen und Erfindungen.* 13. neubearb. Aufl. Berlin u. a. 1997.

Hetzel, S(amuel): *Wie der Deutsche spricht. Phraseologie der volkstümlichen Sprache. Ausdrücke, Redensarten, Sprichwörter und Citate aus dem Volksmunde und den Werken der Volksschriftsteller.* Leipzig 1896.

Heuss, Theodor: (Abdruck der Rede des neu gewählten Bundespräsidenten am 20. 9. 1949). (http://www.derhistoriker.de/deutsch/04+Antrittsrede_Bundespraesident_Heuss_12–09–49.pdf)

Heyse, Paul: *Italienische Novellen. Arrabiata; Am Tiberufer; Barbarossa; Andea Delfin; Die Einsamen; Die Witwe von Pisa; Annina; Beatrice; Nerina.* Stuttgart o. J.
Buch der Freundschaft. Novellen. Berlin 1883.

Hinterberger, Norbert: *Die klaren Sachen. Gedichte.* Hamburg 1983.

Hitler, Adolf: *Mein Kampf.* München 1934.

Hoffmann, E. T. A.: *Die Serapionsbrüder.* Darmstadt 1962.
Der goldene Topf. Ein Mährchen aus der neuen Zeit. Bamberg 1814. München 1996.
Die Geheimnisse. Fragmente aus dem Leben eines Phantasten. Frankfurt a. M. 1996.

Hofmann, Manfred: *Manfred Hofmanns interessanter Quatsch.* Reinbek b. Hamburg 1986.

Holtei, Karl von: *Ein Mord in Riga. Erzählung.* Berlin/Weimar 1983.

Horx, Mathias: *Aufstand im Schlaraffenland. Selbsterkenntnisse einer rebellischen Generation.* München 1989.

Huber, Alfons u. Dorit-Maria Krenn: *Straubing – das Herz Altbayerns.* Straubing 2006.

Hümmer, Hans Peter: «Der ‹Burschen-Comment› des Martialis Schluck von Raufenfels. Die lateinische Fassung von 1780 und ihre erste deutsche

Übersetzung von 1798». In: *Einst und Jetzt. Jahrbuch des Vereins für corpsstudentische* Geschichtsforschung e. V. 52 (2007):13–56.

Hunfeld, Hans: *Sprichwörtlich*. München 1989.

Ilgen, Volker u. Dirk Schindelbach: *Am Anfang war die Litfaßsäule. Illustrierte deutsche Reklamegeschichte*. Darmstadt 2006.

Immermann, Karl Leberecht: *Münchhausen. Eine Geschichte in Arabesken.* Düsseldorf 1838/1839.

Jahrbücher für Wissenschaft und Kunst 1, (1854) (vgl. insbes. S. 238).

Jean Paul: *Der Komet oder Nikolaus Marggraf. Eine komische Geschichte.* Berlin 1828.

   Dr. Katzenbergers Badereise. Memmingen 1966. (Erstdruck: Heidelberg 1809.)

   Museum. Stuttgart 1814.

   Sämtliche Werke, hrsg. v. Norbert Miller. Frankfurt a. M. [2]1996.

Joubert, Joseph: *Gedanken und Maximen*. Warendorf 2003.

Kästner, Erich: *Kurz und bündig. Epigramme*. München [6]1999.

Kafka, Franz: *Forschungen eines Hundes*. In: *Sämtliche Erzählungen*. Frankfurt a. M. 1987: S. 323–354.

   Beschreibung eines Kampfes: Novellen – Skizzen – Aphorismen aus dem Nachlaß, hrsg. von Max Brod. Frankfurt a. M. 1990.

Kapeller, Ludwig: *Das Schimpfbuch. Von «Amtsschimmel» bis «Zimtziege».* Herrenalb/Schwarzwald 1962.

Keller, Fritz: «‹In höherem Grad› suspekt»: Ferdinand Kürnberger, Schriftsteller und Welthasser». In: «Extra Lexikon» (Wiener Zeitung.at) vom 8. August 2003.

Keller, Gottfried: *Sämtliche Werke*. Histor.-krit. Ausgabe. Basel u. a. 1996 ff.

Kerler, Christine und Richard Kerler: *Warum? Ursprünge von Redensarten und Gewohnheiten*. München 1993.

Kindleben, Christian Wilhelm: *Studenten-Lexicon. Aus den hinterlasssenen Papieren eines unglücklichen Philosophen, Florido genannt, ans Tageslicht gestellt*. Halle 1781. (Neudruck Leipzig 1899.) (Unveränd. Nachdr. d. Originalausgabe, Leipzig 1973.).

   und C. F. Augustin: *Studentensprache und Studentenlied in Halle vor hundert Jahren. Neudruck des Idiotikon der Burschensprache von 1795 und der Studentenlieder von 1781. Eine Jubiläumsausgabe für die Universität Halle-Wittenberg dargebracht vom Deutschen Abend in Halle.* (Reprint der Originalausgabe von 1894.) Halle (Saale) 1990.

Kladderadatsch. Humoristisch-satyrisches Wochenblatt 16 (1863). (URL: http://digi.ub.uni-heidelberg.de/diglit/kla1863/0162)

Klein, Felix Joseph: *Gedanken und Gedenken. Aphorismen*. Bonn 1927.

Kluge, Friedrich: *Rotwelsch. Quellen und Wortschatz der Gaunersprache und der verwandten Geheimsprachen.* Straßburg 1901. (Photomechan. Nachdr. Berlin u. a. 1987. (Mit einem Nachwort v. Helmut Henne u. d. Rezension v. Alfred Götze von 1901.)

Wortforschung und Wortgeschichte. Aufsätze zum deutschen Sprachschatz. Leipzig 1912.

Etymologisches Wörterbuch der deutschen Sprache. Bearbeitet von Elmar Seebold. Berlin/New York [24]2002.

Koch, Albrecht: *Angriff aufs Schlaraffenland. 20 Jahre deutschsprachige Popmusik.* Frankfurt a. M./Berlin 1987.

Köhler, Helmut A.: *Verse und Aphorismen für das Gästebuch.* Hollfeld 1982.

Koerber, Bernhard: «Zur Geschichte des ersten ‹Schachcomputers›.» In: *LOG IN* (2004), H. 127: 73–74.

Kortmann, Eduard (Hrsg.): *Die besten Limericks der Zeit.* Hamburg 1968.

Kraus, Karl: *Die Sprache.* Frankfurt a. M. 1987 (Schriften Bd. 7): S. 56–57.

Anderthalb Wahrheiten. Aphorismen. Berlin 1974.

Kraus, Karl (Hrsg.): *Die Fackel.* (Austrian Academy Corpus. (Internet-Zugang seit dem 1. 1. 2007 unter http://corpus1.aac.ac.at/fackel/).)

Krauss, Heinrich: *Geflügelte Bibelworte.* Das Lexikon biblischer Redensarten. München 1993.

Krolop, Kurt: *Sprachsatire als Zeitsatire bei Karl Kraus.* Berlin [2]1992.

Krüger-Lorenzen, Kurt: *Deutsche Redensarten und was dahinter steckt: Das geht auf keine Kuhhaut – Aus der Pistole geschossen – Der lachende Dritte.* Wiesbaden o. J. (1960).

Kumove, Shirley (Hrsg.): *Ehrlich ist beschwerlich. Jiddische Spruchweisheiten.* Aus dem Amerikanischen von Reinhard Ulbrich. Berlin 1984.

Kunert, Günter: «Bücherlesen». In: Middelhauve, Gertraud (Hrsg.): *Ich und du und die ganze Welt.* Köln 1979: S. 309.

Künstlerhaus Bethanien (Hrsg.): *Wohnsitz: Nirgendwo. Vom Leben und vom Überleben auf der Straße.* Berlin 1982.

Küpper, Heinz: *Illustriertes Lexikon der deutschen Umgangssprache.* 8 Bde. Stuttgart 1982–1984.

Wörterbuch der deutschen Umgangssprache. 4. Nachdr. Stuttgart 1990 (1. Aufl. Stuttgart 1987).

Kürnberger, Ferdinand: *Der Amerika-Müde. Amerikanisches Kulturbild.* Frankfurt a. M. 1855.

Ausgewählte Novellen. Prag 1857.

Ausgewählte Werke, hrsg. u. mit einer Einl. vers. v. Friedrich Hirth. Wien 1914.

Ladendorf, Otto: *Historisches Schlagwörterbuch. Ein Versuch*. Straßburg/ Tübingen 1906 (Nachdr. Hildesheim 1968).

Landmann, Salcia: *Jiddisch. Abenteuer einer Sprache*. München ²1965.

Langenscheidts Großes Schulwörterbuch Deutsch-Englisch. Berlin u. a. 2001.

Langenscheidts Handwörterbuch Englisch. Berlin u. a. 1988.

Lasch, Agathe: *«Berlinisch». Eine berlinische Sprachgeschichte*. Berlin 1928. [Auch als unveränd. Reprograf. Nachdr. Darmstadt 1967.]

Laßwitz, Kurd: *Auf zwei Planeten*. München 1998.

Laub, Gabriel: *Das Recht, recht zu haben. Aphorismen*. München 1979. *Unordnung ist das ganze Leben. Satiren*. Berlin 1994.

Laube, Heinrich: *Jagdbrevier*. Leipzig 1841.

Laubenthal, Klaus: *Lexikon der Knastsprache. Von Affenkotelett bis Zweidrittelgeier*. Berlin 2001.

Lauff, Joseph von: *Die Brinkschulte*. Berlin 1913.

Lec, Stanisław Jerzy: *Spätlese unfrisierter Gedanken*. München 1976.

Lederer, Franz: *Uns kann keener. Sprache, Wesen und Humor des Berliners*. Berlin o. J. (1929).

Lehmstedt, Mark (Hrsg.): *Deutsche Literatur von Frauen. Von Catharina von Greiffenberg bis Franziska von Reventlow*. Berlin 2001: Digitale Bibliothek (Direct-media Publishing).

Lemnitzer, Lothar: *Von ‹Aldianer› bis ‹Zauselquote›. Neue deutsche Wörter: Wo sie herkommen und wofür wir sie brauchen*. Tübingen 2007.

Lessing, Gotthold Ephraim: *Auswahl* in drei Bänden. Bd. 2: Die mittlere Epoche 1760–1770. Leipzig 1952. *Werke*, hrsg. von Herbert G. Göpfert in Zusammenarbeit m. Karl Eibl, Helmut Göbel, Karl S. Guthke, Gerd Hillen, Albert von Schirnding und Jörg Schönert, Bd. 1–8, München 1970 ff. *Sämtliche Gedichte*. Stuttgart 1987.

Lexikon des Internationalen Films. 10 Bde. Reinbek 1995.

Lichnowsky, Mechtilde: *Worte über Wörter*. Vaduz 1949.

Lichtenberg, Georg Christoph: *Aphorismen, Essays, Briefe*. Leipzig 1970. *Schriften und Briefe*, hrsg. v. Wolfgang Promies, Darmstadt 1971.

Link, Jürgen u. Ute Gerhard: «Kleines Glossar neorassistischer Feind-Begriffe.» In: Heiner Boehnecke u. Harald Wittich (Hrsg.): *Buntesdeutschland. Ansichten zu einer multikulturellen Gesellschaft*. Reinbek bei Hamburg 1991: S. 138–148.

Lotter, Wolf: «Das Ideal». In: *brand eins* 12/2006: S. 64–73.

Luther, Martin: *Werke. Kritische Gesamtausgabe*. Bd. 1–54. 56–58, 59–62 (= *Schriften*). Die dt. Bibel, 1–12. Tischreden, 1–6. Briefwechsel, 1–18. (*Nebst*) *Revisionsnachtr.* (*zu*) 30,2.32.33.41.48. Weimar 1883–1986.

Mampell, Klaus: *Dictionnaire satirique.* Gießen 1993.

Mangold, Ijoma: «Auf den Mund gefallen. Die Deutschen im Spiegel ihrer Redewendungen – ein Glossar.» In: *Süddeutsche Zeitung* v. 18./19. 8. 2007: S. 11.

Mann, Heinrich: *Im Schlaraffenland: ein Roman unter feinen Leuten.* Frankfurt a. M. 1997. (Erstausg. 1900.)

Manz, Hans: *Die Welt der Wörter. Sprachbuch für Kinder und Neugierige.* Weinheim/Basel 1991.

May, Karl: *Der Sohn des Bärenjägers* (enthält: Tokvi-tey, S. 61–145; Oiht-e-keh-fa-wakon, S. 146 ff.). Berlin 1984.

Meisinger, Othmar: *Hinz und Kunz. Deutsche Vornamen in erweiterter Bedeutung.* Dortmund 1924.

Meißner, Jörg (Hrsg.): *Strategien der Werbekunst von 1850–1933.* Katalog im Auftrag des Deutschen Historischen Museums. Berlin 2004.

Meyer, Hans: *Der richtige Berliner in Wörtern und Redensarten.* 9. Auflage hrsg. von Siegfried Mauermann. Berlin 1925. (1. Auflage Berlin 1878.)

Mieder, Wolfgang: *Sprichwörtliches und Geflügeltes. Sprachstudien von Martin Luther bis Karl Marx.* Bochum 1995.

Mitsch, Werner: *Fische, die bellen, beißen nicht. Sprüche. Nichts als Sprüche.* Stuttgart 1979.
Hunde, die schielen, beißen daneben. Sprüche. Nichts als Sprüche. Stuttgart 1981.

Mörike, Eduard: *Mozart auf der Reise nach Prag.* Stuttgart 1976.

Moleschott, J(acob): *Lehre der Nahrungsmittel. Für das Volk.* Erlangen 1850.

Morris, William u. Mary: *Dictionary of Word and Phrase Origins.* New York ²1988.

Müller, Klaus (Hrsg.): *Lexikon der Redensarten.* Gütersloh 1994. Sonderausgabe Niedernhausen/Ts. 2001.

Müller, Martin: *Goethes merkwürdige Wörter. Ein Lexikon.* Darmstadt 1999.

Müller, Wolfgang: «Heikles Terrain. Zwei Aufsätze zur Darstellung des Wortschatzes in Wörterbüchern.» In: *Gegenwart* 9.2 (1991): S. 13–15.

Müller-Fraureuth: Karl: *Wörterbuch der obersächsischen und erzgebirgischen Mundart.* 2 Bde. Dresden 1911 ((1): A–J) u. 1914 ((2): K–Z u. Nachträge).

Müntzer, Thomas: *Hochverursachte Schutzrede und Antwort wider das geistlose, sanftlebende Fleisch zu Wittenberg, welches mit verkehrter Weise durch den Diebstahl der Heiligen Schrift die erbärmliche Christenheit also ganz jämmerlichen besudelt hat.* (http://www.mlwerke.de/mu/mu_003.htm)

Nachama, Andreas: *Jiddisch im Berliner Jargon oder Hebräische Sprach-elemente im deutschen Wortschatz.* Berlin ⁵1997.

Nadolny, Sten: *Selim oder die Gabe der Rede.* München ⁴1996.

Naumann, Michael: *Der Abbau einer verkehrten Welt: Satire und politische Wirklichkeit im Werk von Karl Kraus.* München 1969.

Neumann, Gerhard: *Ideenpradiese. Untersuchungen zur Aphoristik von Lichtenberg, Novalis, Friedrich Schlegel und Goethe.* München 1976.

Nietzsche, Friedrich: *Menschliches, Allzumenschliches,* I und II, hrsg. von G. Colli und M. Montinari. München 1999.

Nitsche, Rainer: *Der Geiz. Annäherung an eine gemeine Leidenschaft.* Berlin 1990.

Ossietzky, Carl von: *Schriften.* 2 Bde. Berlin/Weimar 1966.

Pastior, Oskar: *Fleischeslust.* Lichtenberg 1976.

Paul, Hermann: *Deutsches Wörterbuch.* Vollständig neu bearbeitete Auflage von Helmut Henne und Georg Objartel unter Mitarbeit von Heidrun Kämper-Jensen. Tübingen ⁹1992.

Pfeiffer, Herbert: *Das große Schimpfwörterbuch.* München 1996.

Pleij, Herman: *Der Traum vom Schlaraffenland.* Frankfurt a. M. 2000.

Polgar, Alfred: *Die lila Wiese.* Berlin 1977.

PONS (Erich Weis/Heinrich Mattutat) *Großwörterbuch* Französisch–Deutsch/Deutsch–Französisch. Stuttgart 1988.

Promies, Wolfgang (Hrsg.): *Lichtenbergs Hogarth. Die Kalender-Erklä-rungen von Georg Christoph Lichtenberg mit den Nachstichen von Ernst Ludwig Riepenhausen zu den Kupferstich-Tafeln von William Hogarth.* München 1999.

Prutz, Robert: *Die deutsche Literatur der Gegenwart.* Leipzig 1859.

Pruys, Karl Hugo: *«Im Vorfeld wird zurückgeschossen …».* Wie Politiker und Medien die deutsche Sprache verhunzen. Berlin 1994.

Pschibl, Kerstin: *Das Interaktionssystem des Kabaretts. Versuch einer Sozio-logie des Kabaretts.* Diss. phil. Regensburg 1999.

Puchner, Günter: *Kundenschall: das Gekasper der Kirschenpflücker im Winter. Übersetzungen ins Rotwelsch.* München 1976.

Quasthoff, Uwe: *Deutsches Neologismenwörterbuch. Neue Wörter und Wortbedeutungen in der Gegenwartssprache.* Berlin 2007.

Raab, Heinrich: *Deutsche Redewendungen. Von «Abblitzen» bis «Zügel schießen lassen».* Wiesbaden o. J. (1981).

Raabe, Wilhelm: *Deutscher Adel.* Berlin 1918.
Abu Telfan oder Die Heimkehr vom Mondgebirge. München 1962 (Werke in 4 Bänden, Bd. 2).
Höxter und Corvey. Stuttgart 2003.

Richter, Dieter: *Schlaraffenland. Geschichte einer populären Utopie.* Frankfurt a. M. 1995.

Rilke, Rainer Maria: *Ewald Tragy.* Frankfurt a. M. 1989.

Röhrich, Lutz (Hrsg.): *Lexikon der sprichwörtlichen Redensarten.* 5 Bde. Freiburg u. a. [2]1995.

Röll, Victor Frhr. von (Hrsg.): *Enzyklopädie des Eisenbahnwesens.* 4. Bd.: Eilzüge bis Fahrordnung. Repr. d. 2. Aufl. 1913. Braunschweig 2000.

Rohlfs, Gerhard: *Quer durch Afrika. Reise vom Mittelmeer nach dem Tschad-See und zum Golf von Guinea.* Leipzig 1874–1875.

Rommel, Manfred: *Abschied vom Schlaraffenland. Gedanken über Politik und Kultur.* Stuttgart 1981.

Vom Schlaraffenland ins Jammertal? Machen wir uns schlechter, als wir sind? Stuttgart 2006.

Rosenberger, Ludwig: *Das Ei des Columbus.* Zeichnungen – eingeleitet von Ernst Penzoldt. München 1937.

Rückert, Friedrich: *Morgenländische Sagen und Geschichten.* Sieben Bücher (in 2 Bänden). Stuttgart 1837.

Sanders, Daniel: *Wörterbuch der Deutschen Sprache. Mit Belegen von Luther bis auf die Gegenwart & Ergänzungs-Wörterbuch der deutschen Sprache. Eine Vervollständigung und Erweiterung aller bisher erschienenen deutschsprachlichen Wörterbücher (einschliesslich des Grimm'schen).* 4 Bde. Leipzig/Berlin 1860–1885.

Sanders, Willy: *Sprachkritikastereien und was der «Fachler» dazu sagt.* Darmstadt 1992.

Schack, Ingeborg-Liane: *Der Menscrh tacht un Got lacht. 450 jiddische Sprichwörter.* Mainz 1977.

Scheffel, Joseph Viktor von: *Vom Jungen Scheffel. Briefe an seinen Studienfreund Rudolf Köhler.* Mit einer Einführung v. Theodor Hampe. Weimar 1926.

Schels, Peter C. A.: *Kleine Enzyklopädie des deutschen Mittelalters. Eine lexikalische Materialsammlung zum Mittelalter im deutschsprachigen Raum.* (http://uo028844496.user.hosting-agency.de/malexwiki/index.php/Hauptseite)

Scherr, Johannes: *Michel – Die Geschichte eines Deutschen unserer Zeit.* 2 Bde. Leipzig 1877.

Schiller, Friedrich: *Sämtliche Werke.* 5 Bde. München 2004.

Schlegel, Friedrich: *Kritische Schriften u. Fragmente,* hrsg. v. E. Behler u. H. Eichner, Bd. 2 (1798–1801). Paderborn/Zürich 1988.

Lucinde. Leipzig 1970.

Schlobinski, Peter: *Berliner Wörterbuch. Der aktuelle Sprachschatz des Berliners.* Berlin 1993.

Schluck, Martialis (d.i. Christian Friedrich Gleis): *Dissertatio De Norma Actionum Studiosorum Seu Von Dem Burschen-Comment / Edita Ab Renommista Rerum Bursicosarum Experientissimo Eodemque Intrepidi Horribilique Martiali Schluck Raufenfelsensi.* Erlangen 1778.

Dissertatio De Norma Actionum Studiosorum Seu Von Dem Burschen-Comment. Ohne Ort 1780. Institut für Hochschulkunde Würzburg. Sign. 881/FA 5100-G 557-780. Slg. des Verbandes alter Corpsstudenten (VAC).

Schmitz-Berning, Cornelia: *Vokabular des Nationalsozialismus.* Berlin/ New York 1998.

Schnitzler, Arthur: *Buch der Sprüche und Bedenken.* Köln 1927.

Schopenhauer, Arthur: *Über die, seit einigen Jahren, methodisch betriebene Verhunzung der deutschen Sprache,* hrsg. von Ludger Lütkehaus. Freiburg 1997.

Schrader, Herman: *Der Bilderschmuck der deutschen Sprache. Einblick in den unerschöpflichen Bilderreichthum unserer Sprache und ein Versuch wissenschaftlicher Deutung dunkler Redensarten und sprachlicher Räthsel.* Berlin 1886.

Aus dem Wundergarten der deutschen Sprache. Weimar 1896.

Scherz und Ernst in der Sprache. Vorträge im Allgemeinen Deutschen Sprachverein. Weimar 1897.

Der Bilderschmuck der deutschen Sprache in Tausenden volkstümlicher Redensarten. Nach Ursprung und Bedeutung erklärt. Berlin [7]1912 (Nachdr. Hildesheim 2005).

Schubert, W. F.: *Die deutsche Werbegraphik.* Berlin 1927.

Schücking, Levin: *Eine dunkle Tat.* Berlin/Leipzig 1950.

Schütz, Petra: *Die Macht der Marken. Geschichte und Gegenwart.* Diss. Univ. Regensburg. Wirtschaftswiss. Fakultät. Online-Ressource. 2002.

Schupp, Johann Balthasar: *Salomo, Oder Regenten-Spiegel: Vorgestellet Aus denen eilff ersten Capitulen des ersten Buchs der Königen. Andern Gottsfürchtigen und Sinnreichen Politicis auszuführen und genauer zu elaboriren überlassen.* (o. O.) 1658.

Seibicke, Wilfried: *Schimpfwörterbücher.* In: Franz Josef Hausmann et al. (Hrsg.): *Wörterbücher. Ein internationales Handbuch zur Lexikographie.* Bd. 5.2. Berlin/New York 1990: S.: 1190–1193.

Široká, Zuzana: *Völker der Welt in der deutschen und tschechischen Phraseologie. Eine vergleichende Analyse.* Brno 2005.

Söhns, Franz: *Wort und Sinn. Begriffswandlungen in der deutschen Sprache.* Berlin 1911.

Sornig, K.: «*Beschimpfungen*». In: *Grazer Linguistische Studien* 1 (1975): S. 150–170.

Spielhagen, Friedrich: *Platt Land.* Recklinghausen 1996.

Spohn, Margret: *Alles getürkt. 500 Jahre (Vor)Urteile der Deutschen über die Türken.* Oldenburg 1993: Bibliotheks- und Informationssystem der Universität Oldenburg. (Abzurufen unter: http://www.bis.uni-oldenburg.de/bisverlag/spoall93/literat.pdf.)

«Glosse: ‹Wenn Türken Verkehrsunfälle türken, …›» In: *Ausländer in Deutschland* 15, 3/1999.

Stankowski, Martin: *Einen Türken bauen. Geschichten über Alltagsrituale und Redensarten.* Löhrbach 1998.

Steinbach, Christoph Ernst: *Vollständiges Deutsches Wörter-Buch.* 2 Bde. Breslau 1734 (Nachdr. Hildesheim u. a. 1973).

Stieler, Caspar von: *Der teutschen Sprache. Stammbaum und Fortwachs oder Teutscher Sprachschatz.* Nürnberg 1691 (Reprogaph. Nachdr. Hildesheim 1968).

Stifter, Adalbert: *Abdias.* Erzählung. Um Anm. erg. Ausgabe. Stuttgart 2001.

Stinde, Julius: *Die Familie Buchholz: Aus dem Leben der Hauptstadt.* Berlin 1884–1895. (Teil 1, 1884; Teil 2, 1885; Teil 3: *Frau Wilhelmine,* 1886; Teil 4: *Wilhelmine Buchholz' Memoiren,* 1895.)

Stoppe, Daniel: *Der Parnaß im Sättler, oder Scherz- und ernsthafte Gedichte.* Frankfurt u. Leipzig 1735.

Storfer, A(dolf) J(osef): «Jud in der deutschen Volkssprache», in: *Gelbe Post* (Shanghai) 1 (1939), Heft 5: S. 113–114 u. Heft 6: S. 140.

Strahl, Manfred: *Hiebe auf den ersten Blick. Aphorismen.* Berlin 1992.

Straub, Stefan: *Der Polemiker Karl Kraus. Drei Fallstudien.* Marburg 2004.

The Internet Movie Database: http://www.imdb.com

Thoma, Ludwig: *Andreas Vöst. Bauernroman.* München 1906.

Nachbarsleute. Kleinstadtgeschichten. Berlin 1968.

Tieck, Johann Ludwig: *Peter Lebrecht.* 2 Bde. Berlin/Leipzig 1795–1796. (Mikrofiche-Ausg.: München u. a. 1990–1994.)

Werke. Bd. 20 (Novellen, Bd. 4; darin «Hexen-Sabbath», S. 181 ff.). Berlin 1853.

Frühe Erzählungen und Romane. München 1978.

Transfeldt, Walter: *Wort und Brauch in Heer und Flotte.* 9. überarbeitete und erweiterte Auflage hrsg. von Hans-Peter Stein. Stuttgart 1986.

Trübners Deutsches Wörterbuch. Im Auftrage der Arbeitsgemeinschaft für deutsche Wortforschung, hrsg. von Alfred Götze, weitergeführt von Walter Mitzka. 8 Bde. Berlin 1939–1957.

Tucholsky, Kurt: *Schloß Gripsholm.* Auswahl 1930 bis 1932. Berlin 1973. (*Ausgewählte Werke,* Bd. 6.).

Gesammelte Werke. 10 Bde. Reinbek b. Hamburg 1987.

Uecker, Wolf: *Das Püree in der Kniekehle der Geliebten. Kulinarische Vorlieben berühmter Leute.* München 1989. (Nachdr. Frechen 2000).

Uhlenbruck, Gerhard: *Einfach gesimpelt. Aphorismen.* Aachen 1979.

Villon, François: *Die lasterhaften Balladen des ~ .* Nachdichtung von Paul Zech. München 1962.

Vollmann, J. (d.i. Johann Grässli): *Burschicoses Wörterbuch oder: Erklärung aller im Studentenleben vorkommenden Sitten, Ausdrücke, Wörter, Redensarten und des Comments, nebst Angabe der auf allen Universitäten bestehenden Corps, ihrer Farben und der Kneipen. Ein unentbehrliches Hand- und Hilfsbuch für Lyceisten, Gymnasiasten.* Ragaz 1846. (Um eine Einleitung v. Dietrich Herzog vermehrter Nachdr. der Ragazer Ausgabe Graz 1969.)

Wahrig, Gerhard: *Deutsches Wörterbuch.* Gütersloh 1991.

Wahrig Herkunftswörterbuch. (Verfaßt von U. Hermann, neu bearb. u. erweitert v. Arno Matschiner.) Gütersloh 2002.

Wallace, Irving, Amy Wallace, David Wallechinsky u. Sylvia Wallace: *Rowohlts indiskrete Liste. Ehen, Verhältnisse, Amouren und Affären berühmter Frauen und Männer.* Deutsch v. Gitta Joost u. a. Reinbek b. Hamburg 1981.

Wander, Karl Friedrich Wilhelm: *Deutsches Sprichwörter-Lexikon. Ein Hausschatz für das deutsche Volk.* 5 Bde. Leipzig 1867–1880 (Unveränd. fotomechan. Nachdr. Kettwig 1987.)

Weigand, Friedrich Ludwig Karl: *Deutsches Wörterbuch.* 5. Aufl. Vollständig neu bearb. v. Karl von Bahder, Herman Hirt, Karl Kant, hrsg. v. H. Hirt. 2 Bde. Gießen 1 (1909) – 2 (1910) (Nachdr. Berlin, New York 1968).

Weigel, Hans: *Karl Kraus oder Die Macht der Ohnmacht.* München 1972. *Die Leiden der jungen Wörter. Ein Antiwörterbuch.* München 1976.

Weise, Christian: *Die drei ärgsten Erznarrren in der ganzen Welt.* Halle/Saale 1878. (Abdr. d. Ausg. v. 1673.)

Weise, Oskar: *Ästhetik der deutschen Sprache.* Berlin [4]1915.

Werthenau, E. C(harlotte): *Interessante Wörter.* Berlin-Tempelhof 1910.

Westermeier, Klaus: *Michael Käfer – Erfolg im Schlaraffenland. Von der perfekten Dienstleistung zum Lifestyle-Konzern.* Landsberg 2000.

Wieland, Christoph Martin: *Menander und Glycerion.* Zürich 1994.

Wiesner, Heinrich: *Lakonische Zeilen.* München 1965.

Willkomm, Ernst: *Die Europamüden. Modernes Lebensbild.* Leipzig 1938.

Wilsmann, Aloys Christof: *Die zersägte Jungfrau. Kleine Kulturgeschichte der Zauberkunst.* Berlin 1938.

Winkler, Andreas: «Ethnische Schimpfwörter und übertragener Gebrauch von Ethnika». In: *Muttersprache* 104 (1994): S. 320–337.

Wittgenstein, Ludwig: *Logisch-philosophische Abhandlung: dem Andenken meines Freundes David H. Pinsent gewidmet.* Leipzig 1921.
Tractatus logico-philosophicus. London 1922.
Wolf, Siegmund A(ndreas): *Wörterbuch des Rotwelschen.* Hamburg 1993.
Wurzbach, Constantin von: *Historische Wörter, Sprichwörter und Redensarten.* 2. vermehrte und verbesserte Auflage. Hamburg/Leipzig 1866.
Zschokke, Heinrich: *Hans Dampf in allen Gassen.* Leipzig o. J.
Zuckmayer, Carl: *Gedichte.* Frankfurt a. M. 1977.

Personenregister

Bildnachweise

S. 13, 205   Zeichnungen von Thyrso A. Brisolla: *Mein Name ist Hase* und *Das Ei des Kolumbus*, in: Thyrso A. Brisolla *Das Ei des Kolumbus und andere deutsche Redensarten*. Buch a. Ammersee 1983. Abdruck mit freundlicher Genehmigung des Dussa Verlags, Steingaden.

S. 50   Filmplakat *Die oberen Zehntausend*, 1956

S. 52, 53, 59, 60, 71, 85, 89, 132   Archiv des Verfassers

S. 54   In: *Die oberen Zehntausend. Kulturbilder aus dem Simplicissimus*. München 1905

S. 61   Deutsches Historisches Museum, Berlin

S. 75   Pieter Bruegel d. Ä.: *Schlaraffenland*, 1567

S. 84   Zeichnung von Chaval, in: Chaval: *Mein Name ist Hase. Achtundachtzig neue Zeichnungen*. Zürich 1958. Abdruck mit freundlicher Genehmigung des Diogenes Verlags, Zürich.

S. 88   Karikatur von Theodor Hosemann, in: *Unsterblicher Volkswitz. Adolf Glaßbrenners Werke in Auswahl*, Bd. 1. Berlin 1954. Abdruck mit freundlicher Genehmigung des Verlags Das Neue Berlin.

S. 103   Gemälde von Lubin Baugin: *Der Nachtisch*, Mitte des 17. Jh.

S. 129   Holzstich von Heinz Mayer, 1878

S. 146   Karikatur von Ludwig Rosenberger, in: *Das Ei des Kolumbus, Zeichnungen von Ludwig Rosenberger*, eingeleitet von Ernst Penzoldt. München 1937

S. 192   Karikatur von Lex Metz, in: *De Groene*, 10. August 1963

S. 198   Kupferstich von William Hogarth: *Columbus Breaking the Egg*, 1752

Christoph Gutknecht bei C. H. Beck

Ich mach's dir mexikanisch
Lauter erotische Wortgeschichten
2004. 245 Seiten mit 9 Abbildungen. Paperback
Beck'sche Reihe Band 1592

Pustekuchen!
Lauter kulinarische Wortgeschichten
3. Auflage. 2005. 288 Seiten mit 12 Abbildungen. Paperback
Beck'sche Reihe Band 1481

Lauter Worte über Worte
Runde und spitze Gedanken über Sprache und Literatur
1999. 391 Seiten mit 25 Abbildungen. Paperback
Beck'sche Reihe Band 1317

Lauter blühender Unsinn
Erstaunliche Wortgeschichten von
Aberwitz bis Wischiwaschi
3. Auflage. 2003. 228 Seiten mit 4 Abbildungen. Paperback
Beck'sche Reihe Band 1431

Lauter böhmische Dörfer
Wie die Wörter zu ihrer Bedeutung kamen
7., durchgesehene Auflage. 2004. 212 Seiten. Paperback
Beck'sche Reihe Band 1106

Lauter spitze Zungen
Geflügelte Worte und ihre Geschichte
3., überarbeitete Auflage. 2001. 292 Seiten mit 11 Abbildungen
und 1 Tabelle. Paperback
Beck'sche Reihe Band 1186

Verlag C. H. Beck München